Luchas obreras y campesinas
en la Andalucía del siglo XX

Jaén (1917-1920)
Sevilla (1930-1932)

EL AUTOR

Manuel Tuñón de Lara es profesor de Historia de España en la Universidad de Pau y director del «Centre de Recherches Hispaniques» de la misma Universidad. Preside los Coloquios de Historia Contemporánea de España que anualmente se celebran allí.

Fue, desde muy joven, discípulo de Núñez de Arenas, y luego de Pierre Vilar. Diplomado por la Sorbona en Estudios Superiores de Derecho Constitucional y en Historia Económica y Social (Ecole Pratique des Hautes Etudes), es autor de una vasta obra científica por cuyo conjunto la Universidad francesa le ha otorgado, en 1977, el título de «Docteur d'Etat es-Lettres», máximo grado académico en el país vecino. De esa obra, compuesta por 21 libros y centenares de ensayos publicados en revistas especializadas de los más diversos países, se destacan sus muy conocidas *Espagne* (1955), *Antonio Machado* (1960), *España del siglo XIX* (1961), *España del siglo XX* (1966), *Historia y realidad del Poder* (1967), *Medio siglo de cultura española* (1970), *El movimiento obrero en la historia de España* (1972), *Estudios sobre el siglo XIX español* (1971), *Metodología de la Historia social de España* (1973 y una nueva edición muy ampliada en 1978) y *La II República española* (1976), las tres últimas editadas por Siglo XXI de España Editores.

Nacido en Madrid, reside en Francia desde 1946, aunque desde hace varios años realiza frecuentes viajes a España.

Historia de los Movimientos Sociales

LUCHAS OBRERAS Y CAMPESINAS EN LA ANDALUCIA DEL SIGLO XX

JAEN (1917-1920) SEVILLA (1930-1932)

por

MANUEL TUÑON DE LARA

siglo
veintiuno
editores
mexico
españa
argentina

siglo veintiuno editores, sa
CERRO DEL AGUA 248, MEXICO 20, D.F.

siglo veintiuno de españa editores, sa
C/PLAZA 5, MADRID 33, ESPAÑA

siglo veintiuno argentina editores, sa

siglo veintiuno de colombia, ltda
AV. 3a. 17-73 PRIMER PISO. BOGOTA, D.E. COLOMBIA

Primera edición en español, febrero de 1978

© SIGLO XXI DE ESPAÑA EDITORES, S. A.
Calle Plaza, 5. Madrid-33

© Manuel Tuñón de Lara

Impreso y hecho en España
Printed and made in Spain

ISBN: 84-323-0296-1

Depósito legal: M. 1.612-1978

Impreso en Closas-Orcoyen, S. L. Martínez Paje, 5. Madrid-29

INDICE

PRIMERA PARTE

JAEN (1917-1920)

Jaén, levántate brava
sobre tus piedras lunares,
no vayas a ser esclava
con todos tus olivares.

MIGUEL HERNANDEZ

INTRODUCCION

Este trabajo tuvo su punto de partida en la aportación hecha al I Congreso de Historia de Andalucía. Al planteárseme esta tarea me sentí incontenibiemente atraído por la tierra de Jaén con la que tantos vínculos de familia y tantos recuerdos de infancia me unen. Pensé, además, que también en la historia social contemporánea Jaén había sido preterida, a pesar de lo original y apasionante de su ejemplo. La coyuntura conflictiva que se abre el año 17, y con ella la crisis orgánica de la sociedad española, no había sido estudiada desde el ángulo de Jaén; y, sin embargo, Jaén será ejemplo de organizaciones sindicales agrarias cuya armazón ya no se desplomará, de un movimiento organizado agrario y minero que compagina la acción reivindicativa y huelguística con la contienda electoral (lo que entonces era una novedad en Andalucía) y sus congresos de trabajadores del campo tendrán valor premonitorio a la vez que echarán las bases de organizaciones futuras de mayor vuelo.

El caso de Jaén en nuestro primer tercio de siglo se presenta además con la atractiva circunstancia de que apenas el territorio de la historia ha sido surcado por el historiador. Haciendo excepción de los trabajos de Gay-Armenteros, de alto valor y enteramente necesarios para enfocar el tema a nivel socioeconómico, nos encontrábamos con una ausencia total de materia elaborada (hoy, el núcleo de jóvenes investigadores jiennenses va avanzando cada vez más en la construcción de esa historia contemporánea). Había que ir a las fuentes de primera mano, lo mismo para los aspectos económicos que sociológicos, de historia política, etc. Nos propusimos construir un pórtico de entrada con las bases estructurales y pasar después al estudio de la *coyuntura histórica* en sus niveles económico, sociológico y político. Si estimamos importante no sólo el estudio del nudo conflicto social, sino también el de sus antagonismos a través de la «mediación» electoral, decidimos, sin embargo, privilegiar desde el primer momento los aspectos de la organización obrera y de su protagonismo en la lucha de clases. Lo cual, como es bien sabido, no excluye, bien al contrario, el examen del comportamiento patronal, económica y políticamente, ni el de los aparatos de Estado y centros operacionales a nivel de la provincia y del poder local.

Hemos medido y hemos contado allí donde las fuentes a nuestro alcance lo han permitido; y esa cuantificación nos ha ayudado poderosamente para elaborar un esbozo de conclusiones. Pero no hubiera sido suficiente sin la ayuda de la historia cualitativa; la correspondencia oficial, que nos ha suministrado fuentes capitales, serviría de bien poco si sólo la explotásemos con una óptica estadística; la mentalidad de clase, las manipulaciones de los órganos o instrumentos del poder, la *imagen* que de un mismo conflicto se hacen las distintas clases en lucha, su personal político o sus representantes en los aparatos, etc., es algo que desborda ampliamente los guarismos y los cálculos, aunque tenga necesidad de apoyarse en ellos.

El trabajo inicial ha sido luego desarrollado y completado, aunque, sin duda alguna, no se trata sino de un hito más en la historia social de Andalucía, que esperamos se pueda construir entre todos. Se trata, al mismo tiempo, de un intento de manejar una pluralidad de fuentes de muy distinta naturaleza a nivel de «materia prima», para analizar el conflicto social —lucha de clases— en una coyuntura y en un ámbito geográfico muy precisos, pero partiendo de la estructura y empleando una metodología de historia global.

Quiero agradecer efusivamente la colaboración que me prestaron en esta empresa mis amigos y colegas Mireille Matthys, Angel Bahamonde, Antonio María Calero Amor y Javier Corcuera.

JAEN EN LA COYUNTURA CONFLICTIVA (1917-1920)

La coyuntura de 1916 a 1920 alcanza la cota más elevada de conflictividad desde el comienzo de la Restauración. No se trata tan sólo de un crecimiento cuantitativo de fenómenos habituales, sino de un fenómeno nuevo que, sin temor a equivocarse demasiado, puede calificarse de apertura manifiesta de una crisis que es, a la vez, social y político-institucional.

Es un hecho conocido el desfase que se produce en dicha coyuntura entre la conflictividad general, pero más acentuada en las zonas industriales y de mayor aglomeración urbana del país, y la que se produce en las zonas agrarias. El hecho es evidente para Andalucía, y Jaén no podía ser una excepción dentro de ella.

Ahora bien; si la coyuntura es una modificación o la posibilidad de una modificación de la estructura, cuando la conflictividad latente en ésta emerge a la superficie y se convierte en conflicto manifiesto, resulta imprescindible un previo examen, por somero que sea, de la estructura jiennense de la época.

La provincia de Jaén tiene una extensión útil de 1.316.349 hectáreas, de ellas 645.165 cultivadas (46,6 por 100). La mayor parte de las tierras sin cultivar son de monte alto y bajo [1]. La superficie totalmente improductiva es de 39.299 hectáreas.

De esa superficie ya pasaban de 200.000 hectáreas las dedicadas a olivar en producción, y otras tantas a cereales (trigo y cebada principalmente), algo más de 20.000 hectáreas

---

[1] La estimación procede de los datos catastrales de 1928 y está expuesta por Pascual Carrión en su obra *Los latifundios en España*, Madrid, 1932.

a leguminosas y unas 4.800 a vid. La diferencia entre la suma y el total de hectáreas cultivadas se explica porque se cita la superficie sembrada a la que hay que añadir la que está en barbecho y en rastrojos [2].

Ciertos datos de Hacienda contribuyen a darnos idea de la estructura económica de la provincia. Más de seis millones de pesetas de contribución territorial recaudados en 1917, frente a 701.000 de contribución industrial. No obstante la contribución de minas (1.446.775 pesetas), segunda en importancia de todo el país, tras Huelva, muestra la importancia del subsuelo [3].

Jaén es la tercera provincia de Andalucía por su extensión; era la tercera también por población en el censo de 1900 y la segunda en el de 1920, detrás de Sevilla; sus 592.297 habitantes le daban una ventaja de 20.000 personas sobre la población de Granada. (Las estimaciones de población de «hecho» de Jaén en 1917 arrojaban la cifra de 526.718 personas, segunda provincia de Andalucía, con 3.000 más que Málaga.)

La tendencia a la concentración de la población en grandes núcleos, aun persistiendo su carácter agrario (una especie de agro-ciudades, fenómeno tan andaluz) se manifiesta en la existencia de catorce aglomeraciones con más de 10.000 habitantes (y tres que pasaban de 9.000). Una excepción es Linares, que pasa de 24.697 habitantes en 1860 a 37.000 en 1910,

---

[2] Estimación sobre estadísticas de la Cámara de Comercio y del *Anuario Estadístico*, que a veces difieren. Ha habido en este asunto el problema de ocultación de propiedades realizada durante largo tiempo por los terratenientes. Ya en 1904 Benítez Porral escribía: «Modesto y todo este avance catastral, ha evidenciado un enorme cúmulo de abusos, que, desgraciadamente, persisten; el hecho sospechado de que en España el contribuyente de buena fe es sólo el pequeño y una parte del mediano propietario, tiene hoy miles de pruebas fehacientes en que apoyarse, siendo la ocultación descubierta de tal intensidad, en calidad y superficie, que de continuar así en las demás provincias españolas, permitiría afirmar excede del 100 por 100 lo real a lo declarado» (*op. cit.*, p. 94).

Vemos en Carrión que en 1930 el catastro había permitido conocer la superficie olivarera de Jaén, que era entonces de 300.350 hectáreas.

[3] *Anuario Estadístico* de 1917.

en función de su desarrollo minero [4]. Las corrientes emigratorias eran todavía poco importantes (1,1 por 100 aproximadamente en el primer decenio del siglo), por lo que eran ampliamente contrarrestadas por el crecimiento vegetativo, e incluso por un flujo de inmigración; en el decenio citado, y según Gay-Armenteros —que se apoya en un estudio de Muñoz Fernández—, el saldo emigratorio se reduce a 0,4 por 100.

La extensión de las explotaciones agrícolas, que condiciona las relaciones de producción en este sector predominante, nos parece más fácil de captar según el catastro elaborado breves años después de la coyuntura que nos ocupa que en fechas anteriores, según elementos de Hacienda imprecisos y amillaramientos que lo eran más, con todo género de ocultaciones.

Las fincas mayores de 250 hectáreas representaban el 39,43 por 100 del total de tierras útiles de la provincia. Sin embargo, la distribución de los latifundios era muy desigual. Así, 79 fincas de Andújar ocupaban el 76,39 por 100 de las 94.423 hectáreas de su término municipal, el mayor de la provincia, que penetra en terreno serrano. Dos fincas de Espeluy (del duque de Medinaceli y de Prado Palacio) ocupaban el 85 por 100 de las 2.481 del término; seis fincas reúnen el 86,11 por 100 de las 19.503 de La Carolina. Sabido es que en Garcíez la propiedad del marqués de Viana ocupaba la totalidad del término municipal (1.595 hectáreas). La proporción de latifundios era muy importante en los partidos judiciales de Orcera y La Carolina, y de poca importancia en los de Ubeda, Baeza y el propio Jaén.

Según el catastro había en la provincia nueve propietarios de más de 5.000 hectáreas y 410 de más de 500 hectáreas.

---

[4] Gay-Armenteros: «Agricultura y vida campesina en la provincia de Jaén, 1890-1920», en *Jaén*, Boletín de la Cámara de Comercio, 24-25, diciembre de 1975. Texto de referencia insoslayable.

El número total de propietarios (desde el latifundista al minifundista) era de 79.046 en 1918 (más exactamente, este era el número de cuotas por riqueza rústica y pecuaria, siempre inferior al de propietarios). Si se considera (según la evaluación de Carrión basada en el padrón de 1929) que a una familia jiennense corresponden cinco personas, quedarían unas 26.200 familias sin ninguna propiedad.

La estimación de Carrión para diez años después (con un crecimiento de población estimado en 12 por 100) es de 92.780 familias campesinas, de las cuales 15.836 carecerían en absoluto de propiedades rústicas. (Téngase en cuenta que la mayoría de esos contribuyentes por rústica eran minipropietarios cuyos ingresos principales para subsistir procedían de su trabajo de asalariados.)

Hemos visto que la agricultura de Jaén era principalmente cerealista y olivarera (este último sector en progresión creciente). La producción triguera, ampliamente excedentaria, pasaba habitualmente del millón de quintales métricos, salvo en casos de manifiesta mala cosecha, como fue el caso de 1913 (iniciándose entonces el descenso de la superficie cultivada de trigo). En compensación, creció a partir de entonces la superficie de cebada, cuyas cosechas superan ya los 400.000 quintales métricos. En cuanto a la producción aceitunera y aceitera, muy condicionada siempre por los factores climatológicos, oscilaba mucho, según los datos disponibles, que parten de 1912 [5].

La segunda actividad de la provincia era la minería, fundamentalmente la del plomo, en la zona de Linares y La Carolina, importantes criaderos, aunque en decadencia, explotados desde la época romana. La producción estimada se mantenía entre las 60.000 y 65.000 toneladas, distribuida en las zonas de Linares, La Carolina y Santa Elena; la zona de Linares estaba ya muy empobrecida y había que trabajar a mucha profundidad, elevándose los costos de producción,

---

[5] Fuente: Cámara de Comercio de Jaén.

en un período de baja de los precios internacionales del plomo [6].

También se explotaban cuatro yacimientos de hierro de escasa producción.

En 1916 estaban en explotación 72 minas de plomo y siete de hierro.

La importancia de los núcleos laborales mineros rodeados de una zona esencialmente agraria, plantea el problema de las posibles interdependencias e influencias recíprocas entre trabajadores del primario y del secundario. El hecho pudiera ser importante para la zona de Santa Elena, La Carolina, Vilches, Linares, Bailén, Baños de la Encina...

Las otras actividades principales del sector secundario eran las que se referían a industrias derivadas de la agricultura, fundamentalmente la molturación de aceituna (producción de aceites, diversos orujos, jabón) y de harinas. Unos 2.000 obreros trabajaban en ellas, suma tan sólo superada por la de mineros (entre 7.500 y 8.000) y los 4.500 obreros de la construcción.

Las sociedades anónimas y otras sociedades (comanditarias, colectivas y anónimas, que eran 46 en 1912 y 71 en 1914) tenían por principal objeto las explotaciones mineras. Las más importantes no residían en Jaén; ese era el caso de la «New Centenillo Silver Lead Mines Co. Ltd.» de Londres que se transforma en «Minas de Centenillo, S. A.», y se domicilia en Madrid tan sólo en 1921 (12.456.000 pesetas), o «El Guindo», también de capital extranjero (transformada en «Los Guindos» en 1920) y de la «Compañía Minera de Linares, Sociedad Anónima», creada en Madrid en 1918. La S. A. «La Cruz, de capital francés y dirigida por Sebastián de Neufville

---

[6] *Información sobre el trabajo en las minas*, Instituto de Reformas Sociales, Madrid, marzo de 1910.
Véase también: Pedro Sangro y Ros de Olano: «El trabajo en las minas», en *España Social*, 8, Madrid, marzo-abril de 1911.
La producción de plomo en barras según estadística minera reproducida por J. Nadal en *Industrialización y desindustrialización del Sureste español, 1817-1913*, Madrid, 1972, donde también indica el carácter defectivo de algunas estadísticas linarenses (p. 60).

y Antonio Conejero, tenía su sede en Linares, donde había sido creada el 17 de octubre de 1913 con un capital desembolsado de dos millones de pesetas y una emisión de obligaciones por valor de un millón [7].

También con residencia en Madrid y capital enteramente francés estaba la S. A. «Minas de Castilla la Vieja y Jaén» (creada en 1902 con cinco millones desembolsados). La «Compañía Hullera de Espiel» tenía su domicilio administrativo en Bruselas y la «Santa Teresa» era una filial de «La Cruz». Igualmente domiciliada en Bruselas la «Société Minière de Curas y Soldados» (un millón de francos), con explotaciones en La Carolina, y la «Societé Minière Belge la Productora y Coto San Antonio» (7,5 millones de francos y 5,1 millones de pesetas para tributar en España). Entre las francesas, la «Société d'industrie minière Carmencita» (400.000 francos) domiciliada en París. Luego, la alemana «Stölberg y Westfalia», domiciliada en Aquisgrán (20 millones de marcos y 1,5 para tributar en España). Otra empresa británica era la «The Heredia Lead Mines Ltd.» (500.000 pesetas), con explotaciones en Linares, Guarromán y Baños. En fin, la «Compañía Minera de Incosa» (un millón), la Minera «Erdeamine» (también extranjera), la «Explotadora de Minas de Sierra Morena» (350.000 pesetas), en Baños de la Encina, y la «S. A. Delicias de Sierra Morena», de La Carolina (300.000 pesetas; presidente, Pedro J. Camacho). A todo ello hay que añadir la empresa del Estado de las Minas de Arrayanes, que empleaba 523 trabajadores en extracción de sulfuro de plomo y 536 en beneficio.

Resulta evidente la hegemonía de los capitales extranjeros en la producción minera. También en el ramo de fundiciones de plomo era «La Cruz», además de Arrayanes, la más importante, seguida de la S. A. «San Gonzalo», de Linares, dedicada a fabricar papel de aluminio, y de la fábrica conocida por «La Tortilla», en Jaén, de la empresa inglesa «T. Sopwith

---

[7] «La Cruz» trasladó a Madrid su domicilio social en 1951.

and Co. Ltd.», de fundición y fabricación de tubos, planchas y perdigones. Las explotaciones mineras están, en ocasiones, en manos de capitalistas vascos. Ese es el caso de «La Atilana», en Linares, y de «La Inmediata», en La Carolina, ambas pertenecientes al grupo de los Chávarri.

Los otros sectores donde encontramos la estructura de sociedades anónimas son, fundamentalmente, los de energía eléctrica, transportes e industrias derivadas de la agricultura. Entre las primeras citemos la «Electra del Guadalquivir», de Andújar, que databa de 1900, con un capital de 715.000 pesetas, presidida por Juan Arroyo, con las familias Miñón y Puig en el consejo; la «Sociedad Anónima Linarense de Electricidad», de la familia Alvarez, con 750.000 pesetas de capital. Y una multitud de pequeñas empresas de suministro de energía eléctrica: «Eléctrica San Rafael» de Jaén, la «Electro-Industrial» de Ubeda (750.000 pesetas) la del «Duence» de Villacarrillo, la «Olero-harinero-eléctrica del Condado» (Santiesteban del Puerto), la «Eléctrica de San Rafael», en la capital, y hasta seis pequeñas compañías más distribuidas por pueblos de la provincia.

Más importancia tiene la S. A. de Tracción Eléctrica «La Loma» (dos millones de capital, con importantes propietarios de Ubeda, que construyó la línea del tranvía Baeza-estación, Baeza-pueblo y Ubeda, pero que en 1913 arrendó la explotación a la «Compañía de Electricidad y Tracción de España», de capital francés, domiciliada en París.

En cuanto a la Compañía de los Ferrocarriles de La Carolina era belga, aunque, junto a los consejeros extranjeros, participaban en la dirección el conde de Mejorada, el conde de la Dehesa de Velayos [8], Antonio Conejero y Pedro Díaz Agero. La compañía «Tranvía de Linares» no era sino una filial de la francesa ya citada «Electricité et Traction en Espagne».

La oligarquía a nivel provincial y local no se interesó,

---

[8] El primero, residente en Sevilla, y el segundo (hijo del conde de Romanones), en Madrid.

excepto en algún caso citado, por empresas de producción o
de transporte que no fueran las vinculadas al sector agrario.
Ese es el caso de las fábricas de aceites, orujos y derivados y
harinas. Citemos, como empresas importantes, «Nueva Unión
Industrial, Los Mártires, S. A.», de Arjona (1.380.000 pesetas
de capital), con los principales propietarios, pero que entra
en la parte coyuntural de nuestro estudio, ya que fue creada en 1918. Y un año antes, la «Unión de Productores, S. A.»,
de Torredonjimeno (425.000 pesetas); la «Industria Nuestra
Señora de las Mercedes», de Alcalá la Real; «Nuestra Señora
del Carmen», de Mancha Real; la «Santa Isabel», de Torres;
la «San Miguel Arcángel, S. A.», de Villanueva del Arzobispo
(creada en 1915), y varias otras más. En Andújar, la «Oleum,
Sociedad Anónima», creada en 1920, también de la familia
Puig-Miñón. El crecimiento de la producción olivarera había
estimulado la formación de estas empresas, aunque el equi-
pamiento industrial de la provincia era totalmente insuficiente para un buen tratamiento de la materia prima cose-
chada. Como muestra de la vinculación al sector agrario,
digamos que hasta 1917 la única entidad financiera domiciliada en la provincia era el Banco Español de Seguros de
Ganados, de Andújar [9].

La preponderancia del sector agrario no sólo se podía
evaluar por la población activa, como veremos más adelante;
también por la recaudación de contribuciones. Tomemos
la de 1917: 6.022.662 pesetas por contribución territorial;
701.115 pesetas por la industrial y 1.446.775 pesetas por recaudación de minas. (De la territorial, la mitad aproximadamente corresponde a rústica y pecuaria y la otra mitad a
urbana.)

Completaremos la visión del endeble sector secundario
citando el número de industrias principales y la de industriales. Lo verdaderamente importante eran los 376 establecimientos o «fábricas» de aceites y refino y los 258 molinos,

---

[9] Fuentes generales: *Anuarios Financieros*, 1917 a 1920, y *Anuario Financiero de Bilbao*, compuesto por Guillermo Ibáñez: 1922-1923.

pagando entre todos una contribución de 70.153 pesetas en 1918 [10].

Las 64 pequeñas fábricas de jabón denotan la misma orientación. En cambio, era una provincia cuya metalurgia se reducía a tres talleres de calderería, aparte de las fundiciones citadas, y donde había tan sólo 11 talleres de carpintería mecánica. La casi inexistencia de industria textil contrataba con otras provincias andaluzas; también en metalurgia era la última de Andalucía, incluso detrás de Almería.

La imagen socioprofesional de Jaén correspondía, sin duda, a la estructura económica que hemos esbozado. El censo de 1920, que hemos tomado como más cercano a la época estudiada, daba un total de 126.663 trabajadores agrícolas hombres (de los cuales 33.505 eran menores de 21 años)... y ¡38 mujeres! Por consiguiente no se cuentan las decenas de millares de mujeres que cada año trabajaban en la recolección de la aceituna (¡y los niños!) y en las vendimias, faenas que sin ellas no era posible realizar. Hay, en cambio, que sumar los 12.508 patronos que constan en el censo, para integrar el total de población activa agraria. Esta constituye, pues, un 64,6 por 100 de la población activa total.

La población del sector secundario era un 24,5 por 100 de la total, y el resto, bien poco importante, lo constituían los servicios, entre los que descollaban los 2.234 miembros del personal de la administración, los 1.780 asalariados del servicio doméstico y los 2.545 de los transportes (que el censo incluye en la industria). En el sector secundario están en primer término los 7.456 mineros y luego los 4.572 trabajadores de la construcción, los 2.969 de industria de la madera y los 2.234 de fábricas y molinos de aceite y harinas. (Sin duda, casi todo el peonaje de estas «fábricas» y molinos está censado como trabajadores agrícolas.)

---

[10] Es digno de señalar que las fábricas de refino de aceite en Lérida y Barcelona debían ser mucho más importantes, ya que contribuían al fisco con cuotas mucho más elevadas, a pesar de tener menos unidades de producción.

Este censo, en unión de los datos que poseemos de Hacienda y del catastro, nos acerca a un espectro social de la provincia de Jaén al terminar el segundo decenio del siglo.

El total de patronos es de 16.541, descompuestos como sigue: 12.508 en la agricultura, 3.381 en la industria, 652 en el comercio. Queda claro que las 66.500 cuotas restantes de contribución rústica pertenecen a modestos campesinos que no emplean mano de obra asalariada y que, en la mayoría de los casos, son ellos mismos asalariados como empleo principal. Esa burguesía agraria de algo más de 12.000 personas no es tampoco homogénea. Recordemos que sólo había, según el catastro, 752 fincas mayores de 250 hectáreas y algo más de 1.200 propietarios que pagasen cuotas de más de 5.000 pesetas, pudiendo así ser considerados como grandes propietarios. Dejamos de lado los grandes propietarios absentistas, casi todos de la nobleza (marqués de Viana, duque de Medinaceli, conde de Casa Velayos, barón de Velasco, etc.). No sabemos si el censo incluye en la categoría de patronos agrarios aquellos arrendatarios de fincas importantes que las subarrendaban. De todos modos es muy importante saber que un 3 por 100 del número total de fincas y un 23,5 por 100 de la extensión total [11] eran trabajadas en arrendamiento; los dos porcentajes indican que había grandes fincas arrendadas, lo que implica la existencia de numerosos subarrendamientos, cuyas condiciones solían ser bastante onerosas para el subarrendatario que trabajaba la tierra.

Los patronos industriales parecen de escasa importancia; su número, comparado con el de sus asalariados (del que hay que descontar los mineros, cuyos patronos eran sociedades anónimas), hace pensar en una figura próxima al artesano de taller y al pequeño propietario de molino (hay una relación aproximada de 1/5 entre patronos y asalariados). En el comercio cabe suponer que los 1.315 comerciantes que no figuran como patronos son, sin embargo, aquellos que explo-

---

[11] Avance catastral de 1925.

tan su pequeña tienda ayudados por sus familiares; la dependencia mercantil es fenómeno casi inexistente en los pueblos. Entre ellos y los dueños de pequeños talleres y de parcelas relativamente pequeñas contribuyen a formar unas capas medias a las que probablemente se unen buena parte de los 2.391 funcionarios y empleados de la administración, los 618 profesionales de la enseñanza, algo más de 1.000 de profesiones médicas y judiciales, los 241 empleados de correos y telégrafos, etc. Falta saber si hay coherencia en estas clases medias, una «conciencia para sí»; con frecuencia, en la provincia de segundo orden los puestos superiores de esas profesiones eran «integrados» por la burguesía local en su sistema; los demás, pugnando porque no se les considerase «unos trabajadores cualesquiera», arrastraban la vida difícil de la pequeña burguesía provinciana.

Debiéramos añadir al sector burgués los 286 rentistas y los 51 «propietarios que viven principalmente del producto de la locación de sus inmuebles».

En resumen, las relaciones de producción agrarias dan el tono a la división en clases de la sociedad jiennense, y es visible la oposición entre una burguesía agraria de número reducido (en cuya franja superior está el núcleo de grandes terratenientes con manifiesta tendencia oligárquica), al que se unen aquellos que no explotan directamente sus propiedades, y la inmensa mayoría constituida por trabajadores del sector agrario, unos con pequeñas parcelas y otros sencillamente asalariados.

La zona minera da lugar al contraste característico de ese tipo de producción; de un lado, los obreros; de otro, las compañías representadas por sus gerentes y altos empleados.

La antedicha estructura socioeconómica nos sirve de pórtico a una breve reflexión sobre la banca en Andalucía en general y en Jaén en particular. Frente al despegue de la banca en otras zonas del país, el período histórico que solemos llamar de la Restauración se caracteriza en Andalucía por el gran vacío de la banca.

Bancos y sociedades de crédito en Andalucía habían sido la obra, como señala Tortella, de hombres de negocios más que de terratenientes. Ese fue el caso de los Bancos de Málaga (Heredia), Cádiz, Sevilla (con una parte de capitales bilbaínos) e incluso del Crédito Comercial y Agrícola de Córdoba (éste sólo existió de 1865 a 1867). La crisis de 1866 abatió a la mayoría de establecimientos de crédito dejando en pie tan sólo a los Bancos de Málaga (en decadencia por razones estructurales de aquella zona), Jerez y Sevilla. Se hundieron las sociedades de crédito de Cádiz, Sevilla y Jerez, y el Banco de Cádiz era liquidado en 1870. Los de Málaga, Jerez y Sevilla, agonizantes, acabaron integrándose en el Banco de España a raíz del decreto de Echegaray concediendo el monopolio de emisión a aquél (1874).

Tan sólo diez años más tarde abrirá el Banco de España una sucursal en Jaén, a la que luego seguirá la de Linares (1892). No hay banca andaluza y la acumulación procedente de Andalucía (que apenas se reinvierte sobre el terreno, puesto que no puede hablarse en la época de reproducción ampliada del capital) es absorbida por el centralismo de Madrid en el que participa la alta oligarquía andaluza. Ya en nuestro siglo, el Banco Español de Crédito y el Banco Hispano Americano, que eran los mayores receptores de cuentas corrientes en todo el país, comprendieron la importancia de canalizar también el producto de la acumulación agraria en Andalucía. El Banco Español de Crédito se centra fundamentalmente sobre Jaén y Córdoba; a partir de 1914 abre sucursales en Andalucía y dos años después cuenta ya con las de Linares, La Carolina, Ubeda y Jaén (además de otras en Córdoba, Puente Genil, Almería..., expansión que continuará en el tercer decenio cubriendo numerosas localidades agrarias de la provincia, y de las restantes de Andalucía) [12].

El movimiento de las sucursales del Banco de España nos da idea de la situación por aquellos años: las cuentas co-

---

[12] Véase la colaboración de Tedde de Lorca en *La Banca privada española en la Restauración*, Madrid, 1974, pp. 430-31.

rrientes en efectivo de la sucursal de Jaén progresaban hasta
llegar a los 6,4 millones de pesetas en 1916; el ritmo de la de
Linares era más vigoroso, puesto que en cuatro años había
pasado de 3,8 millones a 6,9. Entre ambas obtenían el cuarto
puesto en las provincias andaluzas, tras Sevilla, Málaga y
Cádiz.

Si puede hablarse de oligarquía en el Jaén de los primeros
veinte años del siglo es a un nivel local, comarcal o provincial; aparece el cacique y el propietario terrateniente y hasta
el negociante acaudalado a ese mismo nivel. Por lo demás,
la posible oligarquía sería más bien un apéndice de la gran
oligarquía de todo el territorio del Estado español, cuando
no —en las minas— de intereses económicos extranjeros.

Se observa, en efecto, una correspondencia muy clara
entre los «notables» socioeconómicos de cada localidad (primeros contribuyentes) y las concejalías en los ayuntamientos
y actividades políticas; en casi todos los casos no es exagerado decir que son esos «notables» quienes tienen el poder
local. Un examen con fuentes de comienzos de 1916 nos
ofrece ejemplos multitudinarios de ese poder local en manos
de las pocas familias que dominan en cada localidad, las cuales, casi siempre, tienen entre ellas mutuos y estrechos lazos
de parentesco. Así en Baeza, los Cejudo Vargas; uno de ellos
—Antonio— es concejal y otro —José— de los primeros contribuyentes. Igual división de actividad entre los hermanos
Garrido Rus (salvo rara excepción, en cada familia un hermano aparece en el ayuntamiento y otro u otros varios figuran como primeros contribuyentes). En Martos se reúnen
ambas potestades en la persona de José Martos Garrido. En
La Carolina es Francisco Garrido Altozano quien reúne poder
económico y político-administrativo. En Torredonjimeno, las
familias Carazo y Moya Salazar; en Villacarrillo la familia
Poblaciones Nieto totaliza la alcaldía, un concejal y dos de
los mayores propietarios; en Santa Elena es el caso de los
Pérez Villaoslada, y hasta en Jaén, el alcalde, Ramón Espan-
taleón, tiene a su hermano Antonio entre los «notables»

económicos... En Porcuna los Quero Dacosta, en Siles los Garrido Ibáñez, en Peal de Becerro los Alcalá Fernández, en Alcaudete los Torres (familia por rama materna de Alcalá Zamora, éste mismo de Priego, Córdoba).

Los «notables» socioeconómicos están también vinculados a algunos otros negocios: en Ubeda, Eugenio Guerrero (tercer contribuyente), Francisco Gámez, Manuel Muro a la cabeza de la Tracción Eléctrica de «La Loma»; Cándido Alvarez, de Linares, que con su familia poseía la «S. A. Linarense de Electricidad». Los Miñón, en Andújar, con Juan Arroyo y Luis Mármol, de los primeros contribuyentes, poseen en unión de los Puig (que tienen lazos familiares con los Miñón) la importante «Electra del Guadalquivir». Los Puig fundan la «Oleum» en 1920.

En las industrias derivadas, un caso típico es la creación en Arjona, en 1918, de «Los Mártires, Nueva Unión Industrial, S. A.» (capital, 1.380.000 pesetas), cuyo presidente es el segundo propietario del término, y los cinco miembros restantes del consejo son todos los primeros propietarios y, por añadidura, un concejal.

En Torredonjimeno se crea, en 1917, «La Unión de Productores, S. A.» (425.000 pesetas; también de aceites, harinas, etc.), presidida por Martínez Trigo, uno de los mayores contribuyentes del término. También lo es el gerente, Montijano, hecho menos común, ya que los gerentes de estas empresas son asalariados de importancia («cuadros» administrativos y de dirección, diríamos hoy) y no suelen figurar entre los grandes propietarios.

Los empresarios mineros —lo hemos señalado— no suelen ser de la provincia, pero hay excepciones; es el caso de Antonio Conejero, gran contribuyente de Linares, miembro del consejo de administración de «La Cruz», cuyo presidente francés, Neufville, lo era también de la «Metallurgique des Mines de Mazarrón», en Cartagena. Conejero era allí probablemente el empresario activo, igual que en los «Ferrocarriles de La Carolina y extensiones» —dirigidos por Omer

Bourgeois—, donde con Díaz Agero, el conde de la Dehesa de Velayos y el de Mejorada, formaba la mitad española del consejo, siendo él el único residente [13].

Hay que señalar la personalidad de los dos grandes «jefes políticos» (¿podemos hablar de «grandes caciques»?) a nivel provincial: José del Prado y Palacio, primer contribuyente de Espeluy, gran terrateniente, del partido conservador, y Virgilio Anguita (gran contribuyente de Jaén), del partido liberal —romanonista—. Ambos tenían su residencia en la capital de la provincia. Anguita era, en realidad, el representante del político más importante de Jaén; Ruiz-Giménez, jefe de los liberales romanonistas, pero que se movía ya en Madrid a nivel de la política de todo el Estado.

Nos parece oportuno señalar la existencia de «grandes familias» a nivel de la provincia, con bienes y propiedades en distintos términos y localidades de la misma y frecuentes lazos familiares mutuos: los Gámez, los Quero, los Pasquau (uno de ellos, el conde de la Lisea, octavo propietario de Andújar), Muñoz-Cobo, Arredondo, Saro (en Ubeda sobre todo), Barberán, Carazo, Garzón...

La vida política de esas familias que podían aspirar al poder local y de algunas otras de clase media se insertaba en los dos partidos de turno, sin olvidar las divisiones que en cada uno de ellos iban apareciendo. El «maurismo» había tomado ya carta de naturaleza con organización aparte en la provincia de Jaén. Un grupo reformista había sido creado en 1913 por varios intelectuales, y llegó a publicar un periódico. Los periódicos más importantes de Jaén eran *El Pueblo Católico, El Defensor, La Lealtad, La Regeneración...* En muchas localidades había prensa quincenal o semanal. Por ejemplo, en Baeza, *Diógenes* de orientación preferentemente liberal, y *Baeza*, maurista, pero ambos en el sentido tradicional de las hojas locales. Citemos también *El Liberal de Mancha*

---

[13] Otros propietarios con intereses en minas que pueden citarse son los Fernández de Villalba, de Torredonjimeno, y Manuel Benítez, de La Carolina.

Real, el maurista *La Convicción*, de Andújar; *El Liberal*, de Ubeda; *El Guadalquivir*, de Andújar, etc.

Tras ese aparente primer plano de la política de partidos de turno y familias de propietarios ¿había un telón de fondo de organización obrera que tomase un enfoque de clase de decenas y decenas de millares de hombres del trabajo? En Jaén, donde el anarcosindicalismo tuvo muy escasa implantación [14], el asunto se ceñía a la implantación de las organizaciones PSOE y UGT, vertientes política y sindical respectivamente del socialismo (con frecuencia confundidas en las organizaciones de base de las regiones agrarias).

Ya en 1903, en la encuesta sobre asociaciones obreras que publica *La Revista Socialista* [15], José Lorite señala la existencia de agrupaciones socialistas en Jaén y Linares y de 13 sociedades de resistencia, pero todas reunidas en esas dos ciudades, además de las llamadas de socorros mutuos en Linares, Baños, Ubeda, Martos y Noalejo. Los núcleos esenciales estaban ya formados por maquinistas y fogoneros y por mineros de Linares.

En el informe del PSOE al congreso de la Internacional Socialista celebrado en Stuttgart [16] los afiliados en la provincia de Jaén se distribuyen de la siguiente manera: Jaén, 30; Linares, 30; Porcuna, 25; Mancha Real, 10.

Se observa ya la formación de núcleos agrarios. A esos 95 afiliados al PSOE correspondían 796 a la UGT, que había alcanzado en su «año-punta» de 1905 un total de 1.315 afiliados en la provincia de Jaén [17]. Aunque la UGT andaluza sufrió un descenso semejante al de otras zonas, las organizaciones jiennenses constituyeron por aquellos años más del 50 por 100 de la organización en toda Andalucía. La recuperación

---

[14] La Federación de Trabajadores de la Región Española tenía en 1882, en Jaén, cinco secciones y 194 afiliados.

[15] Reproducido en *Revista de Trabajo*, 23, Madrid, 1968, pp. 277-317. Lorite, maestro nacional en Ubeda, fue el primer organizador del PSOE en la provincia.

[16] Véase la comunicación de C. Forcadell al IV Coloquio de Pau, 1973.

[17] Antonio M. Calero: *Movimientos sociales en Andalucía*, Madrid, 1976. Cuadros elaborados a partir de *El Sol* y del *Anuario Estadístico*.

será algo más lenta que en otras partes. En 1910 tendrá Jaén nueve sociedades y 706 afiliados; en 1911, 11 sociedades y 909 afiliados. La verdadera curva ascendente comienza en 1916, con 1.267 afiliados concentrados en 10 sociedades. Durante todos aquellos años el movimiento socialugetista jiennense había partido, como ha señalado Calero, del núcleo de irradiación de Linares, pero al principio estaba formado por metalúrgicos, mientras que los mineros se limitaban a tener una sociedad de socorros mutuos.

La progresión en influencia y votos será mayor que en organización, ya que un solo concejal en 1905 se convirtió en 10 en 1915. En ese mismo año habrá agrupaciones o sociedades [18] socialistas en las siguientes localidades [19]: Andújar, Porcuna, Escañuela, Martos, Carrasca de Martos, Torredonjimeno, Mancha Real, Cambil, Huelma, Jódar, Jimena, Torres, Torreblascopedro, Linares, Vilches, La Carolina, Santa Elena, Santisteban del Puerto y La Pedriza, este último sin ser municipio. A esos núcleos se añadían las juventudes de Linares, La Carolina, Torredonjimeno y Torres.

Curiosamente no se menciona agrupación o sociedad de la capital adherida al PSOE. Aquel mismo año, en el X Congreso de este partido (24 de octubre) estuvieron representadas las siguientes localidades de Jaén:

Linares, por José Lorite.
Mancha Real, por José Lorite.
Bedmar, por José Lorite.
Torres, por José Lorite.
Pegalajar, por José Lorite.

---

[18] Sabido es que los estatutos del PSOE permitían la afiliación de «sociedades obreras» al partido, con lo cual se creó una confusión entre partido y sindicato que tuvo fuerte y prolongado alcance en Andalucía. En extensas zonas andaluzas el obrero agrícola que se inscribía en «la sociedad» identificaba ésta con el partido socialista y la confusión era estimulada por los estatutos. Más tarde se observará en esas zonas que las cifras del PSOE son muy altas y, en cambio, las de la central sindical más bajas en relación con ella (menor coeficiente de sindicalización).

[19] Fuente: *Almanaque Socialista* de 1916.

Begíjar [20], por José Lorite.
Santisteban del Puerto, por Alfonso Olid.
Andújar, por Julián Besteiro.
Martos, por Antonio Morales.
Carrasca de Martos, por Antonio Morales.

Una ojeada a las elecciones legislativas de 1916 nos permitirá fijar, con la relativa exactitud que supone tan mediatizada forma de expresión de la opinión, una aproximación al mapa político de la provincia en vísperas de la coyuntura estudiada.

Las elecciones tuvieron lugar el 9 de abril de 1916, presididas por un gobierno Romanones con Santiago Alba en Gobernación. En general, la opinión pública reaccionó con indiferencia, y las abstenciones sobrepasaron el 31 por 100 del censo electoral; 145 diputados fueron elegidos por el artículo 29. ¿Y en Jaén? El artículo 29 también había funcionado; así era proclamado diputado por Baeza Julio Burell, ministro de Instrucción Pública, y por Cazorla el conservador Mariano Foronda, amigo del Rey —quien lo haría marqués un año después—, originario de Cazorla pero director de los tranvías de Barcelona, donde llevaría una lucha a muerte contra los obreros sindicados y era considerado como el puño de hierro de la patronal; también eran elegidos por el artículo 29 en La Carolina Niceto Alcalá Zamora y Torres, liberal (del sector demócrata), abogado y propietario de Priego vinculado familiarmente a los Torres de Alcaudete, y el conservador Manuel Sáenz de Quejana por Villacarrillo. No quedaron, pues, para la lucha electoral, más que los distritos de Jaén capital, Martos y Ubeda. Casi la mitad del censo quedó así privado de voto.

Las elecciones tuvieron lugar en un momento difícil, de crisis de trabajo, en ese gran vacío que se produce entre las

---

[20] En Begíjar se constituyó un importante núcleo bajo la impulsión de Ramón Lamoneda, natural de aquella localidad, aunque obrero urbano y residente en Madrid.

faenas olivareras y la recolección de cereales. Hubo manifestaciones de parados en Jaén, acompañados de mujeres y niños. Por otra parte, el temporal que reinaba desde fines de febrero había impedido trabajar en algunas zonas a quienes tenían empleo. Ese fue el caso de Bailén, donde el ayuntamiento tuvo que repartir pan a los pobres tras veintisiete días de no poder salir al campo [21].

Los resultados electorales fueron los siguientes: en Jaén el liberal (sector demócrata) Antonio Bailén Lozano, cuñado de Burell, obtuvo el acta con 23.328 votos, así como el también liberal José I. Sabater (20.307) y el conservador marqués de Casa Bermeja (18.875). Los «jefes» liberal y conservador, Virgilio Anguita y Prado y Palacio, se coaligaron frente a la candidatura republicano-socialista que, al menos oficialmente, no pasó de los 496 votos obtenidos por Largo Caballero; el republicano Pozo obtuvo 326. (Señalemos que Virgilio Anguita era entonces director general de Bellas Artes; él mismo obtuvo el acta de Martos, por 6.254 votos, frente al republicano Castells, que obtuvo 1.777.)

En Ubeda resultó elegido el liberal Ignacio Montilla por 4.855 contra el también liberal (pero disidente y no encasillado) Gallego Díaz, quien protestó la elección por compra de votos; hubo protestas en la calle y salió la guardia civil. Gallego Díaz (cuyos votos «oficiales» fueron 3.249) recurrió ante el Tribunal Supremo, pero fue desestimado su recurso.

Algunos datos de interés: en las zonas rurales Largo Caballero sólo obtuvo votos en Torredelcampo (122), Frailes (21), Escañuela (48), Arjonilla (63) y Torres (9).

Esta imagen electoral nos ofrece una impresión de recia implantación del caciquil «turno», con profusión de elecciones por el artículo 29 y neta preponderancia gubernamental. No obstante, la participación electoral (29 por 100) y la importancia de los votos de oposición en Martos y Ubeda reflejan corrientes muy considerables de resistencia al siste-

---

[21] *El Socialista* del 22 de marzo y *La Epoca* del 21 de marzo.

ma. La elección de senadores complementa nuestra imagen: fueron elegidos los liberales gubernamentales Ramón Melgares y León Esteban (este último gran propietario y de los mayores contribuyentes de la capital) y el conservador marqués de Villalta, también con importantes fundos en la provincia.

Esta imagen estructural requeriría, sin duda, algunos complementos. Por ejemplo, no se puede ignorar el alto grado de analfabetismo; 77,2 por 100 en el censo de 1910, la tercera provincia de España, tras Málaga y Almería. Ciertamente, en 1920 se observó una disminución del 7,16 por 100 como promedio de todo el país, pero Jaén queda por debajo de él. Conviene añadir que los gastos del Estado para enseñanza primaria en la provincia eran de 1,36 pesetas por persona, y el promedio de todo el país de 2,07. Todo lo que el Estado gastaba en enseñanza en Andalucía fue siempre inferior a ese promedio.

Otro aspecto interesante es la estructura eclesiástica: Jaén tenía 132 parroquias urbanas y cuatro rurales, con un conjunto de 159 templos parroquiales, nivel superior al de otras diócesis andaluzas, con excepción de Sevilla y Granada; 367 miembros del clero secular y 727 del regular, divididos éstos en 48 conventos de religiosas y cinco de varones profesos; como puede observarse, se trataba de comunidades muy reducidas. Proporcionalmente a su población es la provincia andaluza con menos miembros del clero (con Cádiz y Almería).

Las fuerzas de guardia civil y policía (esencialmente la primera, distribuida en acantonamientos rurales) sumaban 467 hombres, lo que daba un porcentaje de 0,08 sobre el conjunto de la población.

LA COYUNTURA DETERMINADA POR LA GUERRA EUROPEA/MUNDIAL

Es ya casi un lugar común para la historiografía española la referencia al inmenso impacto que sobre nuestra sociedad ejercen la guerra mundial y sus consecuencias. Enrarecimiento del mercado mundial, del que se benefician los más importantes sectores del empresariado español, consecuente proceso inflacionario y de rarificación de ciertos bienes, que acarrea una grave deterioración del nivel de vida de todos los trabajadores y de todos aquellos que perciben una renta fija; réplica vigorosa de la clase obrera y también de extensos sectores de las clases medias y, sin duda, de los trabajadores del campo (en primer lugar los asalariados), aunque ésta se produce con un cierto desfase cronológico que es, a la vez, uno de los temas más sugestivos para la investigación histórica de este período.

No es menos sabido que los condicionamientos señalados y la propia dinámica política interna llevaron a una crisis manifiesta de los partidos «históricos» de turno al final del período, y que el protagonismo político y social cambió esencialmente a la vez que adquirió unas bases multitudinarias hasta entonces casi desconocidas.

Hasta 1917, los aumentos de los precios al por menor, netamente distanciados de la retribución de la fuerza de trabajo, no repercutieron sino en pequeñas proporciones sobre la conflictividad social. Es cierto que hasta 1916 las dos centrales sindicales, UGT y CNT, no parecen haber centrado su atención prioritaria en el problema del coste de la vida. Recordemos que la progresión de huelgas y huelguistas ininterrumpida desde 1910 retrocedió en 1915; solamente las 178 huelgas, con 96.882 huelguistas y 2.415.304 horas perdidas, en 1916, dan un tono más elevado a la respuesta obrera [22].

---

[22] En realidad, hubo 237 huelgas, pero sólo 178 con información completa de ellas en el IRS; a estas últimas se refieren las cifras de huelguistas y de horas perdidas.

Sin embargo, el sector agrario sólo dio 5,57 por 100 de huelguistas en 1916. En 1914 Andalucía daba 5.265 huelguistas (10,6 por 100 del total del país, registrado oficialmente) y 66.340 jornadas perdidas (6,5 por 100 del total del país). Jaén figuraba con tan sólo 80 huelguistas y 1.360 horas. La tendencia es netamente descendente en los dos años siguientes (sin duda el Instituto de Reformas Sociales [IRS] no contabilizó los huelguistas de la huelga general contra la carestía de vida, de veincuatro horas, en diciembre de 1916). Es digno de señalar que en 1917, cuando el número de huelguistas es ya importante en Córdoba, Granada y Sevilla, en Jaén los servicios oficiales no detectan conflicto alguno. Como hemos de ver, las cosas cambiarán radicalmente al siguiente año. La problemática del desfase: desfase agrario con relación al movimiento obrero de las ciudades, desfase andaluz y desfase específico de Jaén, se plantea ya con toda fuerza. Cabe sugerir hipótesis como un retraso de toma de conciencia del sector obrero que sería superado tras la experiencia —indirecta— de la huelga general de agosto de 1917; puede avanzarse igualmente que la causa principal reside en un retraso organizativo sin el cual la toma de conciencia queda a nivel de pura subjetividad y sin consecuencias operativas; también se ha dicho que el alcance de la revolución rusa sobre todo, y en menor intensidad de las de los imperios centrales, había radicalizado el campo andaluz (en el fondo, la tesis del llamado «trienio bolchevique» guarda subyacente ese esquema de causalidad). Y, aunque a primera vista parezca descabellado, también hay que preguntarse por la especificidad del descenso de los niveles de vida en relación a la situación precedente. No es aventurado adelantar que esas hipótesis no son sino expresión de otros tantos factores sectoriales que determinaron la coyuntura. Pero es preciso consultar las fuentes para realizar la comprobación de hipótesis y también para intentar una evaluación, para buscar los coeficientes respectivos de esas líneas de fuerza que incidieron, modelándolo, en el proceso histórico.

La verdad es que en la producción agrícola de Jaén no se observa crecimiento durante la coyuntura estudiada, sino en las matas olivareras en producción (que dependían, naturalmente, de plantaciones muy anteriores), y aún así la cosecha de aceitunas y aceite depende esencialmente de los vaivenes naturales —climatológicos—, como señala Gay-Armenteros.

La evolución, según los datos de la Cámara de Comercio y del *Anuario Estadístico* [23], es la siguiente:

A ñ o	Número de matas en producción	Superficie de olivar	Aceituna	Aceite
1915	21.125.000	211.250 ha.	278.075 ton.	50.158 ton.
1917	21.375.000	213.750 »	574.410 »	121.958 »
1918	26.850.000	268.500 »	380.850 »	60.902 »
1919	27.020.000	270.000 »	444.137 »	90.081 »

(Hay que tener en cuenta que Jaén era la primera provincia en producción de aceite, tanto en números absolutos como en productividad por hectárea, de todo el país, y lo es en superficie de olivar a partir de 1918.)

La de trigo pasa de las 125.600 hectáreas que tenía en 1913 a 128.250 en 1917, y da un bajón en 1918 a 112.000, del que tarda en recuperarse, con la consecuencia de baja de producción (además de que en 1918 hubo una baja de cosecha de cereales en toda España, que se manifiesta también para el trigo en 1919). Esa baja parece compensada con el aumento de superficie sembrada de cebada: 66.750 hectáreas en 1917, 85.000 en 1918 y 88.000 en 1919. En el resto de las plantaciones y cosechas se observa estabilidad en la coyuntura, con la sola incidencia de las malas cosechas de 1918 que se extienden para la vid a 1919. El precio al por mayor del trigo había subido de un índice 94,3 en 1914 (base 1913=100) a 202,7 en 1920, pero ya a 129 en 1917. La subida de la harina

---

[23] Hemos comprobado los informes de la Cámara de Comercio de Jaén y las series del *Anuario Estadístico*, que coinciden, salvo en la superficie sembrada de trigo en 1917; el *Anuario*, basándose en *El Norte de Castilla*, da una extensión muy superior (149.000 hectáreas).

es más fuerte: de 104,8 en 1914 a 164,8 en 1917 y 223,7 en
1920. Los precios de la cebada suben algo menos, por lo que
el cambio de cultivo habido no se explica por razones de
especulación y sí, probablemente, por necesidad de piensos.
En fin, recordemos la evolución del precio al por mayor del
aceite andaluz: 1914, 99,1; 1915, 94,8; 1916, 98,5; 1917, 132,3;
1918, 148,2; 1919, 62,4; 1920, 226,7. Esto quiere decir que la
curva de beneficios de una parte de los propietarios de Jaén
(en realidad, los grandes propietarios tenían olivar y tierra
labrantía de cereales), sólo asciende en 1917, y que los pro-
gresos de sus beneficios son siempre mucho menores que los
de los empresarios industriales.

Lo antedicho no excluye la importancia de la acumulación
agraria que se produce durante esos años, que encuentra con
frecuencia no sólo expresiones cuantitativas (cuentas corrientes en los bancos, giros postales, creación de fábricas de
aceite), sino también cualitativas; así, en las memorias de
la Cámara de Comercio podemos leer que la gran demanda
de aceite en 1917 ha mantenido con firmeza, en general, a
todos los ramos del comercio y después de acusado un ligero
«bache» en la de 1918, podemos leer en la memoria de 1919:

«Obsérvase en este año mayor firmeza e importancia en los mismos [los negocios], debido a más intensa producción de cereales y aceites, sobrellevando el comercio estas fluctuaciones
con verdadero éxito». Y más adelante: «Situación monetaria y
bancaria. Por las razones apuntadas en el epígrafe anterior se
mantiene firme, sin quebranto y a la altura de las circunstancias».

Pero no es posible olvidar que Jaén era también la minería, aunque, como ya sabemos, la mayor parte de estas empresas eran de propiedad extranjera y del Estado (la de Arrayanes).

Como atinadamente señala Antonio M. Calero en su libro
Movimientos sociales en Andalucía, «las cuencas de Linares-
La Carolina y Peñarroya se vieron más favorecidas durante
la guerra, al recaer sobre sus productos una buena parte

de la sustitución de importaciones y al destinar cantidad considerable de ellos al consumo o transformación interiores» [24].

En efecto, el número de minas de plomo en explotación llegó en 1915 a 46, en 1916 a 72, disminuyendo ya en 1917 a 61. En cambio hubo un verdadero frenesí de denuncia de minas y obtención de concesiones con esperanzas, casi siempre frustradas, de encontrar en ellas unos superbeneficios al socaire de la coyuntura. En cuanto a los yacimientos de hierro, que de cuatro en 1914 llegaron al punto máximo de ocho en 1917, eran de valor insignificante.

El informe retrospectivo del Ministerio de Trabajo incluido en la introducción de la primera edición (1925) del libro *Salarios y jornadas de trabajo*, dice a este respecto sobre Jaén:

El influjo de la guerra europea se dejó sentir en todas las industrias, pero muy especialmente en la explotación de las minas de plomo, metal de primera necesidad en la industria militar para la fabricación de proyectiles.

Según la misma fuente, las sociedades anónimas extranjeras pararon todo al comenzar la guerra, a causa de la movilización de su personal directivo; salvó la situación la explotación «Arrayanes» del Estado, empleando también a parados de las otras empresas. Pero muy pronto se restableció la normalidad dadas la intensidad de la demanda y la elevación de los precios (que en Londres llegaron a las 30 libras por tonelada). Vino entonces la puesta en explotación de otras minas, la constitución de nuevas sociedades, etc. La cuenca Linares-La Carolina se puso en cabeza de la producción en todo el país con 105.000 toneladas de mineral en 1914, 119.000 en 1915, 105.000 de nuevo en 1916 (del plomo argentífero hay una transformación en 24.000 kilogramos de plata).

Sin embargo, la producción empezó a descender desde 1918; la subida de precios no llegó a alcanzar el promedio

---

[24] *Op. cit.*, Madrid, 1976, p. 71.

de alza de precios al por mayor[25]. No obstante, la formación de sociedades anónimas (en parte como consecuencia de la acumulación del período y en parte por cierta psicosis de obtener superbeneficios) se refleja en la creación de las empresas «Minera de Linares» (5,8 millones de capital, presidente Cantos-Figuerola) y «Minera de Sierra Carolina» (1,2), ambas en 1918. La Hullera de Espiel, creada en 1919, es extranjera y domiciliada en Bruselas. Con las minas de Centenillo se dará un caso bastante generalizado durante la guerra; el paso de la mayoría de las acciones a capitalistas españoles; nos referimos a la «New Centenillo Silver», transformada en «Minas del Centenillo, S. A.», en 1921, con mayoría de capital español y entre él de la familia Figueroa. En cuanto a «La Cruz» con el tiempo fue pasando a grupos financieros ajenos a Andalucía.

No menos interesante es la transformación de las minas «El Guindo» (sociedad que comprendía los yacimientos de plomo argentífero «El Guindo», «La Manzana», «La Urbana», «Aquisgrana» y otros menores en La Carolina) en «Compañía Minero-Metalúrgica Los Guindos», creada en marzo de 1920. La mayoría del capital es alemán, pero el presidente es José Luis de Oriol (del grupo Urquijo), el vicepresidente el conde del Moral de Calatrava (residente en Barcelona), participando también el marqués de Aldama (Ussía), moviéndose todos en los grupos financieros Urquijo y Central, sin capital andaluz.

Más vinculadas a una tendencia (sin embargo ligerísima) de modernización de la burguesía agraria jiennense, son las sociedades anónimas de molturación y refino de aceites y harinas, jabón, orujos, etc., que se crean en un momento de evidente acumulación capitalista. Ya hemos señalado como muy representativa de grandes terratenientes la «Nueva

---

[25] En las sociedades cuyos repartos de dividendos hemos podido compulsar, como «Minas de Castilla la Vieja y Jaén» (de capital francés), se observa un máximo de beneficios en 1915, pero se continúa repartiendo un dividendo de 6 por 100 durante los años sucesivos.

Unión Industrial, Los Mártires», de Arjona (llamada popularmente «La Vaporosa»), creada en junio de 1918 con 1,3 millones de pesetas de capital. También «La Unión de Productores, S. A.», de Torredonjimeno, creada en 1917, algunas pequeñas empresas más por la zona de Mancha Real y la «Oleum», de Andújar, presidida por Puig-Miñón.

En resumen, el auge de la provincia, a nivel aceitero, minero y comercial, es evidente, pero también lo es que no alcanzó las cotas exorbitantes de otras zonas del país. Jaén ocupó el quinto puesto en la producción minero metalúrgica en cuanto valoración, inmediatamente después de Córdoba y delante de Murcia [26], y el primer puesto en producción de aceites [27]. Pero quedó muy por debajo de las altas zonas de superbeneficios donde se concentraban el comercio exterior, la navegación, la siderometalurgia, el textil, la minería del carbón, los centros bancarios. El gran *boom* no pasó por Jaén; incluso los capitales que la burguesía agraria obtiene de la carrera inflacionista irán, como otras veces, a engrosar las cuentas corrientes del Banco de España, Banco Español de Crédito, etc., a reinvertirse fuera, o —¡como siempre!— a títulos de la deuda pública.

El movimiento de cuentas corrientes en las sucursales del Banco de España en Jaén y Linares aumenta considerablemente de 1913 a 1916; en Jaén pasa de 4,5 millones de pesetas a 6,4, y en Linares de 3,8 a 6,9. Si se tiene en cuenta que en esos tres años el índice de circulación fiduciaria de España aumentó en 141, comprobamos que en Jaén hubo un ligero ascenso real y en Linares un fuerte ascenso. Las cuentas llegaron en Jaén a 7,7 millones en 1919 (tras una cota máxima de 8,8 en 1918), en Linares a 6,5, después de haber alcanzado 8,4 en 1918. Siguiendo siempre el índice de circulación fiduciaria se observa un verdadero crecimiento en 1918,

---

[26] 76,6 millones de pesetas en 1916. Véase «La industria minero-metalúrgica en España», de Luis de Madariaga, en *Nuestro Tiempo*, Madrid, octubre de 1917, pp. 27-50.

[27] 17.476.000 pesetas en 1917.

pero un descenso real —ya que no nominal— en 1919. 1918 fue el único año en que la sucursal jiennense del Banco tuvo un saldo favorable con respecto a la central. En Málaga las cuentas pasaron de 13 millones en 1914 a 26 en 1920, y en Sevilla de 29 millones a 66.

Que las ganancias no fueran tan importantes como en otras zonas del territorio del Estado no quiere decir que fueran parvos los beneficios que obtenía la burguesía agraria. Lejos de eso, no partía de cero, sino de cifras elevadas. Estructuralmente sus beneficios eran ya muy cuantiosos; ese es, por otra parte, un fenómeno general en España ante las coyunturas críticas del siglo xx; que se parte de una situación estructural tremendamente desigual con beneficios exorbitantes para las clases poseedoras.

Volviendo a nuestro burgués agrario de Jaén y ciñéndonos al tema del olivar, hemos tomado dos puntos de referencia para observar sus beneficios brutos; el quinquenio 1915-1919 y el trienio 1915-1917. El doble punto de mira obedece a la preocupación por una anomalía estadística; el aumento de superficie de olivar en 1918 (se pasa de 213.000 hectáreas a 268.500) no es proporcional al aumento de matas en producción, que pasan de 21.375.000 a 26.850.000 (26,05 por 100 de aumento de superficie, 25,70 por 100 de matas en producción). En cambio, la verdadera elevación del precio del aceite no empieza hasta 1917.

Según nuestras estimaciones, la productividad media del quinquenio 1915-1919 fue de 3,06 quintales métricos por hectárea, y el precio medio del quintal métrico fue 138 pesetas. Teniendo en cuenta que el promedio de producción en una finca de 250 hectáreas fue de 765 quintales métricos, el beneficio bruto fue $138 \times 765 = 105.570$ pesetas [28].

---

[28] Hemos obtenido la productividad media dividiendo por cinco la suma de superficies cultivadas; realizando luego análoga operación con la suma de producciones del quinquenio, y, por último, dividiendo el promedio de

En el trienio 1915-1917, la productividad media fue de 3,28 quintales métricos por hectárea; el precio medio del quintal métrico fue de 117,50 pesetas. Partiendo de esa base, una finca de 250 hectáreas de olivar produjo un promedio anual de 280 quintales métricos. Luego, $820 \times 117,50 = 96.350$ pesetas promedio de beneficio bruto anual hecho por el terrateniente.

Ciertamente, había los gastos de explotación; pero todo el mundo sabe que eran mínimos en una época en que no se usaban abonos, no se utilizaban aperos modernos y mucho menos máquinas; se daban más bien dos vueltas de arado que tres y se pagaban jornales bajos y a destajo, utilizando para la recolección la «cuadrilla» familiar, con un vareador y el resto una mayoría de mujeres y niños. Con una cosecha normal los gastos de jornales en la recolección no suelen pasar del 10 por 100 del beneficio bruto. Tomás Valverde, patrono de Priego, estimaba en 1919 ante la comisión del Instituto de Reformas Sociales que la recogida de 100 kilogramos de aceituna costaba aquel invierno 3,26 pesetas y hay que recordar que esos kilos daban algo más de 20 kilogramos de aceite, cuyo precio al por mayor puede situarse entre 35 y 37 pesetas. Otros datos de la época sitúan el costo de cogida en 3 pesetas los 100 kilogramos [29].

La «Cuenta de gastos y productos de una hectárea de olivar», de la *Memoria* de Gonzalo Martín y González (1905) asigna 35 pesetas a los gastos de recolección y transporte de una hectárea y 17,50 a los gastos de fabricación. Añade gastos máximos como tres labores de arado, dos cavas a cada olivo, desvareto, etc. Señala 15 pesetas de contribución por hectárea y añade a los ingresos un 6,3 por 100 del producto del aceite por valor de orujos y otros residuos de fa-

---

quintales producidos en los cinco años por el promedio de superficies cultivadas en el mismo lustro.

Una operación semejante ha sido efectuada para hallar los datos del trienio.

[29] IRS, *Información sobre el problema agrario en la provincia de Córdoba*, 1919, pp. 124 y 158.

bricación, de modo que la contribución se compensa en cifras exactas por ese ingreso suplementario.

La estimación de Gonzalo Martín está hecha para una explotación capitalista en que se contabilizan la renta de la tierra (95 pesetas por hectárea de arrendamiento), intereses por los gastos (suponiendo que el arrendatario-explotante ha pedido créditos) al 4 por 100 y, naturalmente, el beneficio del explotante. Sumados todos ellos resultan 132,17 pesetas, es decir, 52,1 por 100 del beneficio bruto, sin contar orujos y otros residuos que, en explotaciones importantes, dan lugar a fabricaciones derivadas. (Téngase en cuenta que el modelo de Gonzalo Martín recarga exageradamente los costos de producción. Por otra parte, la estimación de rendimiento bruto que se hace es muy baja, de 2,74 quintales métricos de aceituna por hectárea [30].)

En verdad que la renta del trabajo o retribución de la fuerza de trabajo significaba en todo tiempo una parte muy exigua del producto provincial bruto. Por consiguiente, en conyunturas como la que estudiamos los factores de orden sociopolítico actúan a la manera de detonador para desatar una conflictividad siempre latente, de tipo estructural, que se manifiesta con particular intensidad. El proceso inflacionario determinará, por añadidura, una mayor degradación del nivel de vida de la población trabajadora de Jaén.

Para intentar una medida de esa degradación hemos consultado diversas fuentes con objeto de establecer los precios al por menor y su evolución, los salarios nominales y, en función de ambos, por la conocida fórmula de $\dfrac{SN}{CV} \times 100 = SR$, el salario real. Hemos tomado tam-

---

[30] Gonzalo Martín: *Memoria sobre el problema agrario en el mediodía de España para el concurso abierto por S. M. el Rey ante el Instituto de Reformas Sociales*, Madrid, 1904, pp. 65-66.

Parece ocioso recordar que el número de fincas de 250 hectáreas o más en Jaén era de 752, lo que significa que el de propietarios era todavía menor. En cuanto a los propietarios que pagaban contribuciones superiores a 5.000 pesetas, eran 1.257 entre un total de 102.593 contribuyentes por rústica.

bién varios intentos de construcción de presupuestos familiares y, para completar otros aspectos del nivel de vida, las
cuestiones de jornadas de trabajo y jornadas de paro forzoso, horarios de trabajo, vivienda, etc.

Hay una serie de precios de artículos de primera necesidad, de los anuarios estadísticos, que se refiere a las capitales de provincia. Están hechos sobre 29 precios (21 productos
alimenticios y 8 energéticos), sin que se haya obtenido ningún
promedio.

Si tomamos como punto de arranque 1914, podemos observar algunos resultados interesantes para Jaén (se da en
cada caso un precio medio máximo y un precio medio
mínimo):

	1914	*1917*	*1918*	*1919*	*1920*
Pan	0,40/0,35	0,40/0,35	0,52/0,40	0,78/0,48	0,70/0,66
Tocino	3,00/2,50	3,50/2,50	5,00/3,00	5,00/4,50	4,00/3,75
Bacalao	2,75/1,60	2,75/1,50	3,50/2,00	3,50/2,60	3,00/1,90
Garbanzos	1,60/0,60	1,80/0,50	1,90/0,60	1,60/0,70	1,40/1,00
Patatas	0,30/0,18	0,30/0,18	0,40/0,20	0,50/0,35	0,45/0,35
Huevos (12)	3,25/2,50	3,00/1,75	3,50/1,75	5,50/3,50	5,50/3,00
Aceite (litro)	0,60/0,30	1,80/1,10	1,60/1,40	1,80/1,10	1,40/1,30
Leña (qm.)	4,80/3,00	4,80/2,50	4,75/3,00	4,80/3,00	/6,00

El aumento en la serie de promedios máximos de precios
en 1919, tomando 1914 como base igual a 100, sería de 251,7.
En cambio el alza en los promedios mínimos nos daría 142,7.
Sin duda, aparte de la mayor o menor fiabilidad de los datos,
se trata de un sistema que beneficia (exagera con relación a
la realidad) los datos extremos. No obstante, queda constancia de la escasez, al menos aparente, de las alzas hasta 1917
incluido, y de la brutalidad del ascenso posterior, sobre todo
en 1919 [31].

A pesar de las muy fundadas críticas de que ha sido objeto [32], el índice general de precios al por menor establecido

---

[31] Fuentes: *Anuario Estadístico* 1917, 1918, 1919, 1920.
[32] Véase sobre todo: S. Roldán y J. L. García Delgado: *La formación
de la sociedad capitalista en España*, Madrid, 1973, t. I, pp. 128 *ss.*

PUEBLOS	Pan	Carne de cordero	Pescado fresco	Bacalao	Hortalizas	Patatas
1909-1914	0,29	1,33		1,23		0,16
Abril-septiembre 1914	0,35	1,50		1,20		0,20
Octubre 1914-marzo 1915	0,40	1,60		1,50		0,25
Abril-septiembre 1915	0,40	1,50		1,50		0,20
Octubre 1915-marzo 1916	0,40	2,00	1,20	1,50	0,25	0,25
Abril-septiembre 1916	0,40	1,80	1,20	1,70	0,20	0,20
Octubre 1916-marzo 1917	0,40	2,00	1,40	1,80	0,25	0,25
Abril-septiembre 1917	0,40	2,00	1,20	2,50	0,15	0,25
Octubre 1917-marzo 1918	0,45	2,50	2,00	2,50	0,30	0,30
Abril-septiembre 1918	0,48	3,00	1,75	2,75	0,40	0,35
Octubre 1918-marzo 1919	0,50	3,00	2,00	3,50	0,35	0,50
Abril-septiembre 1919	0,60	2,50	2,00	3,50	0,50	0,50
Octubre 1919-marzo 1920	0,65	3,00	2,00	2,50	0,50	0,50
Abril-septiembre 1920	0,70	3,00	2,00	3,00	0,25	0,40

PUEBLOS	Garbanzos	Huevos	Azúcar	Aceite	Jabón	Petróleo	Habitación (al año)
1909-1914	0,52	1,05	1,29	1,01			
Abril-septiembre 1914	0,50	1,50	1,20	1,25			(?)
Octubre 1914-marzo 1915	0,50	1,20	1,20	1,00			
Abril-septiembre 1915	0,50	1,50	1,50	1,00			
Octubre 1915-marzo 1916	0,60	1,50	1,50	1,25	0,80	1,00	60 ptas.
Abril-septiembre 1916	0,60	1,50	1,40	1,20	1,00	1,20	60 »
Octubre 1916-marzo 1917	0,70	1,50	1,80	1,50	1,00	1,20	60 »
Abril-septiembre 1917	0,70	1,50	2,00	1,50	1,30	1,20	60 »
Octubre 1917-marzo 1918	0,70	1,80	2,00	1,50	1,50	1,50	60 »
Abril-septiembre 1918	1,00	2,00	2,00	1,50	1,60	4,00	120 »
Octubre 1918-marzo 1919	1,00	2,25	2,00	1,50	1,40	4,00	60 »
Abril-septiembre 1919	1,00	3,50	3,00	1,50	1,50	2,50	100 »
Octubre 1919-marzo 1920	1,50	3,00	3,00	2,00	1,50	2,50	150 »
Abril-septiembre 1920	1,25	3,00	3,00	2,50	1,70		

JAEN-CAPITAL	Pan	Carne de cordero	Pescado fresco	Bacalao	Hortalizas	Patatas
1909-1914	0,28	1,48		1,13		0,14
Abril-septiembre 1914 ...	0,34	1,70		1,40		0,20
Octubre 1914-marzo 1915.	0,40	1,98		1,40		0,20
Abril-septiembre 1915 ...	0,40	1,78		1,40		0,15
Octubre 1915-marzo 1916.	0,40	1,70	1,00	1,40	0,20	0,20
Abril-septiembre 1916 ...	0,40	1,70	0,50	1,70	0,15	0,18
Octubre 1916-marzo 1917.	—	—	—	—	—	—
Abril-septiembre 1917 ...	0,35	1,90	1,20	1,80	0,10	0,15
Octubre 1917-marzo 1918.	—	—	—	—	—	—
Abril-septiembre 1918 ...	0,48	3,00	1,75	2,75	0,20	0,30
Octubre 1918-marzo 1919.	0,50	3,25	2,00	3,25	0,30	0,40
Abril-septiembre 1919 ...	—	—	—	—	—	—
Octubre 1919-marzo 1920.	—	—	—	—	—	—
Abril-septiembre 1920 ...	—	—	—	—	—	—

JAEN-CAPITAL	Garbanzos	Huevos	Azúcar	Aceite	Jabón	Petróleo	Habitación (al año)
1909-1914	0,60	1,14	1,17	1,15			
Abril-septiembre 1914 ...	0,90	2,00	1,00	1,00			
Octubre 1914-marzo 1915.	0,70	1,20	1,00	1,00			
Abril-septiembre 1915 ...	0,80	1,60	1,00	0,95			
Octubre 1915-marzo 1916.	0,80	1,50	1,50	0,90	0,70	1,00	96 ptas.
Abril-septiembre 1916 ...	0,60	1,50	—	0,90	0,70	1,00	75 »
Octubre 1916-marzo 1917.	—	—	—	—	—	—	—
Abril-septiembre 1917 ...	0,70	1,50	1,40	1,50	1,00	1,00	—
Octubre 1917-marzo 1918.	—	—	—	—	—	—	—
Abril-septiembre 1918 ...	0,90	2,25	1,75	1,60	1,10	1,40	100 »
Octubre 1918-marzo 1919.	0,90	3,00	2,00	1,40	1,20	1,75	125 »
Abril-septiembre 1919 ...	—	—	—	—	—	—	—
Octubre 1919-marzo 1920.	—	—	—	—	—	—	—
Abril-septiembre 1920 ...	—	—	—	—	—	—	—

por el Instituto de Reformas Sociales (y que versa tan sólo
sobre los precios alimenticios básicos, pero no sobre el conjunto de los que determinan el coste de la vida, con el inconveniente de que no han sido ponderados) sigue siendo el
elemento más útil de apreciación de las alzas de precios en
aquella coyuntura. Por otra parte es el que permite mayor
apreciación del nivel de precios en las zonas rurales. (Como
es sabido, se separan la capital y los pueblos [33].) Versa sobre
21 productos: 16 alimenticios y tres energéticos, más jabón
y alquiler de habitación.

Aunque reproducimos en apéndice la documentación,
señalamos (véase el cuadro de las páginas 38-39) los precios
esenciales y sus porcentajes de alza, tomando como base
igual a 100 el promedio 1909-1914.

Antes de comentar los datos precedentes preferimos añadir algunas fuentes más. La principal de ellas son los precios
de los suministros hechos por los ayuntamientos a las fuerzas
de la Guardia Civil y tropas del ejército circunstancialmen-
te de paso, publicados en el *Boletín Oficial de la Provincia*.
Hemos consultado desde 1917 hasta 1920. He aquí los resultados sintetizados y expurgados de los precios de paja y
cebada [34].

	Pan (700 gr)	Aceite (1 litro)	Petróleo (1 litro)	Carbón (100 kg)	Leña (100 kg)
Noviembre 1916 ...	0,30	1,07	1,07	9,00	2,06
Diciembre 1916 ...	0,30	1,12	1,10	8,95	2,54
Enero 1917	0,30	1,09	1,05	9,12	2,60
Febrero 1917	0,30	1,09	1,04	8,83	2,50
Marzo 1917	0,30	1,11	1,09	7,96	2,43

[33] Tanto en la capital como en cada pueblo, los datos emanan del presidente de la Junta local, que era el alcalde. La Junta de la capital no da
datos a partir del semestre abril-septiembre de 1919, precisamente el de
mayor alza de precios.

En los pueblos se hace la división *precio más corriente*, *precio máximo* y *precio mínimo*, con mención del número de la localidad a que
se refieren. Utilizamos siempre el *precio más corriente*, que se presenta
como netamente mayoritario.

[34] Citamos el mes a que se refiere el precio y no la fecha (posterior) de
su aparición en el *BO*. Por ejemplo, empezamos con precios de noviembre
de 1916, que son publicados en el *BO de la Provincia* el 2 de enero de
1917. Y así sucesivamente.

	Pan (700 gr)	Aceite (1 litro)	Petróleo (1 litro)	Carbón (100 kg)	Leña (100 kg)
Mayo 1917	0,29	1,13	1,08	10,23	2,43
Agosto 1917	0,28	1,21	1,12	11,02	2,63
Octubre 1917	0,29	1,36	1,09	10,63	2,97
Febrero 1918	0,30	1,35	1,27	14,12	4,08
Marzo 1918	0,31	1,57	1,50	14,86	2,95
Abril 1918	0,32	1,61	—	15,15	3,98
Junio 1918	0,32	1,61	1,70	17,55	3,52
Agosto 1918	0,34	1,56	1,79	20,00	3,35
Septiembre 1918 ...	0,34	1,63	2,06	18,00	3,46
Octubre 1918	0,35	1,50	2,17	16,50	3,22
Diciembre 1918 ...	0,36	1,65	2,12	18,08	3,37
Febrero 1919	0,44	1,43	1,98	18,37	3,82
Marzo 1919	0,36	1,56	2,01	17,75	4,05
Mayo 1919	0,37	1,44	2,30	16,89	3,57
Julio 1919	0,37	1,42	2,45	20,14	3,63
Agosto 1919	0,35	1,41	2,21	19,25	3,44
Octubre 1919	0,37	1,48	2,37	21,25	3,45
Noviembre 1919 ...	0,37	1,51	2,40	20,50	3,44
Diciembre 1919 ...	0,37	1,52	2,14	20,18	3,50
Enero 1920	0,36	1,62	2,23	—	3,63
Febrero 1920	0,38	1,56	2,31	19,63	3,61
Marzo 1920	0,39	1,73	2,37	21,03	3,85
Abril 1920	0,38	1,77	2,24	21,36	4,03
Mayo 1920	0,42	1,81	2,35	21,75	3,98
Junio 1920	0,41	1,88	2,62	22,38	3,16
Julio 1920	0,42	1,89	2,04	22,37	5,67
Agosto 1920	0,44	1,95	2,20	22,50	3,16
Septiembre 1920 ...	0,43	2,03	2,59	21,16	4,09
Noviembre 1920 ...	0,48	2,11	2,59	22,64	4,01

Podemos añadir que desde la fecha inicial de esta serie a la fecha final el precio de la cebada pasó de 1,26 pesetas la ración de 4 kilogramos a 2,07 y el de la paja (ración de 6 kilogramos) de 0,34 a 0,48.

Sobre esta misma fuente establecieron Pierre Conard-Malerbe y Albert Lovett sus conocidas series del precio del pan en España de 1857 a 1934, que tan útiles han sido para los trabajos históricos. De ellas se desprende una elevación del precio del pan en la provincia de Jaén entre el verano de 1914 y el otoño de 1920 de 203,9 por 100, produciéndose las alzas más vertiginosas a partir del invierno de 1918-1919. La comparación con Córdoba denota que en esta última provincia las grandes alzas empiezan en el verano de 1918 y que la carestía del pan llega a ser mucho mayor que en Jaén durante el año 1920 situación que, dicho sea de paso, se prolonga en ambas provincias durante el año 1921 (en el promedio español la baja del pan empieza en el otoño de 1921).

Una fuente mucho más limitada (puesto que se refiere al conjunto del período y no es sino un resumen de los datos del IRS que hemos examinado en detalle) se encuentra en el libro del Ministerio de Trabajo, *Estadística de salarios y jornadas de trabajo* [35]. Es la evolución de un índice de ocho artículos alimenticios de primera necesidad que, tomando como base igual a 100 el promedio de precios del quinquenio 1909-1914 ofrece como resultado un índice de 193 en 1920 para la provincia de Jaén.

(No hemos utilizado otra fuente posible, constituida por las estimaciones de precios sobre especies que salen del término municipal con el fin de aplicarles la segunda tarifa de consumos.)

Observando las diferentes fuentes se destacan algunas coincidencias: el alza brutal se desata en 1918 (y si precisamos con los datos del IRS en el invierno de 1917-1918). Hay que tener en cuenta que el pan era el elemento principal de la dieta alimenticia del trabajador rural, a lo que había que añadir el aceite, hortalizas, alguna sardina o trozo de bacalao; los garbanzos, un trozo de tocino y, en todo caso, un pedazo de carne o de morcilla para el «puchero» de la noche.

Parecen muy extraños los resultados del *Anuario* para 1920, pues ninguna otra fuente señala bajas en dicho año y todas las estadísticas de promedios de precios de todo el Estado señalan un alza notoria (para los pueblos 208,1 en el semestre octubre de 1919-marzo de 1920 y 220,3 para el semestre de primavera a otoño de 1920; para las capitales, 192,3 y 202,6 respectivamente). Como quiera que se trata de datos de la capital, y hemos visto que la junta de Jaén capital no dio dato alguno al IRS en 1920, nos inclinamos por no homo-

---

[35] Citamos por la edición de 1930, pp. CLI y CLIII.

logar esos precios de 1920 para la capital que da el *Anuario Estadístico*.

El promedio sin ponderar hasta abril-septiembre de 1915 (tomando como base 100 el quinquenio precedente) en los pueblos alcanzó el índice 112, menor que el promedio de todo el país excepto en patatas y bacalao; el encarecimiento del pan llegó al índice 137 en el verano de 1915, pero su alza databa de los primeros meses de 1914.

El porcentaje en promedio de alza, según los datos del IRS y tomando el semestre octubre de 1915-marzo de 1916 como base igual a 100, da un índice de encarecimiento de 196,8.

El precio del pan según los datos del IRS da un índice de 175 para los pueblos (base 1916) y 200 tomando 1914=100, y según los datos de suministro dados por el *BO* (tomando aquí por base noviembre de 1916) da un índice de alza de 134 para el verano de 1920. Los demás productos igualarán o superarán el índice 200 en relación al verano de 1914.

No dejan de llamar la atención algunas alzas particularmente especulativas, como la del azúcar y, sobre todo, la del aceite, en el verano de 1917, precisamente después de haberse molido la cosecha espléndida de aquel invierno, una de las mejores del siglo hasta entonces. Algunos ecos de prensa nos confirman el problema. Así, en el semanario *Baeza*, de 12 de septiembre de 1917, hay un editorial donde se queja de que el gobierno ha prohibido muy tardíamente la exportación de aceite.

«La conducta del poder público —dice— permitiendo la salida de los aceites con menos de un grado de acidez y prohibiendo la de los que tenían más de un grado, es indudable que favoreció los pingües negocios de las grandes empresas dedicadas a la desodorificación, puesto que sus fábricas convierten en finos los aceites que no lo son». Y añade: «Y cuando *apenas nos queda para el consumo* [36], y se teme llegue a escasear antes de la abundante recolección próxima, entonces se descuelga el gobierno con la total prohibición».

---

[36] Subrayado por mí (T. de L.).

Resulta evidente que la buena cosecha había sido en gran parte exportada, rarificándose el producto y subiendo más que nunca el precio. Una semana después se anunciaba la tasa de 15 pesetas el litro de aceite para su venta al público, que, como decía el mismo periódico, «ya es un precio altamente remunerador». En realidad no era una reducción de precio, sino un tope que, por otra parte, tampoco se mantuvo mucho tiempo. Vendrán también las ocultaciones. Un año más tarde, en julio de 1918, la prensa nos informa de un «negocio» de ocultación de trigo.

Ciertamente, una evaluación perfecta de los datos que hasta aquí hemos manejado sólo podría hacerse con la confección de presupuestos familiares y el conocimiento de la dieta alimenticia del trabajador jiennense de la época.

En lo que concierne a los presupuestos nos es forzoso retroceder once o doce años para referirnos a los establecimientos por Benítez Porral [37].

Su estimación, por un año, es la siguiente:

	Ptas.
Alimentación (1,50 ptas. diarias) … … … … …	547,00
Habitación … … … … … … … … … … …	43,80
Ropas y calzado … … … … … … … … …	50,00
Calefacción y alumbrado … … … … … …	15,00
Lavado de ropa (50 lavados) … … … … …	10,00
Blanqueos o enlucidos … … … … … … …	1,00
Entretenimiento herramientas agrícolas …	3,00
Culto, ornato y «vicios» (10 días al año de taberna; cuatro cigarros al día) … … …	23,10
Total … … … … … … … … … …	692,90

[37] *Op. cit.*, pp. 147-152.

De aquí nos interesan los porcentajes y la evaluación de necesidades. Resulta evidente el peso abrumador de los gastos de alimentación, 78,9 por 100, mientras que los gastos de vestido y casa constituían un 11,9 por 100 del total. También para una familia formada por los padres y cuatro hijos (dos de ellos de dos y seis años), Gonzalo Martín y González hizo el siguiente presupuesto:

	Ptas.
Alimentación	830,37
Habitación	120,00
Vestido y calzado	50,00
Luz	18,61
Lumbre	18,25
Total	1.037,23

Si este presupuesto supone costos más elevados, los porcentajes apenas varían del anterior. Precisemos que la alimentación se limita a pan, aceite, bacalao, patatas, legumbres y sal, y que el alumbrado se calcula a base del aceite de oliva que se usaba en los candiles.

Pero pasemos al período objeto de nuestro estudio. La amplia encuesta que la comisión del IRS hizo en Córdoba en enero y febrero de 1919 nos facilita una óptica más cercana y, en realidad, muy similar a la de Jaén.

La Sociedad Obrera de Oficios Varios «La Libertadora», de El Carpio, presenta el siguiente presupuesto, para una familia compuesta del matrimonio y dos hijos:

---

[38] *Op. cit.*, pp. 86-89.

	Ptas.
Panes; 2 kilos a 0,55 cada uno … … … … … …	1,10
Aceite; panilla y media … … … … … … … …	0,30
Garbanzos … … … … … … … … … … … …	0,40
Arroz … … … … … … … … … … … … …	0,25
Tocino (100 gr.) … … … … … … … … … …	0,50
Patatas … … … … … … … … … … … …	0,10
Café y azúcar … … … … … … … … … …	0,15
Berzas y frutas … … … … … … … … …	0,25
Bacalao (100 gr.) … … … … … … … … …	0,25
Jabón y carbón … … … … … … … … … …	0,50
Alquiler casa (90 ptas. anuales) … … … … …	0,25
Vestidos … … … … … … … … … … … …	0,50
Calzado … … … … … … … … … … … …	0,25
Médico y botica … … … … … … … … …	0,10
Total … … … … … … … … … … … …	4,90

En este caso el porcentaje de alimentación es algo menor, 67,3 por 100 y el de vestido y calzado llega, en cambio, a 16,6 por 100. Por primera vez se hace mención de que también los trabajadores del campo tienen derecho a no dejarse morir cuando caen enfermos. No hay, en cambio, partidas de «vicios», distracciones, ni siquiera la cuota de una organización sindical o mutualista.

El centro obrero de Luque, para una familia análoga, presupuesta:

	Ptas.
Pan … … … … … … … … … … … … …	1,50
Aceite … … … … … … … … … … … … …	0,50
Garbanzos … … … … … … … … … … … …	0,50
Berza … … … … … … … … … … … …	0,20
«Merienda» … … … … … … … … … …	0,50

	Ptas.
Carbón	0,25
Luz	0,10
Ropa y utensilios	0,75
Alquiler casa	0,20
Total	**4,50**

Los gastos de alimentación, sobremanera restringidos (total ausencia de proteínas), dan un porcentaje del 71 por 100.

En fin, hay otro presupuesto, más detallado y más conocido, el incluido en la memoria de la asociación de Montilla «La Parra Productiva». Está hecho para una familia de cinco personas en el invierno de 1919 [39]:

	Ptas.
Pan, 3 kilos	1,65
Habichuelas, 2 tazas	0,50
Arroz, una libra	0,40
Tocino, 100 gr.	0,50
Aceite, 2 panillas	0,40
Jabón	0,15
Carbón, 1 kg.	0,30
Picón y agua	0,10
Desgaste ropa, hilo, calzado	0,40
Alquiler casa diario	0,15
Total	**4,55**

En este presupuesto la parte de alimentación constituye el 75,82 por 100. Un presupuesto igual con precios de 1913 daba 71,98 por 100 de alimentación.

En fin, aunque imperfectamente elaborado, disponemos de un avance de presupuesto familiar. Se debe a J. Sagristá,

---

[39] Los tres presupuestos han sido tomados de *Información sobre el problema agrario en la provincia de Córdoba*, 1919, pp. 150-151, 162 y 165-167.

corresponsal en Jaén del semanario *La Internacional*, donde fue publicado el 27 de agosto de 1920. Está calculado para una familia de matrimonio y tres hijos.

	Ptas.
Pan, 3 kg.	2,10
Aceite, una panilla	0,60
Patatas, 1 kg.	0,40
«Merienda»	0,75
Carne (un cuarterón)	0,60
Substancia	0,25
Garbanzos (200 gr.)	0,30
Ensalada	0,10
Luz y lumbre	0,30
Jabón, hilo, etc.	0,20
Vestido y calzado	0,50
Alquiler de casa, por día	0,25
Total	6,35

En este caso (tomado en el momento «cúpula» de carestía) el porcentaje de gastos de alimentación representa el 80,3 por 100.

El examen de presupuestos, tal vez demasiado casuístico, nos ha permitido confirmar la acentuada primacía de los gastos de alimentación y, dentro de ellos —el mínimo considerado indispensable—, la importancia del pan, cuyo coeficiente será muy elevado en cualquier ponderación de precios que se haga.

El examen general de alzas en el coste de la vida nos ofrece rasgos como el de mayor elevación de precios en los pueblos que en las capitales; no obstante, esta apreciación estrictamente cuantitativa debe ser mejorada y precisada teniendo en cuenta que en la mayor parte de las zonas agrarias subsistían parcialmente las economías de consumo familiar (y no de mercado), base de las pequeñas parcelas, caso que también se da en Jaén, donde, como sabemos, hay una parte numerosa de población trabajadora del campo cuyo ingreso fundamental es el salario, pero que tiene pequeñas parcelas. Por otra parte, las zonas urbanas exigen en el presupuesto mínimo algunos gastos más, como es el transporte y, de hecho, la compra de un periódico, etc. Son dos géneros de vida diferentes (la familia obrera urbana empieza a tomar conciencia del llamado «tiempo libre»); los trabajadores del campo parten de una situación más desfavorecida, pero ese mismo género de vida amortigua, por lo menos al principio, el choque brutal de la elevación del coste de vida.

SALARIOS

Es este el tema que, como ya sabemos por el examen de la población laboral, es más importante en los asalariados agrícolas, los mineros, la construcción, la alimentación, los transportes...

El extenso informe introductivo por provincias que lleva la edición de 1925 del libro *Estadística de salarios y jornadas de trabajo* [40] nos hace saber que la población minera (9.044 obreros) no mejoró mucho «y aunque los trabajadores se declararon varias veces en huelga, pidiendo aumento de jornal en las dos zonas de Linares y La Carolina, no mejoraron notablemente sus salarios en el período 1914-1920. Los del trabajo interior y los afectos al ramo de beneficio obtuvieron un alza de 47 y 48 por 100. Mejor recompensados fueron los del trabajo exterior, que ganaron el 73 por 100». En realidad, en el ramo de laboreo, el promedio de salario-hora pasó de 0,48 en 1914 a 0,71 en 1920, un 67,6 por 100, que es más que lo dicho en el informe previo, aunque la fuente sigue siendo el texto del Ministerio de Trabajo [41]. Alza superior a la conse-

---

[40] *Op. cit.*, pp. CLXIV y CLXV.
[41] *Op. cit.*, pp. LXX y LXXI de la edición de 1930, cuadro XXV, «Movimiento de salarios de los obreros afectados a la industria minera».
En el mismo libro, p. 37, se señala como salario-hora de 1920 el de 0,72 pesetas, pero dentro de la rúbrica general «Minas, salinas y canteras».

guida por los mineros de plomo de Murcia en el mismo
período, pero inferior a la de Córdoba.

Para cada sector importante examinamos dos fuentes de
conjunto: la del Ministerio de Trabajo y la de los anuarios
estadísticos, y las completamos con fuentes «puntuales». Empezamos por los obreros agrícolas (que no figuran en la
estadística del Ministerio de Trabajo).

	Hombres		*Niños*	
	Máx.	*Mín.*	*Máx.*	*Mín.*
1914	3,00	2,50	1,25	0,75
1917	3,50	2,50	1,25	0,75
1918	5,00	2,50	—	—
1919	6,00	4,50	3,75	2,00
1920	10,00	6,00	—	—

Para mujeres sólo hay datos de 1916 (máx., 1,50 pesetas; mín. 1,00) y de 1921 (máx., 3,00 pesetas; mín., 1,58).

En realidad los «máximos» son casos extremadamente
raros, que no confirman ninguna afirmación aislada. Veamos
éstas:

En El Carpio (Córdoba), 2,25 pesetas en 1917 y 3,00 en
1918; en Lucena, 3,25 en 1918 (a señalar que el Anuario mar-
ca «mínimos» para Córdoba iguales a los de Jaén). Baeza,
1917: 1,75, 2,00 y 2,25 pesetas, según el periódico maurista
Baeza.

1919: salarios publicados por Cristóbal Jiménez, de Mancha Real, y reproducidos en *La Internacional* de 27 de agosto de 1920): 2,25, 3,25 y 4,25 pesetas, según las faenas y las
estaciones del año.

1920. De fuente sindical, que tomamos también de *La Internacional;* se pide salario mínimo de 5,00 pesetas el hombre y 2,50 la mujer, manteniendo los que ya hay más elevados
«como en Martos, a 8 pesetas».

Para la siega en 1920 se pagan salarios de 5 pesetas y mantenidos y 7,50 sin manutención.

Las memorias del Instituto de Reformas Sociales pueden servirnos también de fuente para conocer los salarios. Por ejemplo: la junta reguladora mixta del término municipal de Jaén establece para la siega de 1919 los salarios de 5,50 pesetas y mantenidos o 6,50 sin mantener (a destajo en ambos casos); 4 y 5 pesetas —mantenidos o no— para los otros obreros de recolección, contando siempre ocho horas «en limpio» de trabajo.

El acuerdo firmado en Lopera eleva a 7,25 pesetas los salarios de siega, y para después de la recolección se reducen a 3,75, salvo los muleros y boyeros (5 y 4,75 pesetas, respectivamente); las mujeres ganando siempre la mitad del salario, así como «los muchachos» entre catorce y dieciocho años.

En Arjona (siempre para la cosecha del verano de 1919), los segadores van de 6 a 7 pesetas (mínimo y máximo) y los «diarios» a 5 pesetas. (Se llaman «diarios» los que van y vienen desde el pueblo al tajo todos los días.) En Mancha Real el salario de un segador es de 6,25 y de 5,25 si es mantenido.

Hay en estos contratos los casos de «ajustados para los cuatro meses de verano», cuyo salario es muy inferior, oscilando, según los casos, entre 285 y mantenidos hasta 400 pesetas, y pluses por algunos trabajos (por ejemplo de carreteros).

En el invierno de 1919 a 1920 las bases de trabajo de Mancha Real nos sirven de muestra para lo relativo a los olivares:

— 4,75 para recogida de aceituna, «de sol a sol»; mujeres y niños, la mitad.

— 2,75 los obreros diarios de los cortijos.

— 4 pesetas para los cortadores de olivas (y derecho a llevarse una carga de ramón).

— 3,75 para trabajos de cava de pies, cava de habas,
escarda, etc. (estos mismos trabajos se pagaban a 1,75
y 2 pesetas en 1916, dato que hemos comprobado para
Santisteban del Puerto).

En fin, los obreros dedicados a la fabricación de aceite
tienen salarios entre 3 y 3,50 pesetas, según la calificación
(maestros, cargadores y oficiales).

Al examinar la cuestión de salarios agrícolas hay que
tener en cuenta dos aspectos: la división de obreros fijos
y eventuales y el problema de los destajos.

Había unos obreros «fijos», empleados durante todo el
año, residiendo generalmente en los cortijos; eran una minoría exigua. Los otros, temporeros o eventuales, eran contratados por faena o por temporada: recogida de aceituna, cava,
siega, desvareto, ara. (Conviene hacer mención de un género
de asalariado que aportaba la yunta de mulas y el arado; el
«pelayo» de Jaén, que es el «yuntero» en otras zonas.)

El trabajo de esa mayoría dependía: *a)* de las faenas que
los propietarios tenían necesidad de realizar; *b)* del volumen
de la oferta de mano de obra. Por razones a la vez económicas y demográficas, ha habido en toda Andalucía un fuerte
paro estructural, que, por ende, puede calificarse de endé-
mico.

En principio, las jornadas laborales sobre las que había
que calcular el salario eran los 365 días del año, menos
las festividades, los días lluviosos y aquellos en que el obrero se ausentase por enfermedad. Aun este supuesto parte
del cálculo optimista de que la oferta de fuerza de trabajo
no superase nunca a la demanda. La realidad era que había
muchas «lagunas» entre la recogida de aceituna y las labores
primaverales (que no daban trabajo para todos), entre éstas
y la siega, la sementera, etc., y luego un breve lapso antes
de iniciar la nueva recolección de la aceituna; y aún en estación de faena, no siempre había trabajo para todos. Por
consiguiente, se precisa hacer dos estimaciones: 1, encon-

trar el salario al año dividiendo los salarios de las jornadas realmente trabajadas y pagadas por el total de días del año; 2, el problema del paro forzoso, como en cualquier sector de la producción, pero aquí con carácter estructural.

Sobre jornadas realmente trabajadas las estimaciones varían desde la de Gonzalo Martín, que las limita a 200 al año, hasta Benítez Porral, que calcula 277. La estimación de Cristóbal Jiménez (de Mancha Real), recogida por Agristá, corresponsal de *La Internacional*, está detallada por meses, sobre la base empírica de 1918, y es de 267 jornadas anuales.

Otro gran problema es el *destajo*, forma de retribución que era habitual en la recolección de aceituna y en la siega, y siempre preferida por los patronos. Pero en la coyuntura que nos ocupa, los obreros y sus organizaciones empezaron a rechazar enérgicamente ese sistema.

Ramón Lamoneda dice en su artículo «Los destajeros» [42]:

El destajo tiene para los patronos, entre otras, la ventaja de que desvía el justiprecio de la mano de obra, porque la atención de los que trabajan está fija en la cantidad de producción y en las pesetas que sus renovados y angustiosos esfuerzos les produce.

Los equipos de destajeros se forman con un avareador y dos cogedores; a cada equipo corresponde recoger, por término medio, 250 fanegas de aceituna.

... Contratado el destajo, se reúnen las cuadrillas, para dirigirse al olivar, a las cinco de la mañana; por cierto que si uno llega tarde, le imponen los demás una multa de medio litro de aguardiente... Y el «avareo» comienza precipitadamente, con daño a veces de la planta, que se ve despojada de tallos jóvenes —los que dan el fruto—; para evitar la represión del burgués, los destajeros queman en seguida los cogollos caídos.

No es necesaria mucha imaginación para comprender cómo el destajo agravaba las condiciones de trabajo y para comprender la oposición de que es objeto por parte de las organizaciones obreras.

---

[42] *La Internacional*, 23 de enero de 1920.

Por último, no es superflua otra observación, que no se refiere a los obreros del campo, pero sí a los de otros sectores. El establecimiento de la jornada de ocho horas (operado en realidad entre fines de 1919 y mediados de 1920) supone que si bien la unidad de fuerza de trabajo (la hora) está mejor pagada, puede en cambio ser mucho menor el aumento del salario concreto que recibe al final del día o de la semana; por eso, cuando se trata de 1920 conviene calcular los dos aspectos: el salario-hora y el salario efectivo por jornada de ocho horas. Sin embargo, los mineros de Linares y La Carolina tenían ya la jornada de ocho horas cuando ésta se generalizó obligatoriamente en 1919.

Veamos ahora la evolución de salarios en los otros sectores importantes:

A) Según el *Anuario Estadístico* (el primero es el salario máximo y el otro el mínimo):

	Minas		Construcción	
1914	4,00	1,50	4,00	2,25
1917	4,00	1,50	4,00	2,25
1918	5,00	2,50	4,00	3,00
1919	7,25	3,50	5,50	4,50
1920	7,00	6,00	8,00	7,50

Hemos comprobado en las convención colectiva de Lopera (junio de 1919) los siguientes salarios:

	Albañiles	Carpinteros	Herreros
Maestro	5,00 ptas.	5,00 ptas.	7,00 ptas.
Oficial	4,75 »	4,75 »	5,00 »
Peón	4,00 »	A estipular	—

B) Según el Ministerio de Trabajo:

	Minas	Construcción	Vestido		Peones	
			hom.	muj.	min.	const.
1914	0,48 ptas. h.	0,35	0,39	0,16	0,34	0,35
1920	0,72 »	0,67	0,52	0,24	0,53	0,50

Fácil es observar que los datos del *Anuario* (que tienen que enfrentarse con la actualidad «cálida») tienen siempre cierta tendencia lenificante y, por consiguiente, discrepan de los del Ministerio, publicados años más tarde.

A estas cifras podemos añadir la existencia de paro más o menos importante; no se está trabajando en producciones-punta y la construcción suele tener entonces el problema de los materiales. En las minas, si se cree lo que escribe Lamoneda en 1919, habría un 50 por 100 de parados [43].

Una comprobación se impone: las alzas importantes no se producen sino al final de la coyuntura, en 1920, y en varios ramos ni aún entonces consiguen recuperar los salarios reales de 1914. En el campo hay que señalar también la importancia en los últimos años de la acción contra el destajo y por las condiciones de trabajo, en el marco de contratos colectivos.

CONFLICTIVIDAD Y MOVIMIENTO OBRERO: 1917

Sabemos que durante los años 1914-1916 la conflictividad fue escasa en Andalucía. En 1914 sólo hubo conflictos de importancia en Cádiz y Sevilla. No se señaló ninguno en Jaén, ni tampoco en los dos años que siguieron. Tan sólo en Sevilla se cuentan por millares los huelguistas. No es menos cierto que el número de huelgas sobre las que el IRS tuvo información completa; cuando más, en 1916, la tuvo sobre el 75 por 100 de las huelgas. Por consiguiente, los datos no son por completo fiables; sin embargo, el contexto histórico nos autoriza a afirmar que el aumento masivo de la conflictividad tiene lugar en todo el país en 1918 (donde la información completa sigue versando tan sólo sobre un 55 por 100 de las huelgas), con excepción de la gran huelga general de agosto de 1917, que por razones administrativas difícilmente acep-

---

[43] *La Internacional*, 6 de diciembre de 1919.

tables hoy fue olímpicamente despreciada por el IRS al considerarla fuera de su competencia.

A despecho de la estadística (que sólo da 81.000 huelguistas en todo el Estado aquel año), hay que señalar que es de ascenso conflictivo, pues la mayoría de esas huelgas (más las 130 sobre las que el IRS no da cifras) tuvieron lugar antes de agosto, ya que la represión que sobreviene después reduce al mínimo la expresión huelguística del conflicto social. La estadística reseña tan sólo dos huelgas para Jaén en aquel año: una en el Pozo Ancho de mineros de Linares, de la que no hay más datos que su objeto —aumento de salario—, y otra de obreros agrícolas en Santisteban del Puerto, también por aumento de salarios; en ésta participaron 600 trabajadores, que consiguieron su objetivo al cabo de tres días [44]. Contrasta con esta situación la de Córdoba, donde hubo huelgas importante en Peñarroya, con 6.330 huelguistas; en las minas de «Cerro Muriano» y también agraria, en diciembre, con 1.500 huelguistas en Castro del Río, cuando la recogida de la aceituna. También hubo huelga minera en Puertollano. El tono conflictivo agrario estuvo dado por Cádiz y Córdoba

---

[44] En la memoria de estadística de huelgas del IRS encontramos dos estimaciones distintas, 600 y 350 huelguistas; la primera en los resúmenes, la segunda en la tabulación.

Sobre esta misma huelga encontramos en el AHN, en «quejas de diputados», un telegrama dirigido el 14 de diciembre de 1919 por el ministro de la Gobernación al gobernador civil de Jaén, que dice así:

Telegrama oficial para Jaén, n.º 389: «El diputado a Cortes don Pablo Iglesias me dice hoy que los obreros agrícolas de Santisteban del Puerto han acordado no trabajar por menos de 2,50 pesetas diarias, y que en los puntos de salida de la población al ir al trabajo varios obreros recomendaban a otros no aceptar ocupación sin ese jornal, no acompañando a la recomendación ningún género de amenaza, a pesar de lo que (sic) la Guardia Civil ha sacado de sus casas a altas horas de la noche a varios trabajadores. Entérese V. S. de lo que haya de exacto en esta reclamación; y aunque es de suponer que la Guardia Civil no haya adoptado esas medidas sin un motivo justificado, dígame el resultado de su información y procure evitar que se exciten más los ánimos de los obreros si se procedió con ellos de una manera excesivamente rigurosa. Le saludo».

La fuente sirve para probar, indirectamente, la existencia de una activa organización social-ugetista en Santisteban, que comunicaba rápidamente con Iglesias.

principalmente. Córdoba se señala como la tercera provincia conflictiva del país con 10.800 huelguistas.

Pero ¿y la huelga de agosto de 1917? Todo lo que hemos podido saber se refiere al paro de mineros de La Carolina, muchos talleres de Linares y los panaderos, así como los tranvías de la línea Baeza-Linares-Ubeda (según la prensa conservadora en éstos hubo bastantes esquiroles). En la capital hubo también paro. Fue declarado el estado de guerra, noticia que tomamos de la prensa. Por esta misma fuente sabemos que

en Linares parece que la huelga ha tomado caracteres de alguna gravedad y que las autoridades van venciendo los detalles del conflicto. El alcalde de Linares pidió el día 13 al de Baeza le remitiese todo el pan que fuera posible, para atender a las necesidades de aquella población [45].

Sin duda la tensión social, innegable los años anteriores, fue en aumento. Nos queda algún testimonio suelto, como la agitación en Castillo de Locubín, al cortarse la carretera Alcaudete-Granada y quedar aislado dicho pueblo. El gobernador, en despacho elevado al ministro el 2 de febrero se refiere a la necesidad de «evitar conflicto clase obrera sin trabajo protesta y témese alteración orden público» [46].

Cabe preguntarse si el tono relativamente bajo de la conflictividad, a pesar de cierta agravación de las condiciones de vida, estaba en relación con una implantación frágil del movimiento obrero. Las fuentes de implantación social-ugetista manejadas por Calero [47] demuestran un descenso en afiliados y secciones del PSOE entre 1915 y 1916 (de 27 secciones y 998 afiliados a 15 secciones y 685 afiliados). En 1917 permanece el mismo número de secciones, pero los afiliados aumentan hasta 871, siendo Jaén la provincia andaluza de mayor base socialista. Los datos de UGT son 1.267 en 1916, pero sólo en

[45] Semanario *Baeza*, 15 de agosto de 1917.
[46] AHN. Gobernación. Leg. 16 A (6).
[47] *Op. cit.*, pp. 117-122.

10 secciones (de las cuales La Carolina y Linares eran importantes, también en cabeza de toda Andalucía). El telegrama citado del 14 de diciembre de 1917 muestra los vínculos de Iglesias con los huelguistas de Santisteban.

Un enfrentamiento de otro género, las elecciones municipales de noviembre de 1917 van a mostrar un progreso socialista, al obtener sus candidaturas 12 concejales contra nueve en 1916. Como en otros lugares, la huelga de agosto de 1917, la subsiguiente represión y la severa condena del comité de huelga no parecían haber quebrantado a la organización obrera que, por el contrario, ganaba votos al aprovechar cierta corriente de simpatía solidaria implicada en un vigoroso movimiento en favor de la amnistía. (De esos candidatos triunfantes seis lo fueron en localidades de más de 6.000 habitantes.) No obstante, más de la mitad de los concejales se los habían repartido mediante el artículo 29 los dos partidos del turno «histórico» y, en las elecciones, los liberales consiguieron 54 contra 38 conservadores y cinco mauristas. También fueron elegidos ocho republicanos y un reformista.

Las elecciones municipales habían sido convocadas por el gobierno Dato-Sánchez Guerra. Este último, ministro de la Gobernación, había enviado una circular (la núm. 153) reservada y en clave a todos los gobernadores el 2 de octubre. Les pedía un informe sobre los pueblos de su provincia y si «las fuerzas conservadoras se aprestan a intervenir en ellas (en las elecciones) como deben hacerlo, con candidatos de prestigio y honorabilidad, y el resultado que pueda V.S. prometerse en cada uno de los pueblos y distritos». Igualmente les pedía «juicio y pronóstico», informe sobre los otros candidatos, situación legal de los ayuntamientos «y lo que V. S. crea indispensable en cada uno de ellos, dentro de las normas e instrucciones que tengo trazadas, para mejorar, donde fuere necesario, la situación política» [48].

---

[48] AHN. Gobernación. Leg. 27 A (8). No hemos encontrado respuesta alguna del gobernador de Jaén, pero sí —en el ámbito andaluz— de los de Granada y Málaga; el primero predice el triunfo conservador y también

Pero en plena campaña electoral el gobierno fue licenciado por el Rey, el 26 de octubre y tras un ultimátum de las
Juntas Militares de Defensa, que derribaron a Dato como
antes habían derribado a García Prieto.

1918 es un año de neto ascenso de la conflictividad en
todo el país y particularmente en Andalucía. Córdoba, con
23.785 huelguistas, de ellos más de 23.000 del campo, y 21
huelgas agrarias. No es en balde el primer año de lo que ha
sido llamado —un poco impropiamente— «trienio bolchevique» de Andalucía. Pero también será el año de nuevas elecciones, que llevan desde el presidio a los escaños parlamen-
tarios a los miembros del Comité de Huelga de agosto del 17,
en unión de otros dos socialistas: Iglesias y Prieto. (Son
elegidos seis socialistas, terminando así con la representación
unipersonal de Iglesias.) Será el año del gobierno llamado
«nacional» (y también de «la encerrona» regia), presidido por
Maura, y de su fracaso; y en sus postrimerías finalizará la
guerra mundial.

Aunque la tensión social fue ya muy viva en Linares al
empezar el año, optamos por referirnos primero a las elecciones legislativas que el «gobierno de concentración» (con
representantes de las distintas fracciones en que se desmo-
ronaban los partidos «históricos» de turnos, y del refuerzo de
la Lliga catalana) convocó para el 24 de febrero.

Una vez más parece conveniente tomar alguna fuente de

---

para las legislativas: «conservadores acaudillados por Rodríguez Acosta,
sin dificultades obtendrán los dos lugares de las mayorías».

Para las elecciones municipales, dice que en la mayoría de los pueblos
«habrá artículo 29».

El gobernador de Málaga propone nombrar alcaldes de Real Orden en
Archidona y Colmenar, para posibilitar el triunfo conservador; y cambiar
también los Ayuntamientos de Cortes de la Frontera, Berranabá, Benada-
lid y Benalauria, «para mayor seguridad» (*sic*). En cuanto a las legislativas, dice: «con sólo nombrar alcaldes conservadores tendrá que desistir
de presentarse Ortega y Gasset» (¿se refiere a Eduardo?); «... el triunfo en
las elecciones municipales es seguro, excepto en Benamargosa y Arenas,
que son republicanos y continuarán siéndolo, *y el marqués de Larios tiene
mucho interés en que el gobierno intervenga* para variar esas dos organizaciones municipales» (el subrayado es mío, T. de L.) (AHN. Gobernación.
Leg. 27 A [12]).

orden general que caracterice aquellas elecciones. Ella va a
ser la circular cifrada número 10 que el ministro de la Gobernación dirigió al director general de Seguridad y a todos los
gobernadores civiles, con excepción del de Madrid. (El ministro era el vizconde de Matamala, magistrado del Supremo,
relativamente al margen de los partidos de turno, pero no
del mecanismo político iniciado en Sagunto.) La circular dice
así:

11 de enero de 1918.—Publicado hoy el R. D. de disolución de
las Cortes pasadas y de convocatoria de otras, considero indispensable que V. S. y las autoridades y funcionarios todos a sus
órdenes, dediquen en absoluto su atención al mantenimiento
del orden público y a investigar y descubrir los manejos de
quienes pudieran estar interesados en impedir que las elecciones generales tengan lugar con perfecta normalidad o en producir con artificio efectos que redunden en su favor el día
designado para la votación. A fin de evitarlo, es indispensable
que con sumas discreción y reserva, pero con plena eficacia,
sean vigilados los directores de sociedades obreras y representantes de los partidos avanzados en esa provincia para ase-
gurarse si reciben comunicaciones o visitas de personas de
otros puntos y cuál sea el objeto de las unas y de la presencia
de las otras para no dejarse sorprender en caso alguno y poder
contrarrestar certera y firmemente toda labor o intento, siendo
esencial que no se pierda ni menosprecie detalle alguno por
insignificante que pudiera parecer dejándose llevar de confianza mal entendida o de precedentes. Es de presumir que el encarecimiento de las subsistencias y la falta y suspensión de
trabajos a que obliga la estación, sean explotados para incitar
a la revuelta o para provocar los efectos indicados, a lo cual
precisa hacer frente, no sólo haciendo observar rigurosamente
los preceptos ya dictados y los que se promulguen sobre tasa
y abastecimiento, si no (*sic*) promoviendo por suscripción la
ejecución de obras locales y recabando el concurso de la Diputación provincial y de las entidades y personas pudientes, sin
perjuicio de acudir al Sr. Ministro de Fomento para que ordene
las que le sea posible llevar a cabo por cuenta del Estado. Encarezco a V. S. la absoluta necesidad de ponerse en contacto
con las Autoridades judicial y militar, sin olvidar un momento
las instrucciones que le tengo comunicadas, etc., etc.

Se observará que si entre los partidos representantes del
sistema y de las clases dominantes había una especie de tre-

gua y para ellos el ministro de la Gobenración era «neutral», nada de eso regía para socialistas y republicanos netamente señalados con la denominación de «directores de las socie- dades obreras y representantes de los partidos avanzados». Por lo demás, la circular es tan elocuente que hace inútil todo comentario. Digamos, por añadidura, que tras no pocas componendas entre los grupos, también hubo esta vez can- didatos «encasillados», o sea del gobierno; el hecho es recien- temente confirmado por la tesis del profesor Aguiló Lúcia [49] al explicar que si bien no hubo encasillado «típico», produ- ciéndose así cierto caos electoral de las facciones dinásticas, no es menos cierto que hubo un encasillado oficial asignando los distritos a candidatos de los diferentes grupos en que ya estaban escindidos los partidos de turno.

También en la provincia de Jaén la multiplicación de can- didaturas de grupos y fracciones del régimen mostraba neta- mente la descomposición del sistema canovista. Pueden observarse algunos rasgos interesantes; por un lado, que, frente al caciquismo central que viene por el encasillado, hay el caciquismo local, largo tiempo instrumento de los par- tidos de turno, pero que puede revolverse contra unos u otros en esa peculiar «autonomía» que adquieren los instrumentos mimados durante decenios por un sistema, en el momento en que éste quiebra. Por otro lado, hay rasgo de creciente «familiocracia».

Tomemos el distrito de Jaén mismo; Burell pretendía sa- car de nuevo a su cuñado, Antonio Bailén; pero de matriz liberal se presentaba también el «garciprietista» Sabater y un amigo de Alcalá Zamora, Sebastián Izquierdo. Por el lado conservador, dos «idóneos» o datistas y un maurista. En Ubeda también los liberales andaban a la greña, puesto que frente a Montilla, «garciprietista», los amigos de Gallego Díaz apoyaban la candidatura de un hijo de Romanones, el marqués de Villabrágima. El «amiguismo» se manifestaba

---

[49] Luis Aguiló Lúcia: *Sociología electoral valenciana, 1903-1923*. Valencia, 1976, pp. 299-319.

igualmente en el distrito de Villacarrillo, donde Sáenz de Quejana (conservador) era un íntimo de Sánchez Guerra; un amigo de Alcalá Zamora, Pastor, retiró al fin su candidatura.

El problema adquiere matices distintos en el distrito de Linares-Baeza, donde hay un verdadero enfrentamiento de clase; por un lado, el ex ministro liberal Julio Burell, al que votarán las clientelas de todos los grupos del régimen y que se beneficiará del apoyo oficial y caciquil; enfrente, el «candidato obrero» (ya llamado por muchos «socialista» y que en 1919 se presentará claramente como candidato del PSOE), Tomás Alvarez Angulo. (En Jaén capital, Burell optó por presentarse él mismo, temiendo un fracaso de su cuñado [50].) En Linares se proclamaron dos candidatos-fantasma más, con el sólo objeto de disponer de más procuradores que ayudarían a la elección de Burell.

En aquellas elecciones corrió el dinero a raudales. La revista *El Financiero* dio a conocer que del 16 al 21 de febrero (la semana precedente a las elecciones) las cuentas corrientes del Banco de España experimentaron una baja de 36,5 millones de pesetas. Dábase la circunstancia de que no se realizó ninguna operación financiera o bursátil importante aquellos días y que, por consiguiente, el destino «electorero» de esos fondos apenas dejaba lugar a dudas.

En Jaén las elecciones fueron reñidas y las actas muy discutidas. En Linares, mientras se celebraba la elección, la tensión subió de punto, tanto más cuanto que se descubrió que en la sección segunda del distrito del Pasaje habían aparecido más votos que electores. Los mismos despachos de prensa —publicados por *El Sol*—, fechados al caer la tarde

---

[50] En cuanto a aspectos de familiocracia en aquellas elecciones vale la pena destacar el caso de la provincia de León, donde se presentó por Astorga un sobrino (Gullón) del presidente del Consejo de Ministros, y también un yerno (Sainz de Vicuña) por Ponferrada, *ambos proclamados por el artículo 29*. A su vez, Merino (el yerno de Sagasta) presentó a su hijo por Riaño, y él mismo salió por el art. 29 por La Vecilla y consiguió que su oscuro amigo Eguiagaray derrotase por única vez desde hacía treinta y cinco años a don Gumersindo de Azcárate.

del día de las elecciones, añadían: «El pueblo en masa recorre las calles vitoreando a Alvarez Angulo».

¿Cuáles fueron los resultados oficiales? 5.517 votos para Burell; 2.698 para Alvarez Angulo. En Linares mismo, según los datos del *BO*, Burell tuvo 1.829 votos y Alvarez Angulo 1.627. Una publicación «liberal-burelista» de Baeza, *Diógenes*, que no ahorraba los dicterios contra A. Angulo, escribía:

En cambio, en Linares, los descontentos y despechados han sido numerosos, han hecho causa común con el obrero asociado y han logrado regocijarse de haberse acercado con sus votos al número obtenido por el señor Burell [15].

En Jaén también obtuvo Burell un acta (16.017 votos), así como los conservadores Martínez Nieto y Abril Lozano. El «liberal demócrata» de Alcalá Zamora, Sebastián Izquierdo, que fue derrotado, obtuvo lucidas votaciones en Andújar, Alcaudete, Marmolejo, Villanueva de la Reina, etc. Una candidatura socialista en el distrito de Jaén obtuvo 683 votos (de ellos 292 a Pablo Iglesias en Mancha Real y 290 a Besteiro en la capital).

En La Carolina hubo también lucha bipolar: Alcalá Zamora, ministro de Fomento, obtuvo el acta por 7.019 votos, contra 1.168 del republicano Nicolás Salmerón García. Igual tipo de lucha en Martos, donde el cacique liberal Virgilio Anguita triunfó sobre el periodista republicano Augusto Vivero, aunque en Martos mismo el republicano obtuvo 1.759 votos y Virgilio Anguita tan sólo 533.

En Ubeda el hijo de Romanones venció a Montilla y en Villacarrillo Sáenz de Quejana fue derrotado por el liberal Uceda (y Saborit tuvo 185 votos). Nuestro ya conocido Foronda obtuvo fácilmente el acta de Cazorla. Esta y la de Martos fueron las únicas que no se protestaron ante el Supremo. Salieron a relucir todas las viejas triquiñuelas, desde el señor que votó seis veces en La Carolina hasta las 2,50 pesetas que se daban en Linares a cada gitano para que votase

---

[51] «Las elecciones: triunfo de Burell», 28 de febrero de 1918.

en varios colegios. La Casa del Pueblo de esta localidad presentó una protesta de más de 5.000 firmantes [52].

Como senadores fueron elegidos León Esteban (demócrata de Alcalá Zamora), Ramón Melgares (*idem*) y el marqués de Villalta (conservador).

Hemos señalado que la conflictividad social había cristalizado ya en enero de 1918. El 16 de enero tuvo lugar un mitin en Linares pidiendo el abaratamiento del carbón y el 17 una manifestación a la que según fuentes oficiales asistieron unas 3.000 personas [53].

La tensión por las elecciones en aquella misma zona se transformó en una serie de protestas populares contra la elección de Burell, que se consideraba amañada. La correspondencia del gobernador con el Ministerio de la Gobernación nos permite seguir de cerca esa agitación.

Esto nos lleva a plantear el problema de las fuentes, ya que los conflictos sociales reseñados por el Instituto de Reformas Sociales no son sino una parte de los que hubo realmente, deficiencia debida seguramente a negligencias de los alcaldes encargados de enviar la información. Las tablas del IRS reseñan diez huelgas en todo el año, y de ellas tienen datos completos sólo en dos: la de camareros y cocineros de Jaén y la de 200 cortijeros de Mancha Real en junio. Sin información completa señala dos huelgas de mineros en La Carolina, dos de fundidores en Linares, otra de mineros en Santa Elena, la de panaderos de La Carolina y la de tranviarios de Linares. Sólo una huelga agraria: la de Villardompardo. (Todas tienen como objetivo el aumento de salarios.) Independientemente de la carencia de datos, no deja de ser cierto que los focos de agitación se fijaban en la zona minero-

---

[52] *El Sol*, 17 de marzo de 1918.
[53] Telegrama del gobernador al ministro, 18 de enero de 1918, transmitiendo comunicaciones alcalde y jefe de vigilancia de Linares. AHN. Gobernación. Leg. 41 A (20).

industrial; en cambio, hay ya en Córdoba una inmensa proliferación de huelgas de tipo agrario.

Volviendo a la situación de Linares, el alcalde denegó el permiso de manifestarse que pidieron las organizaciones obreras para protestar de la compra de votos. Dicho alcalde argumentaba así: «las provocaciones continuas que por parte de los organizadores viene sufriendo todo el vecindario». La verdad se descubría en esta otra información:

varios vecinos comparecieron hoy en la alcaldía manifestando que si mañana se celebrase la manifestación, como se viene diciendo, sin recato en provocar al vecindario que no asistiera a ella, estaban dispuestos a repeler por la violencia las agresiones que sufrieran, teniendo al efecto hombres en sus casas con armas de fuego.

El alcalde pedía también «toda la fuerza de la Guardia Civil que sea posible». Los jefes de dicho Instituto opinaban que no debía autorizarse la manifestación y también «personalidades muy respetables de la localidad con quienes ayer he conferenciado» (dice el alcalde).

Sin embargo, la manifestación se celebró, así como también otra en Ubeda, sin dar lugar a ningún incidente ni a las temidas «agresiones», todo esto según informe del gobernador al ministro, en telegramas del 1, 3 y 4 de marzo de 1918.

En abril hubo nuevas manifestaciones en Cambil, contra «la administración caciquil»; en julio y agosto en Linares y en Jaén, contra la carestía de las subsistencias. La situación desembocó en una huelga de panaderos en La Carolina, con la consiguiente réplica de las autoridades, que envían 50 soldados procedentes de Sevilla para amasar el pan, pese a lo cual la huelga tuvo lugar en los primeros días de septiembre [54].

---

[54] Por las fuentes de prensa consultadas no hemos podido saber si los obreros lograron al menos parte de las subidas de salarios por escalas que pedían. Los patronos se limitaban a ofrecerles un real de aumento a cada uno; los salarios oscilaban entre 1,75 y 4,00 pesetas según las calificaciones (véase *El Liberal* de Jaén).

La Carolina siguió siendo un foco de descontento y de manifestaciones durante todo el año. De las huelgas de mineros y fundidores ya indicadas, hemos podido obtener información complementaria de la de obreros fundidores de la mina «La Tortilla», de Linares, gracias a los telegramas de la sección de Orden Público del Ministerio de la Gobernación; la cuestión empezó con la ausencia de suministros de carbón que venían de Peñarroya y llegaron a parar, en abril, unos 2.000 trabajadores.

Si reparamos en la situación orgánica de la UGT en la provincia observaremos que su crecimiento es prácticamente nulo y que el número de sus afiliados apenas difiere del que tiene el PSOE. Este último aumenta de 871 en 1917 a 947 en 1918 (pero las secciones bajan de 15 a 14). Ese mismo año el PSOE tiene 2.634 afiliados en Córdoba (destaquemos que aquí la mayoría integran las «sociedades» donde hay confusión entre lo político y lo sindical, y no las agrupaciones, mientras que en Jaén ocurre lo contrario). La UGT sólo tenía, en julio de 1918, 908 afiliados y 11 secciones en Jaén (en Córdoba 6.537, pero la diferencia sobre afiliados al PSOE se debía a tres secciones de la zona de Peñarroya y Pueblo Nuevo del Terrible) [55]. En cuanto a la CNT, sólo contaba aquel año con 136 afiliados en Jaén y su provincia. No hay que olvidar, sin embargo, que en Torreperogil hubo pocos años antes una comarcal de la Federación Nacional de Agricultores, cuyos restos ingresarán en la CNT en 1919. Si además observamos lo que los resultados electorales pueden dar como índice de estimación (descontada, claro es, la falsificación caciquil) veremos confirmada la impresión de los núcleos socialistas concentrados en núcleos urbanos, con las excepciones de Mancha Real, Villacarrillo y probablemente de Martos (donde votaron por el republicano Vivero). De todos modos queda algo claro: la conflictividad en el campo no se ha «disparado» aún, como ha ocurrido ya en Córdoba.

---

[55] Fuentes: Memoria del Congreso de 1918; Calero, *op. cit.*, partiendo de memorias y de *El Socialista*; *Anuario Estadístico*.

El psoe celebró su XI Congreso en Madrid, del 24 de noviembre al 3 de diciembre, a las dos semanas de haberse firmado el armisticio; la ugt lo había celebrado en julio. En ambos casos se había observado un estancamiento de efectivos, lo que coincide con la situación orgánica en Jaén. El ascenso verdaderamente multitudinario de las organizaciones psoe-ugt va a comenzar en esas mismas semanas, en el invierno 1918-1919. Hubo numerosos delegados andaluces, entre los que destacaba el arquitecto Azorín, de Córdoba; Lamoneda, aunque con representaciones de Madrid, también ostentaba de Jaén, así como Lorite y otros.

El congreso decide, por fin, el programa agrario, que había venido siendo pospuesto desde 1912. Dicho programa, aunque como principio general postula la propiedad pública de la tierra (con el respeto de la pequeña propiedad) consiste en su casi totalidad en una serie de proposiciones de reformas, de derechos sociales del trabajador del campo, etc.

Si comparamos Jaén con Córdoba, observamos que en ésta no hay en 1918 sino 857 afiliados a la cnt. ¿Qué sucede? Que hay que contar con los casi 10.000 que estaban en la Asociación Nacional de Agricultores, actuando ya con criterio libertario, y que al año siguiente se integrarán en la cnt. Eso explica los 17.000 cenetistas cordobeses en 1919. Por otra parte, ese mismo año la cnt llega a los 21.000 afiliados en Málaga y a los 37.000 en Sevilla.

Súbitamente el año 1919 se convertirá en el más conflictivo, como también lo fue en todo el país, el año en que una verdadera crisis orgánica del sistema se puso de manifiesto, paralela a un ascenso organizativo y ofensivo del movimiento obrero, pero también a otros factores negativos que, a la postre, frustrarían las posibilidades inmediatas de cambio.

Según las fuentes del irs hubo 28 huelgas en Jaén durante el año 1919, pero desgraciadamente sólo tiene datos completos de siete (seis de obreros agrícolas y una de mineros) y sólo constan unos 2.900 huelguistas. Si se toman las 28 huelgas, hay 22 de obreros agrícolas, dos de mineros, una de

zapateros, una de «fábricas de cosidos» en la capital y una
«huelga general de diversos oficios» en Porcuna. En las causas de huelga figura en primer lugar el aumento de salarios,
pero también intervienen otras; luchas contra los despidos,
contra el destajo, por la reducción de jornada y de solidaridad. Las motivaciones reflejan diversas modalidades de acción y una toma de conciencia más precisa. Por todas partes
se extienden los contratos colectivos de trabajo y, partiendo
de un R. D. de 30 de abril de 1919, las juntas o comisiones
mixtas de representantes de obreros y patronos, discuten
y elaboran las bases de trabajo. Algunas, como la de Arjona,
fueron firmadas también por el gobernador civil y por el
teniente coronel de la Guardia Civil, tal fue su importancia.
El IRS declara no conocer sino cierto número de estas actas,
y reproduce en su Memoria de 1919 las de la capital, Villardompardo, Lopera, Arjona y Mancha Real. Sin embargo, la
estadística del IRS no refleja tampoco la tónica revolucionaria que adquieren muchos conflictos en el verano de 1919.

No obstante, hay que huir de la idea exagerada de «revolu-
cionarismo» que se desprende de las fuentes gubernativas y
de la mayoría de la prensa. La realidad de los contratos que
se firman, las listas de reivindicaciones (tan opuestas a esa
postura del «todo o nada» que se quiere atribuir al campesino andaluz), muestran bien que los móviles eran de diversa
naturaleza. Pueden variar, de acuerdo con Antonio M. Calero,
«desde acudir a los centros obreros porque en ellos se podrían conseguir mejores salarios, hasta pretender la revolución social. Pero el factor dominante —prosigue Calero—
era conseguir que los propietarios aceptaran, en la práctica,
la necesidad de mejoras materiales para los trabajadores y
sus propios instrumentos para conseguirlas»[56].

Hay que decir que la tónica gubernamental al empezar 1919 era la represiva. Un telegrama oficial de febrero nos
informa de la protesta del diputado Anguiano por la expul-

---

[56] Calero, *op. cit.*, pp. 62-63.

sión de un vaciador, Pérez Rodrigo, llegado a Villacarrillo, a quien la Guardia Civil consideró peligroso. Sin duda, la vertiginosa subida de precios, la desaparición de productos como la harina y el aceite, etc., obraban convergentemente para que los trabajadores, cuyas organizaciones aumentaban por semanas y por días, exigiesen mayores salarios y menor jornada. Pero la psicosis de temor a revoluciones como las de Rusia, Alemania y Austria-Hungría dominaba a los centros oficiales. Buena prueba de ello es la Circular número 1, telegrama número 96, dirigida a los gobernadores civiles de Andalucía [57], en la que se puede leer lo siguiente:

Se me dice que en Andalucía hay una porción de extranjeros y españoles asalariados que no descansan en la propaganda bolchevikista organizando masas obreras en plan francamente de reparto. Encarezco a V. S. absoluta necesidad de proceder a la detención de todo extranjero que se encuentre en esa provincia realizando la propaganda mencionada, dándome cuenta en cada caso para resolver sobre la expulsión del Reino de los detenidos.

El clima «revolucionario» y de «reparto» estaba en gran parte creado por las autoridades traumatizadas por las revoluciones europeas. Según todas las fuentes, la «ofensiva» en Jaén parte del gobernador, el 25 de marzo, con una serie de medidas draconianas: clausura de centros obreros, suspensión del periódico socialista *Jaén Obrero*, vigilancia de imprentas «donde se publica prensa avanzada» (*sic*), cacheos en los sitios de reunión de los obreros, recogida de armas y municiones de venta en el comercio, circular «confidencial y reservada» a todos los alcaldes, conferencia del gobernador con el jefe de la Guardia Civil... Según telegrama del gobernador al ministro la noche del día 25, esas medidas no eran sino aplicación de dos telegramas circulares de éste, y aún se reservaba aplicar otras instrucciones, tales como la detención y destierro «de los individuos de las juntas directivas de los centros obreros» [58].

---

[57] AHN. Gobernación. Leg. 17 A.
[58] AHN. Gobernación. Leg. 57 A. Huelga de Jaén.

Se observa la excitación oficial por la orden de concentrar Guardia Civil en Huelma, al siguiente día, sólo porque «los ánimos estaban excitados» tras una reunión de obreros y comerciantes para tratar de la carestía. En verdad, la única noticia de huelga era la de 35 obreros de la fábrica de óxido de la capital, el día 28. Del 20 al 23 se había producido la huelga de una mina en Linares, resuelta con aumentos de 0,25 pesetas.

Que la psicosis procedía del campo patronal y gubernamental (influida sin duda por la agitación en otras provincias y por la huelga de «La Canadiense» en Barcelona) lo prueba la actitud de la Sociedad del Tiro Nacional de Jaén (formada por propietarios y de los más «duros»), que el 29 de marzo se ofreció al gobernador «para cooperar al restablecimiento del orden caso de que fuese alterado».

El gobernador va más lejos y el día 30 escribe al ministro Amalio Gimeno una carta privada que empieza: «Mi distinguido amigo y jefe». Se dice en ella que los

elementos anarquistas y sindicalistas, que por desgracia abundan, y también los socialistas y algunos republicanos, han hecho activa propaganda y organizado en sociedades de resistencia a los obreros, y muy especialmente los agrícolas. Hasta este momento las medidas tomadas han evitado disturbios, mas a diario se plantean conflictos de carácter social, unas veces por peticiones de aumento de salario y de disminución de jornada y otras por el encarecimiento de las subsistencias, constándome por las confidencias que tengo que el fin de los agitadores es revolucionario, pues aconsejan guerra a muerte a todo el que tiene alguna posesión y hasta el extremo que desgraciadamente ha tomado estado entre la clase obrera agrícola la idea de que la próxima cosecha ha de ser a medias entre propietarios y obreros y que de lo contrario no se trabajará en el campo. En armonía con sus instrucciones de conceder permiso para llevar armas a las personas de reconocida moralidad, posición y amor a las instituciones, he expuesto a valiosos elementos de toda la provincia la necesidad de crear una colectividad de personas amigas del orden que podría tener una organización análoga y parecida a los Somatenes de Cataluña, a cuyo frente estarían jefes y oficiales del Ejército en situación de reserva y retirados, puesto que residen en la misma muchos y que incondicionalmente se han ofrecido a ello; y sin gastos para el Erario podría dar un buen resultado coadyuvando a impedir alteraciones de orden público y prestarían muy buenos servicios a la humanidad y a la justicia. Esta idea ha sido aceptada unánimemente y todos los particulares dueños de automóviles de esta capital los ponen a mi disposición para el traslado de fuerzas donde sea necesario.

Termina diciendo que no se atreve a proceder sin consentimiento del ministro a «la creación de este organismo que considero eficaz, pues su implantación ha de amedrentar a los elementos levantiscos y habría de sustituir la falta de fuerzas del Ejército en esta provincia».

Puede verse que Mussolini no estaba sólo con sus «fascio de combattimento», ni la patronal catalana con su policía paralela. El gobernador soñaba con ver al ejército desplegado en operaciones contra los aceituneros, los pelayos y los segadores de la tierra jiennense.

Pero ni Amalio Gimeno, ni por supuesto Romanones, jefe del gobierno, estaban dispuestos a embarcarse en semejante aventura, y respondieron que se atuviese a las instrucciones transmitidas mientras el «gobierno estudia la posibilidad de organizar ... lo que Vd. indica».

Hubo protestas por escrito de las sociedades obreras y una manifestación de 1.500 personas en Linares, el 4 de abril, pidiendo «pan y trabajo». El alcalde estaba asustado y pedía refuerzos de Guardia Civil. La huelga empezó en Arjona; pero el gobierno, en conflictos con las juntas, estaba a punto de dimitir. Y por telegrama cifrado ordenó suspender las medidas represivas, como así se hizo, excepto en Arjona [59].

---

[59] Hubo manifestaciones del 1 de mayo en numerosas localidades. Tomamos del semanario baezano *El Hombre Libre* (5 de mayo de 1919) fragmentos de una amplia reseña: «A la hora señalada para dar comienzo la manifestación, la plaza de Toledo estaba casi totalmente ocupada por los obreros de todos los oficios y en estos momentos llegan con su bandera a la cabeza los obreros zapateros siendo acogidos con una calurosa ovación, después asoma por la calle S. Mateo la Banda del Liceo con su bandera al compás de la "Marsellesa"...».
Hubo acto público presidido por los concejales socialistas y representantes de las sociedades... «Y en el mayor orden, sin el más ligero inci-

Un mes después la oleada de huelgas se desata en toda su amplitud. El 20 de mayo empezó la huelga en Higuera de Arjona, dirigida por la organización socialista. Al día siguiente, el ministro de la Gobernación ordena al gobernador que concentre Guardia Civil, detenga a «cuantos hayan ejercido coacciones» y a la junta directiva obrera, enviando a sus miembros desterrados, bajo conducción de los guardias, a los pueblos de la sierra «alejados de toda comunicación» *(sic)*. El telegrama de Goicoechea Cosculluela (pues no era otro el nuevo ministro) añadía: «No debe usted tolerar un ejemplo de tal naturaleza sin aplicar igual procedimiento inmediatamente» [60].

Sin embargo, el gobernador parece vacilar; el 21 las huelgas se habían extendido a Arjona y a Baeza, pero el 23 telegrafía al ministro que «no ha llegado el caso de aplicar tales medidas», puesto que los conflictos se han solucionado favorablemente. El ministro asiente por telegrama del día 24. Verdad es que ya se estaba en plena campaña electoral y que en el «encasillado» figuraban dos mauristas, tratando de implantarse en la provincia: uno, José Luis de Oriol Uriguen, extraño a Andalucía, pero con fuertes intereses en «Los Guindos», y otro, en Villacarrillo, Vicente de la Parra. (Sáenz de Quejana cedió a los mauristas su acta por Villacarrillo a cambio de obtener una senaduría.) Tal vez por eso, se firma el acuerdo con los obreros en Jaén capital, a 25 de mayo, para la siega y otras faenas del verano, tras una negociación en la que el gobernador se mostró bastante flexible. No obstante continuaron las huelgas aquella misma semana en el

---

dente, recorrió la manifestación las calles que tenía señaladas, observándose la nota simpática de que todos los establecimientos, sin distinción ninguna, tenían cerradas sus puertas en señal de adhesión a los manifestantes».

Ante más de mil obreros hablaron Moreno Biedma (el «señalado» por el informe de la Guardia Civil), Pedro Bustamante y Mira Molina.

[60] Recordemos que el 16 de mayo Maura había formado un gobierno «maurista», con Goicoechea en Gobernación, La Cierva en Hacienda, Silió, etc., que, sin levantar la suspensión de garantías ni la previa censura de prensa, convocó elecciones para el 1 de junio.

sector de Lopera y Porcuna; en la primera localidad casi
2.000 trabajadores en demanda de aumento de salarios en
nuevos contratos (téngase en cuenta que la población total
de Lopera era de 6.400 personas). En Porcuna, la Asociación
de Agricultores (sindicato patronal), empavorecida, pidió al
ministro que enviase refuerzos de la Guardia Civil. En Escañuela se procedió a una serie de detenciones gubernativas y
el ministro prometió enviar nuevas fuerzas de Guardia Civil
procedentes de Granada. (En un telegrama dirigido al ministro el día 31, el gobernador se queja de que no le han
llegado todavía esos refuerzos.) En Baeza, el jefe de la Guardia Civil señalaba la presencia, además del centro socialista,
«de agitadores sindicalistas ajenos a la localidad» [61].

Las elecciones iban, pues, a celebrarse en medio de la
mayor agitación en la zona próxima a Córdoba (Lopera,
Porcuna, Arjona, Escañuela, etc.), pero también en la industrial de Linares-La Carolina y en el sector agrario de Mancha
Real, cercano a la capital.

Esta vez estaban «encasillados» los mauristas ya dichos,
pero también el hijo de Romanones, Luis de Figueroa, que
saldrá por el artículo 29 en Úbeda, Foronda por Cazorla,
Alcalá Zamora por La Carolina. En la capital, el inevitable
Virgilio Anguita se enfrentaba a los conservadores Luis de
Abril y Fernández Ramos. Por Martos estaba «encasillado»
el conservador datista Ruiz Córdoba. Por vez primera el partido socialista presentaba candidatos en la mayoría de los
distritos: García Cortés, miembro de la ejecutiva y «terce-

---

[61] En telegrama al ministro, el gobernador decía así el 28 de mayo: «Re-
cibo comunicación del capitán Guardia Civil de Baeza en la que me manifiesta que, además de las inspiraciones que recibe aquel centro socialista
de los agitadores sindicalistas ajenos a la localidad, se encuentra en ella el
joven de veintinueve años don Ildefonso Moreno Biedma, hijo del conocido
y antiguo republicano de Úbeda don Adriano Moreno, ejerciendo en unión
del funcionario de Telégrafos don Antonio Castillo una activa y eficaz propaganda. Debo significar a V. E. que este funcionario de Telégrafos se dis-
tinguió en la última huelga del cuerpo como de los más peligrosos y
exaltados».
Este telegrama confirma que la huelga de Telégrafos del mes de abril
había tenido alcance en Jaén y su provincia.

rista» (ya había empezado el debate de la Tercera Internacional) por el distrito de Jaén, Alvarez Angulo por el de Linares-Baeza, Lamoneda por el de Martos y Luis Mancebo por La Carolina; pertenecían al ala izquierda del PSOE.

Las elecciones se realizaron con las garantías constitucionales suspendidas y con la hostilidad no sólo de republicanos y socialistas, sino de los sectores monárquicos que iban desde Romanones hasta Alba y Alcalá Zamora. Hubo un 36 por 100 de abstenciones (igual porcentaje hubo en Jaén) y los gubernamentales, mauristas y ciervistas, sólo obtuvieron 104 actas «a pesar de los pesares», quedando a la merced de los conservadores de Dato. Los socialistas mantuvieron la conjunción electoral con republicanos y reformistas; en Jaén no hubo virtualmente más candidatura de izquierda que la del PSOE.

En Linares la propaganda electoral fue movida, sobre todo por parte de Alvarez Angulo y del candidato liberal, el ingeniero de minas Cecilio López Montes, muy conocido en el distrito. Llegada la elección, el 1 de junio, la fuerza pública ocupó por completo Linares. Los candidatos de oposición denunciaron numerosos casos de coacciones y compra de votos (más de 200.000 pesetas empleadas en ello, dijo Alvarez Angulo ante el Tribunal Supremo). Según telegramas de A. Angulo el mismo día 1, la fuerza pública coaccionaba a los electores, y los delegados gubernamentales obstaculizaban la emisión del sufragio. Por su parte Mancebo protestaba de la detención de varios apoderados socialistas en La Carolina. En Espeluy, según certificación notarial, se extendió el acta del escrutinio antes de que se celebrase la elección. También el señor Menéndez Pallarés dijo ante el Supremo que en el distrito de Martos hubo dos actas falsas. El caso más flagrante tal vez fuera el de Hornos, pueblo del distrito de Villacarrillo; allí, el secretario de la Audiencia de Jaén, Luis Marchena —a requerimiento del candidato «alcalá-zamorista» Uceda— comprobó que había varias actas electorales firmadas en blanco; el alcalde y el juez municipal consiguieron detenerlo en la cárcel del pueblo desde las cuatro de la tarde hasta pasada la medianoche, en que el juez de primera instancia decretó la libertad [62]. En efecto, las dos actas de escrutinio publicadas en el *BO* de 28 de junio dan 248 y 303 votos en Hornos al candidato maurista Vicente de la Parra y ninguno a Angel Uceda ni a nadie más.

En resumen, el «encasillado» José Luis de Oriol obtuvo el acta de Linares-Baeza por 4.077 votos contra 3.270 de Alvarez Angulo. No obstante, en el mismo Linares Alvarez Angulo salió en cabeza con 1.602 votos contra 1.344 de Oriol, ocupando López Montes el tercer lugar.

Además de esta victoria, los mauristas habían conseguido el acta de Villacarrillo (6.034 votos a V. de la Parra). La de Martos, en reñida lucha, fue para el conservador datista Ruiz Córdoba por la escasísima diferencia de 31 votos (que la oposición atribuyó a dos actas falsificadas); 4.438 contra 4.407 de Ramón Lamoneda, que obtuvo un triunfo clamoroso en el mismo Martos y en Porcuna.

Foronda (conservador) guardó fácilmente el distrito de Cazorla con 9.224 votos, frente al liberal Villar. En Jaén, los conservadores Fernández Ramos y Luis Abril (con 9.932 votos y 8.961, respectivamente) se repartieron las actas con Virgilio Anguita (9.983). Hicieron bloque frente a las candidaturas socialista y la del «alcalá-zamorista» S. Izquierdo (el republicano Evaristo Serrano tuvo tan sólo unos cuantos votos por Andújar y Marmolejo). García Cortés obtuvo 7.374 votos (hubo 238 votos para P. Iglesias). El liberalismo tradicional obtenía, además del acta de Anguita, la del artículo 29 de Ubeda (Figueroa). Y Alcalá Zamora era elegido por La Carolina por 6.850 votos frente a 2.623 de Mancebó (que, sin embargo, llegó en cabeza en la elección de la ciudad de La Carolina). Nota curiosa: en Mancha Real, en el colegio electoral de San Francisco, hubo una papeleta de voto «Máximo Gorki» y otra «Lenine».

---

[62] Telegrama del secretario de la Audiencia al ministro, expedido en Beas de Segura el 3 de junio.

La impresión de que los sobornos, coacciones, etc., se habían empleado hasta el máximo fue general en todos los medios, tanto liberales como de la oposición de izquierda. La tensión era tan fuerte en Linares el día 3, que el gobernador dispuso que continuasen las precauciones de concentración de fuerza pública por temor a «elementos socialistas tratando de alterar el orden público con motivo resultado elección y cuestiones agrarias». (Involuntariamente, el gobernador expresaba en ese telegrama la vinculación de los dos hechos, mucho más importante en Jaén que en Córdoba; en esta otra provincia, con estado de guerra y ocupación por fuerzas del ejército que mandaba el general Barrera, los trabajadores se desentendieron de las elecciones y el porcentaje de abstenciones llegó al 48 por 100.)

Todas las actas fueron impugnadas ante el Supremo y discutidas en Cortes, sin ningún resultado. Sin embargo, el problema de las actas terminaría costando la vida al gobierno. Hubo asuntos muy feos, como la intervención del Ministerio de la Gobernación en favor del maurista Vitórica contra Leopoldo Romeo en la elección de Belchite, probada ante el Supremo, y la del ministro de Gracia y Justicia, vizconde de Matamala, que reconoció ante el mismo Tribunal haber recomendado ciertas actas mauristas [63]. La discusión parlamentaria del acta de Illescas fue un escándalo, en la de Coria salió el gobierno derrotado. Luego perdió las elecciones provinciales... En resumen, el 20 de julio formaba Sánchez de Toca (conservador y hombre de negocios) un gobierno con Manuel de Burgos Mazo en Gobernación y Prado Palacio (el máximo cacique conservador de Jaén) en Instrucción Pública. Fueron nombrados senadores: S. de Quejana, marqués de Villalta y marqués de Hermida (romanonista).

En Jaén las elecciones del 1 de junio habían mostrado una participación relativamente importante, la polarización de la lucha, tanto en las candidaturas como en los resultados,

---

[63] Véase la revista *España*, 10 de julio de 1919, editorial titulado «La abyección desde arriba».

la gran importancia del socialismo (con sus 17.674 votos
—23,38 por 100 de los emitidos— y la convicción de que sin
ciertos amaños caciquiles hubieran obtenido el acta de Martos) y la insignificancia del republicanismo. La polarización
parece favorecer en la derecha a los conservadores, aunque
no puede ignorarse la importancia del «encasillado». Las
zonas y comarcas se siguen marcando netamente; no sólo
Linares-La Carolina, sino también las zonas agrarias en plena
conflictividad (y más organizadas societariamente) de Andú-
jar-Arjona-Higuera de Arjona-Porcuna-Marmolejo, etc., y la
de Martos-Villardompardo. La elección no ha dejado de ser
una práctica caciquil, pero es también un combate en el que
participa la organización obrera.

Maura, que había formado un gobierno «maurista», no
tuvo el suficiente tacto para evitar ir a unas elecciones con
las garantías constitucionales suspendidas... Se forzó la máquina y el ejemplo está en Jaén, donde por primera vez dos
candidatos mauristas eran impuestos a los cabecillas del
poder local y provincial. Pero los resultados fueron empero
muy menguados, y sin los «idóneos» de Dato, los mauristas
eran minoritarios en la nueva Cámara.

Como vemos más adelante, aquel gobierno moriría por
las heridas recibidas en la elección legislativa, pero el golpe
de remate se lo dieron las elecciones provinciales del 6 de
julio, en las que también resultó minoritario. En Jaén, la
junta maurista presidida por Cámara y el diputado Oriol
hicieron lo imposible por reclamar primero seis puestos, luego tres, de los doce puestos de la provincia. En los legajos
de Gobernación obran las cartas de Oriol y de Goicoechea,
en las que se ve la imposibilidad que tuvieron para llegar a
un acuerdo con Prado y Palacio (conservador) y Ruiz-
Giménez (liberal). Llegada la elección se dio el caso (aleccionador) de que los resortes caciquiles de los partidos «históricos» en la provincia pudieron más que los gubernamentales
y consiguieron todas las actas. Entre los hechos que denunciaron las «víctimas» (tanto reformistas como mauristas),

que constan en los telegramas dirigidos al Ministerio, sobresale el caso de Villanueva de la Reina, donde a las nueve de
la mañana, sin dar posesión a los interventores, aparecieron
las urnas repletas de candidaturas; en Bailén ocurrió un
caso semejante, agravado por el encarcelamiento de los interventores del candidato reformista Acino. Unos escopeteros
al servicio de los caciques (¿cuáles?) intentaron matar a uno
de los interventores reformistas, apellidado Benítez.

Ciertamente la conflictividad crecía al mismo tiempo;
desde los primeros días de junio la agitación había subido de
punto en Arjona, Escañuela y Mancha Real. La adopción de
bases de trabajo colectivas, firmadas por ambas partes y
por las autoridades, en Arjona (9 de junio) y Lopera (10 de
junio) no contribuye a disminuir la tensión. Ante las huelgas y manifestaciones de Arjona, Goicoechea ordena al gobernador que toda la directiva socialista de esa localidad «y
las mujeres de los socios (*sic*) que hayan podido dirigir el
movimiento de que se da cuenta, sean inmediatamente desterrados de la provincia o enviados a los pueblos de la sierra
de Segura, evitando que vayan a cada pueblo más de dos
individuos». También ordena análogas medidas con los obreros de Lopera que induzcan a no respetar las bases. Sin embargo, el gobernador no destierra a nadie, si bien continúan
clausurados los centros obreros de Arjona y Mancha Real.
Desde mediados de mes hay incendios de mieses en Arjona;
la réplica de las autoridades fue detener al presidente del
círculo socialista (la agrupación), pero los obreros respondieron con la huelga; las mujeres se manifestaron ante la
cárcel, siendo «contenidas» (expresión del gobernador) por
la Guardia Civil. El ministro respondió por el telegrama del
16 de junio más arriba citado, pero el Juzgado de Instrucción
acordó la libertad provisional del presidente del centro
obrero.

Un segundo incendio, el 29 de junio, hace que Goicoechea
exija emplear «la máxima energía posible» y «cuanta Guardia
Civil sea necesaria» (telegrama núm. 1.567) y acarrea la de-

tención de cuatro personas, entre ellas dos mujeres. Pero los incendios siguen y los patronos protestan; el 30 de junio arden las parvas de cebada del cortijo de Ardón; la Guardia Civil detiene a un joven de veintiún años, Juan Aguilar González, de la Juventud Socialista y de la sociedad obrera, del que el gobernador pretende que se ha confesado autor del incendio. Se detiene y procesa a otros dos jóvenes que le acompañaban, «sobre los cuales, al parecer, hasta la fecha no existen cargos», dice el gobernador (telegrama oficial número 36 del gobernador a los ministros de Gobernación y Fomento, 1 de julio de 1919).

Nuevos incendios de mieses van a producirse en Lopera, y la rotura intencionada de una máquina segadora en Higuera de Calatrava. En Arjona se detiene a 15 hombres y tres mujeres. En Santisteban arden también unas eras y la Guardia Civil detiene a un militante socialista. Prosiguen los incendios en agosto; en la dehesa Lugar Nuevo, propiedad del marqués de Cayo de Rey, en Andújar, arden 5.000 hectáreas de terreno. Arden también en Las Casillas (Martos), en Jabalquinto, en la dehesa de Torrehuela, etc.

¿Qué pensar de todo esto? Pocos meses después escribía Ramón Lamoneda:

No fue el despecho proletario quien incendió cosechas; se ve bien clara alguna vez la burda maniobra patronal. No hace mucho, ardieron en Porcuna varios almiares. Hay allí una organización obrera numerosa y bien dirigida, cuyos miembros registraron este año una victoria electoral, hicieron hace algunos días una huelga extensísima y... el incendio sirvió de disculpa para perseguir a los más conocidos militantes, para cercar de Guardia Civil el centro, para detener hombres por el solo hecho de ser socialistas [64].

Y es cierto que desde primeros de septiembre Lopera-Porcuna son el foco más conflictivo de la provincia.

Un periodista, Blanco Fombona, nada socialista y menos versado en estrategia societaria, escribía

---

[64] Ramón Lamoneda: «En el campo andaluz: patronos y obreros», en *La Internacional*, 25 de diciembre de 1919.

no discurren semanas sin que incendios anónimos destruyan granjas, devoren sementeras, conviertan en pavesas trigales...

Los vastos latifundios de Andalucía producen la esclavitud y la miseria del campesino; y el campesino andaluz, que no necesita saber leer ni escribir para enterarse de que existe en Rusia un gobierno de soldados y campesinos que han desposeído a los antiguos amos de la tierra sin que la tierra se hunda ni se caigan las estrellas, aunque se hunden varias fortunas y caen algunas cabezas, quiere también realizar su revolución [65].

Y de ahí la arbitraria consecuencia de que el incendio pudiese llevar a una revolución (cierto es que aunque Blanco Fombona habla mucho de Jaén, parece conocer mejor lo que ocurre en Córdoba).

En verdad, la situación de Lopera hacía que el presidente del centro obrero, José Barranco, protestase ante el gobierno, en nombre de sus 1.400 asociados, de las persecuciones de que eran víctimas por las autoridades locales, y del peligro de que expulsasen de la localidad a varios de ellos. Las presiones se ejercen también contra los panaderos, barberos, etc. Pero el ministro mismo sugiere el destierro de un militante, Indalecio López. En Porcuna, tras el incendio de almiares en tres cortijos y en un olivar, el alcalde comunica que el centro obrero ha propuesto a otro centro republicano «una campaña política y social y el sabotaje contra propietarios y socios del centro patronal». Una vez más se detiene a los directivos del centro obrero, que son puestos a disposición del Juzgado y se aumentan las fuerzas de la Guardia Civil.

En la última semana de septiembre tiene lugar en Jaén el congreso constituyente de la Federación Provincial Obrera al que nos referiremos más adelante.

Terminadas las cosechas del verano, los patronos suprimieron la mayor parte de labores a la vez que empleaban, en las que había, a obreros forasteros. La Federación Pro-

---

[65] R. Blanco-Fombona: «Las llamas vindicativas», en *España*, 16 de octubre de 1919.

vincial se entrevistó con el gobernador y le anunció que declararía la huelga, no sólo en el campo para la siembra, sino la de los panaderos, albañiles, carpinteros, tipógrafos, etcétera, en la capital. Comenzó la huelga en el campo el 13 de octubre y se anunció la general de Jaén para el día 24. Pero en la tarde del 23 el gobernador pidió a la Casa del Pueblo que enviase una comisión de campesinos para deliberar; allí se reunió con otra de patronos y se estipularon las bases de 3,50 pesetas de jornal para labores ordinarias y 4,50 pesetas para la siembra.

En noviembre la Federación protesta, en nombre de 20.000 trabajadores, de los atropellos contra los centros de Baeza, Porcuna y Mancha Real, contra las deportaciones y contra detenciones operadas en la capital. En efecto, la represión se acentúa en noviembre, empezando con la detención de un joven nacido en Daimiel, pero del que se pretende es de nacionalidad italiana, que es conducido a Barcelona; luego se detiene a los ocho directivos del centro de Mancha Real y de la comisión de huelga. En realidad se trataba de una huelga por aumento de salarios ante la inmediata recolección de la aceituna y molienda de aceite; tras cinco días con más de 600 huelguistas, patronos y autoridades se avienen a negociar y se firman unas bases que luego tendrán especial mención en la memoria del Instituto de Reformas Sociales [66].

Es la recolección la que, en ininterrumpido ascenso del coste de la vida, acrecienta la conflictividad que ahora, a diferencia de años anteriores, es canalizada y dirigida por la organización sindical socialista. El otro factor de la conflictividad es la psicosis de represión y el miedo a una revolución de las autoridades a todos los niveles. Así sucede con la deportación a Granada de los ocho militantes de Mancha Real.

---

[66] *Op. cit.*, pp. 101-102.

El ministro aconsejaba (27 de noviembre) detener en la cárcel del pueblo o en Jaén, mejor que desterrar.

La represión continuaba. En Lopera el alcalde disponía la clausura del centro obrero (18 de diciembre). El mismo día eran detenidas ocho mujeres en Torredonjimeno. Las organizaciones de obreros agrícolas anunciaron la huelga si para las ocho de la noche no eran puestas en libertad todas las mujeres. Ya era diciembre y se estaba en plena recolección de la aceituna; los conflictos de tipo laboral habían estallado por doquier. En Santisteban, la huelga contra el destajo y por mejores salarios había durado del 10 al 14, pero los obreros la habían perdido. En Alcaudete y Arjonilla se habían producido análogos conflictos en la primera decena del mes. Lopera se convirtió en un foco de irradiación a partir del 9 de diciembre en que había comenzado la huelga y los piquetes impedían todo trabajo a destajo. El ministro (que era ahora el maurista Fernández Prida, en un gobierno de «concentración» presidido por Allendesalazar y formado el 12 de diciembre) ordenó «que se garantizase la libertad de trabajo»; en otro telegrama (19 de diciembre) instaba al gobernador a que hiciese responsable de todo lo sucedido en Torredonjimeno a los directivos obreros y a que ejercitase «las facultades extraordinarias que le atribuye la suspensión de garantías». La huelga continuaba, se hablaba de «revolución social», fue clausurado también el centro obrero de Andújar... Se llegó en Lopera a uno de esos casos-límite de huelga «revolucionaria», en el que probablemente hay también intervención de las sociedades anarquistas ya organizadas en 1919.

Sin embargo, tomando el problema de todo Jaén en conjunto, se trataba de una vasta campaña reivindicativa dirigida por la Federación Provincial Obrera con motivo de las tareas de la recolección, llevada a extremos a veces violentos por la dureza de la represión, la intransigencia patronal y la excitación del lado sindical. La campaña había empezado con las reivindicaciones de supresión del trabajo a destajo, salario mínimo de 5 pesetas para el hombre y de 2,50 para mujeres y menores. Se presentaron las peticiones a los alcaldes y patronos de cada localidad, que creyeron o hicieron creer que los aumentos de salarios correspondientes al aumento de la inflación eran una revolución social. (Nótese que en esta campaña no hay reivindicaciones de toma de tierras ni mucho menos del consabido «reparto».) El gobierno concentró Guardia Civil (parte de ella procedente de Córdoba) en puntos estratégicos de la provincia. No obstante, los obreros consiguieron sus reivindicaciones en Jaén, Martos, Torredelcampo y Torredonjimeno. No fue así en otros lugares; en Mancha Real, el gobernador consiguió que los obreros aceptasen las bases patronales a cambio del regreso de los deportados; en Porcuna se llegó a la huelga general con derivaciones violentas, tiroteos de la Guardia Civil y más de cien detenidos. En esta situación, los obreros cedieron. En Arjona, al discutir las bases, se detuvo a los delegados obreros; pero al cabo de seis días éstos ganaron el litigio. En Torredonjimeno, las mujeres actuaron en piquetes de huelga contra el destajo; se produjeron las detenciones mencionadas y la huelga de solidaridad. En Baeza la fuerza pública asaltó el centro obrero y destrozó muebles y documentación. Hubo 17 detenciones y una explosión popular contra varios números de la Guardia Civil. También en Arjona, la muchedumbre intentó detener a una pareja de guardias, produciéndose un tiroteo.

La represión (hubo apaleamientos de trabajadores en Cambil, Villacarrillo, Villanueva del Arzobispo, etc., y en Santiago de Calatrava un niño de trece años estuvo cuatro días detenido), el uso de la coacción para firmar bases favorables a los patronos (sobre todo el trabajo a destajo) crearon excitación en los pueblos, que en Lopera y Porcuna derivó hacia situaciones muy tensas. Pero como comentaba Antonio Avalos, secretario de la Federación Provincial Obrera, en cuanto se presentaron las peticiones sobre trabajo y salario de recolección de aceituna —y ello ocurrió el 15 de noviembre— «la alarma cundió en seguida en los medios burgueses, donde todavía se cree que cada petición de los trabajadores es augurio inequívoco de la revolución social».

Detenidos y apaleados los hubo por Baeza, Arjona, Villa-carrillo, Villanueva del Arzobispo, Cambil, etc. En Lopera, en huelga general, se llegó a un violento choque con la Guardia Civil, que disparó abundantemente, causando la muerte de una niña y resultando también 18 trabajadores heridos de bala y tres guardias contusos (de pedradas, sin duda) [67].

A pesar de la dramatización de los hechos, los huelguistas consiguieron en muchos lugares aumentos sustanciales de trabajo, y Ramón Lamoneda podía escribir: «las huelgas se han sucedido ininterrumpidamente, las mejoras han ido consiguiéndose, aunque se escribiera con sangre en muchos sitios, y ya estamos en plena recolección» [68].

LAS ORGANIZACIONES OBRERAS

El cambio evidente que se produce en la conflictividad durante 1919 no puede explicarse tan sólo por la continua progresión del coste de la vida; parece bastante claro que el factor *organización* en el medio obrero y campesino (a nivel de Jaén, pero también de todo el territorio del Estado) desempeña una función de primer orden.

En efecto, las 25 sociedades de la UGT, reuniendo 7.003 afiliados, representaban un salto gigantesco, de proporciones superiores al lado por la central sindical en el conjunto del país. Son datos, en realidad, de mayo de 1920, pero que deben diferir muy poco de finales de 1919. En cuanto al partido socialista, según los datos de la Memoria presentada al congreso del PSOE en diciembre de 1919, contaba con 3.141 afiliados distribuidos en 28 entidades; casi todos ellos (2.892 afiliados y 21 entidades) en la forma de «sociedad»

---

[67] *La Internacional*, 2 de enero de 1920.
[68] R. Lamoneda en *La Internacional*.

en que solían confundirse las especificidades política y sindical.

La CNT consigue por vez primera una implantación en la provincia con 2.842 afiliados distribuidos en nueve localidades. Sin embargo, en el congreso del Teatro de la Comedia sólo estuvieron representadas cinco organizaciones; dos de La Carolina, una de Lopera, otra de Cazorla y otra de Rus, con un total de 2.150 afiliados (Memoria del Congreso).

Si la organización socialista de Córdoba es de 2.634 afiliados y la «ugetista» de 17.372, existe en contrapartida una organización «cenetista» de 17.188 afiliados; buena parte de ella radicaba en la zona minera. Según fuente de Avalos (secretario de la Federación Obrera de Jaén) las principales fuerzas socialistas de la provincia radicaban en Jaén, Linares, Martos, Torredonjimeno, Ubeda, Andújar, Villacarrillo, Valdepeñas, Fuensanta, Mancha Real, La Carolina...

Del 29 de septiembre al 1 de octubre se celebró, como hemos mencionado, el congreso constituyente de la Federación Provincial Obrera. Asistieron 92 delegados representando a 53 secciones, tres federaciones locales (Jaén, Linares y La Carolina) y 16.659 asociados, que se dividían así: 12.172 agrícolas, 990 mineros, 679 albañiles y 2.812 de diversos oficios. Desde Madrid llegaron para participar en el congreso Ramón Lamoneda y Mariano García Cortés. Se examinó el problema agrario en general y el plan —ya señalado— de reivindicaciones para la recolección de la aceituna. En el primer aspecto la Federación hizo suyo el programa general de la UGT e insistió en la necesidad de entregar a las sociedades de campesinos las tierras no cultivadas o de escasa productividad, así como aperos de labranza, simientes, abonos y maquinaria.

En orden a los problemas mineros, se estudió la crisis que sufría la cuenca de Linares y La Carolina; se acordó exigir el cumplimiento y la reforma de la Ley de Accidentes, la creación de sanatorios para mineros y que la mina Arrayanes se entregase para su explotación a la Federación Nacional. En términos generales, se insistió en el objetivo de la nacionalización de todas las minas.

El congreso votó resoluciones contra los atropellos de que habían sido víctimas diversos trabajadores por fuerzas de represión. Fijó el salario mínimo en 5 pesetas para el hombre y 2,50 para la mujer, sin perjuicio de defender los ya estipulados a nivel superior, como el de 8 pesetas en Martos.

Se acordó entrar en la UGT «tan pronto como se reúna de nuevo la Federación» [69].

El 2 de octubre se celebró en la Casa del Pueblo de Jaén el congreso provincial de agrupaciones, juventudes y sociedades socialistas. Participaron 24 delegados de las siguientes localidades: La Carolina, Martos, Begíjar, Torredonjimeno, Jaén, Escañuela, Torres, Carrasca, Porcuna, Mengíbar, Linares, Jimena, Sabariego de Alcaudete y Alcaudete. (Se observa la ausencia de pueblos con fuerte organización, como Arjona, Mancha Real y Santisteban del Puerto.)

Se aprobaron los estatutos y se eligió presidente del Comité Provincial a Enrique Esbrí (profesor del Instituto), y secretario a Pedro Serrano. Se decidió que *Jaén Obrero* fuese el órgano de la federación y también de las sociedades obreras. En fin, el congreso se pronunció contra toda alianza con partidos burgueses.

Al mismo tiempo tuvieron lugar el congreso de la Federación Provincial del PSOE y el de las Juventudes Socialistas. Se observará la diferencia entre la cifra de los representados en el congreso y los atribuidos a la UGT siete meses después. No hay que olvidar que los representados en Jaén no estaban aún adheridos a central sindical alguna, y cabe pensar que la coloración bastante definida de la UGT retrajese la adhesión de algunos núcleos. Por otra parte, los datos de mayo deben ser, según la tradición socialista, de «afiliados al corriente de sus cuotas», requisito no exigido, sin duda, a los

---

[69] *La Internacional*, 18 de octubre de 1919, «Andalucía se organiza: Congreso obrero en Jaén».

representados en septiembre en la Escuela Industrial de Jaén.

Es interesante dejar constancia de cierta oposición entre los cuadros medios de dirección de las organizaciones «social-ugetistas» de estas zonas agrarias y los cuadros de dirección residentes en Madrid.

Un signo de crítica lo vemos en el artículo de Antonio Avalos, firmado en Jaén el 28 de diciembre de 1919 y publicado en *La Internacional* el 2 de enero:

¿Qué hace la minoría parlamentaria? No es que censuremos. Es que deseamos que se aclaren las situaciones. ¿Qué hace la minoría socialista parlamentaria? Se le han noticiado muchos de los atropellos referidos. Ramón Lamoneda publicó en *El Socialista,* en noviembre, un artículo titulado: «El campo andaluz: grave situación en Jaén». ¿Por qué a pesar de todo la minoría no ha llevado el problema al Parlamento? Esperábamos que las voces de sus hombres sonaran en el Parlamento para condenar lo que aquí ocurre. Nuestra esperanza se ha frustrado. Y mientras tanto, los odios crecen, las autoridades se encogen de hombros despectivamente y los patronos se sonríen como si tuvieran la persuasión íntima de que en Madrid no hay quien nos valga.

En los artículos de Sagristá también se observa un talante crítico; por ejemplo: «Ya era hora de que la Unión General dedicara su actividad a las sociedades agrícolas...» (27 de agosto de 1920). En el mes de octubre, cuando escribe «Ante un congreso agrario», la crítica de Sagristá es neta:

Aparece aquí lo que ya apuntábamos en nuestra crónica de fines de agosto; que los hombres más prestigiosos de los partidos obreros y del partido socialista están, salvo raras excepciones, muy alejados, a nuestro parecer justamente (*sic*), de las vibraciones campesinas.

El hecho vale la pena de ser tenido en cuenta, porque el proceso de acercamiento del PSOE al tema agrario había sido muy largo y, tal vez, no se había completado aún. Por otra parte, esa oposición entre cuadros medios muy cercanos a la masa de trabajadores del campo y cuadros de dirección central, más relacionados con obreros de industrias y servicios, puede ser un fenómeno digno de estudiarse en el período 1931-33.

Al terminar el año 1919, del 9 al 16 de diciembre se celebró el Congreso Extraordinario del PSOE. Este alcanzaba su plenitud con 42.113 afiliados y era, precisamente, el momento en que tenía ya una sólida base en Andalucía y en el proletariado agrario. Sin embargo, en el congreso sólo están representados unos 27.000 afiliados. Por la provincia de Jaén comparecen los delegados siguientes con las representaciones numéricas de afiliados que señalamos:

	Afiliados
Begíjar: S. Catena	52
Jaén: Enrique Esbrí y Mariano García Cortés	75
Martos: Pedro Alvarez y Ramón Lamoneda.	32
Porcuna: Juan Sendines	49
Torres: Santiago Catena	30
Jimena: Santiago Catena	200
Baeza: T. Alvarez Angulo	50
Villacarrillo: José González	208
Villanueva del Arzobispo: José González ...	200
Huelma: Francisco Domenech	350
Andújar: Mariano G. Cortés y Lucio Martínez.	40
Total	1.286

Se observa fácilmente que en el congreso nacional sólo hay 11 agrupaciones de Jaén representadas, mientras que en el congreso provincial había 14 (y no estaban Villacarrillo, Huelma y Villanueva del Arzobispo, presentes más tarde en Madrid). En ambos faltaron los delegados de otras agrupaciones que existían con militantes. Y es que una cosa era la actividad cotidiana y otra la posibilidad de enviar un delegado (económica, de liberarse del trabajo, etc.) e incluso de encontrar alguien de confianza de todos para confiarle el mandato. Los mandatos confiados a dirigentes sólo servían para que éstos pudiesen manejar más votos en favor de sus puntos de vista.

En aquel congreso había 4.135 afiliados representados de la provincia de Córdoba, cuyos delegados más relevantes eran el popular dirigente campesino Francisco Zafra, Juan Morán, Francisco Azorín y Juan Palomino. Pero las representaciones de mineros las llevaron Cordero, la de Pueblonuevo del Terrible, y Lucio Martínez, la de Peñarroya.

La consulta del *Censo electoral social*, formado de acuerdo con la R. O. de 30 de octubre de 1919, nos aclara algunos aspectos de la organización obrera y también de la patronal [70].

En total hay 78 sociedades obreras con 20.786 afiliados a las mismas, de ellos 6.983 a sociedades de obreros agrícolas (casi todas de la UGT). Hay otras entidades sindicales cuya inmensa mayoría es de obreros agrícolas, pero que están clasificadas como de oficios varios (Alcalá la Real, Begíjar, etc.) y otras como «sociedades socialistas» (caso de la de Arjona, con 650 afiliados; en total 1.522 en estas sociedades definidas como socialistas). Las sociedades de mineros y fundidores reúnen 2.642 obreros entre Linares y La Carolina, las de metalúrgicos sólo 260. Notemos la existencia de 1.611 sindicados en la construcción (albañiles, carpinteros y canteros), los más de ellos en Jaén, Martos y Andújar. Las organizaciones obreras del sector secundario databan en su mayoría de bastante tiempo atrás. Por el contrario, la mayoría de las sociedades de obreros agrícolas y de oficios varios, etc., habían sido creadas entre 1918 y 1919. Sólo las de Jaén, Santisteban, Linares, La Carolina, Martos, Andújar y alguna otra más databan de larga fecha. Siguiendo las

---

[70] *Censo electoral social* del Instituto de Reformas Sociales. *BO de la Provincia*, 81, 6 de julio de 1920.

fechas de fundación se puede establecer netamente la implantación del movimiento obrero por irradiación de los núcleos de Linares, La Carolina y Jaén.

No es menos interesante la existencia de veinte denominados «sindicatos agrícolas», organizaciones patronales, todas ellas creadas entre marzo y agosto de 1919 (con la excepción de Linares, en 1908, Beas en 1917, Ubeda y Huelma en 1918). Agrupaban un total de 6.447 afiliados, cifra sorprendente, que permite dos hipótesis (concurrentes, que no se excluyen entre sí): *a)* que los grandes propietarios consiguieron movilizar en torno suyo, «por la defensa de la propiedad y el orden», a todos los propietarios medios e incluso algunos pequeños, reuniendo algo más del 50 por 100 de patronos agrícolas; *b)* el «hinchamiento» del censo por los patronos habitualmente coaligados con las autoridades. Resulta, por ejemplo, difícilmente comprensible que en Arjona, donde había 1.763 propietarios contribuyentes, incluyendo minifundistas, hubiese 1.033 patronos agrícolas asociados; caso análogo con los 533 de Marmolejo sobre un total de mil.

Tanto una como otra hipótesis no excluyen el hecho de que los grandes propietarios acertaron a conquistarse la alianza (sin duda dictada por el miedo) de los propietarios medios. Ocurrió en Andalucía (y Jacques Maurice lo señalaba ya en un coloquio de la Universidad de Burdeos) algo análogo a lo ocurrido en Cataluña (y en todas partes, por lo general) por aquellos años con el patrono medio y con el empresario «nuevo rico», que fueron más violentos, agresivos e intransigentes que los empresarios todopoderosos desde hacía un par de generaciones. Porque eran ellos quienes *visceralmente* sentían el choque cotidiano con los obreros. Y eran los propietarios que residían en los pueblos (y a veces los administradores y encargados) quienes sentían lo mismo en Andalucía, quienes andaban con su revólver cargado, quienes estaban en connivencia con la Guardia Civil... y en modo alguno los grandes terratenientes absentistas que desde Madrid asentían, pero que «veían los toros desde la barrera». Son esos patronos también los que «no pueden ceder nada» de su plusvalía; su margen de maniobra es menor.

¿QUE ACONTECIO EN 1920?

Un año que comienza con unas elecciones (municipales) y termina con otras (legislativas), en el que siguen subiendo precios y salarios —por lo menos hasta el último trimestre—, pero en el que amenaza ya la recesión económica, y en el que el creciente movimiento obrero no llega a encontrar su estrategia, dominado por problemas internos que entrañaban opciones muy distintas.

Según la estadística de huelgas del IRS, se produjeron en Jaén 28 huelgas durante 1920, de las cuales 16 agrarias y cinco de mineros. Tan sólo tuvo el Instituto datos completos sobre once de esas huelgas, con un número de 4.870 huelguistas que se referían nada más que a ocho de ellas, faltando ese dato en las restantes. La época de huelgas es la habitual; antes de la cosecha estival y antes de la recolección de aceituna. Las reivindicaciones: aumento de salario, supresión del destajo, prohibición de trabajar a los forasteros, reducción de jornada y, en un caso, supresión de máquinas agrícolas. (En las minas de Linares hay también problemas frente al director y los encargados.)

Al empezar el año, la situación tensa que se arrastraba desde noviembre se encontrará en parte canalizada por las elecciones municipales; el PSOE se presenta solo, sin alianza con los republicanos —muy débiles—, con candidatura por las mayorías en doce ciudades y otras candidaturas en cincuenta pueblos. Los socialistas se encuentran en buenas relaciones con los regionalistas; uno de éstos, el periodista García Nielfa, había sido expulsado de Córdoba y forzado a residir en Valdepeñas de Jaén. Lamoneda se entrevista con él y publica la conversación en *La Internacional*. Nielfa dice:

«el triunfo del socialismo es nuestro triunfo, no queremos confundir nuestro regionalismo con el de Cambó» [71].

Las elecciones tuvieron lugar el 8 de febrero de 1920. El PSOE vio elegir concejales a 68 de sus candidatos en 16 localidades, con 11.692 votos, que suponían un 8,7 por 100 del censo electoral y el 28 por 100 de los votos emitidos (esta vez las abstenciones fueron muy elevadas).

Fue en Jaén donde el PSOE alcanzó mayor éxito, tan sólo superado por Badajoz (73 concejales) y seguido de Asturias y Vizcaya. Y ahora, a las experiencias municipales de Eibar, Mieres, Azuaga y otras, se iba a unir la de la ciudad de Jaén y también la de Bilbao; nueve concejales sobre un total de quince en el Ayuntamiento. Morales Robles fue elegido alcalde, asistido por cinco tenientes de alcalde también socialistas, uno de los cuales, Moreno Martínez, lo había sido anteriormente con carácter minoritario. Sin embargo, las elecciones fueron ocasión de numerosas violencias e incidentes. En Marmolejo, cuyo estado de tensión conocemos, el alcalde prohibió toda publicación de impresos y celebración de mítines; en Siles, en cambio, la derecha se quejaba de las «coacciones» ejercidas por los amigos de Uceda (demócrata de A. Zamora), unidos, según ellos, a los «sindicalistas» *(sic)*. En Jaén mismo hubo problemas por motivo de la censura impuesta por el gobernador a un documento firmado por la Asociación Agrícola y el ex diputado republicano F. Pozo. Pero los incidentes más graves tuvieron lugar en Villacarrillo, cuya primera noticia fue dada por el alcalde en telegrama al gobernador diciendo:

Proclamación hoy candidatos aprovechando Guardia Civil que hay concentrada. Elementos sindicalistas dirigidos por un señor que dice llamarse Besteiro trataron tomar por asalto Ayuntamiento, arrollando fuerza pública compuesta por una pareja Guardias y dos Municipales, resultando de la colisión sargento de la Benemérita con erosiones por encima de la ceja y municipales abofeteados por quien dice llamarse Besteiro.

---

[71] *La Internacional*, 6 de febrero de 1920; R. Lamoneda: «El regionalismo andaluz: una interviú con García Nielfa».

Restablecida la calma, han sido detenidos Besteiro y dos más. Constituida Junta del Censo ocho en punto mañana, sigue operación tranquilamente (1 de febrero de 1920, 17,55).

En telegrama del gobernador al ministro (10 de la mañana del día 2) se dice: «Participo a V. E. proclamados, artículo 29, 6 liberales y 3 conservadores, sin protestas» [72].

La estampa no necesita comentarios, como no sea, al cabo de más de medio siglo, la total inverosimilitud de un don Julián colérico asaltando ayuntamientos y abofeteando guardias municipales. Sin embargo, al día siguiente, la derecha local expresaba su indignación al ministro:

En nombre comercio e industria de esta ciudad exteriorizamos a V. E. indignación sienten elementos orden población ante conducta Besteiro, quien al frente de masas tumultuarias intentó asalto Ayuntamiento abofeteando a agente autoridad, atentando contra sargento Guardia Civil. Confiamos gobierno estime servicio prestado alcalde idolatrado en este vecindario y haga triunfar justicia méritos contraídos por dicha autoridad haciendo fracasar intentos revolucionarios sindicalistas conmovedores del edificio social...

El Sol dio la noticia con el título «El Sr. Besteiro detenido y maltratado». El propio Besteiro, ya puesto en libertad y de regreso a Madrid, declaró que «las autoridades de Villacarrillo le habían detenido porque pretendió impedir la proclamación de concejales por el artículo 29».

Los medios políticos del sistema acogieron mal el nombramiento de las autoridades municipales socialistas. En manifiesto conjunto, Virgilio Anguita y Luis Fernández Ramos achacaban su derrota a la abstención de 4.000 monárquicos y al apoyo que la Asociación Socialista dio a la candidatura socialista. El conflicto serio tuvo como motivo, o más bien pretexto, una moción del Ayuntamiento, propuesta por los socialistas, para que se suprimiese el juego. Por otra parte, el alcalde había ordenado que todas las tabernas se cerrasen a las once de la noche. El gobernador se opuso ordenando

---

[72] AHN. Gobernación. Leg. 28 A (8-12).

que estuviesen abiertas hasta medianoche. Sobrevino el choque, y cuando alcalde y concejales quisieron cerrar las tabernas, intervino la policía gubernativa, llegando a detener
al teniente de alcalde Moreno y al inspector de la policía
municipal.

La reacción fue inmediata: huelga general. El 20 de abril
Jaén amaneció sin pan; pararon los albañiles en sus obras,
los tipógrafos y ningún jornalero salió a trabajar al campo.
Los obreros pedían la destitución del gobernador, López
Boullosa, y éste acusaba a la alcaldía de abuso de poder
apoyándose en la Casa del Pueblo. No hubo sesión del Ayuntamiento, porque sólo fueron los socialistas. Al día siguiente
continuó la huelga, a la que se sumaron los obreros de la
electricidad. Se concentró en la capital la Guardia Civil de
toda la provincia y los guardias circulaban con bandolera [73].
La prensa local no se publicó. El día 22, con todo Jaén en
huelga, se celebró la sesión extraordinaria del Ayuntamiento.
Conservadores y liberales atacaron a la alcaldía «por falta
de respeto al gobernador». No obstante, la conducta del alcalde fue aprobada con sólo tres votos en contra.

El día 23 volvieron los obreros al trabajo, el centro obrero quedó clausurado. Poco después Bergamín destituía al
gobernador y autorizaba la reapertura del centro.

Otro ejemplo de la actitud gubernamental frente a los
ayuntamientos es la destitución del alcalde de Begíjar y el
nombramiento de nuevos concejales interinos por vía gubernativa, en plena situación de huelga (8 de junio). Otro caso
es el de Martos, donde la toma de posesión de los concejales
electos socialistas Roldán, Camacho, Alvarez y Risquez estaba
aún pendiente de recurso a fines de septiembre.

Entre tanto se había convocado el congreso agrario de
la provincia, prohibido primero por el gobernador, luego
autorizado desde Madrid por Bergamín, ministro de la Gobernación en el gobierno Dato formado el 5 de mayo (Berga-

---

[73] *El Sol*, 22 de abril de 1920.

mín, cuyo espíritu contrastaba con la tónica gubernamental, dimitió el 30 de agosto y fue sustituido por Bugallal).

El congreso tuvo lugar los días 15 y 16 de mayo, con asistencia de 45 delegados y 20 adhesiones de organizaciones de la provincia. Tuvo lugar en un salón de la Casa del Pueblo, que estaba clausurada, por autorización especial del gobernador, y trató fundamentalmente sobre los problemas de la cosecha: las reivindicaciones se concretaron en jornada de ocho horas, supresión del destajo, jornal mínimo de 10 pesetas para los segadores y de 9 para los agosteros. Persistió el acuerdo de no permitir la entrada de forasteros mientras hubiera brazos parados en una localidad; y en cuanto a las máquinas segadoras «rechazarlas en aquellos pueblos donde sean aplicadas con profundo perjuicio de los braceros parados». Como explicaba José Sagristá, «muy leve es el acuerdo... los congresistas han tenido buen cuidado de no dar un arma a los explotadores» [74]. Se acordó la táctica de contratos colectivos, discutiendo las sociedades obreras con los patronos las bases de trabajo.

Las conversaciones entre patronos y obreros quedaron rotas el 28 de mayo; los primeros ofrecieron como máximo 5,75 pesetas mantenidos y 7 sin manutención. Pero el escollo mayor fue el destajo, pues si los patronos no usaban ese término en sus bases proponían que se estimasen «cuatro peonadas para segar una cuerda de tierra, en el trigo, y cinco en la cebada».

Tras la ruptura de negociaciones, estalla la huelga al empezar junio. Huelga pacífica (sin apoderamiento de tierras, sin incendios, sin consignas de «reparto»), pero reprimida con toda dureza, empezando por la detención de Antonio Avalos, secretario general de la Federación Provincial Obrera, injuriado en los interrogatorios; en los pueblos se detiene y maltrata a los huelguistas y los patronos hacen todo por no negociar. Se llega hasta decir que los jornaleros andalu-

---

[74] José Sagristá: «El congreso agrario de Jaén», en *La Internacional*, 21 de mayo de 1920.

ces serán sustituidos por rifeños. Hay, en efecto, una circular
del ministro a «Varios» (entre ellos el gobernador de Jaén),
de 30 de mayo, que dice así:

El comandante militar de Alhucemas da cuenta del ofrecimien-
to de 2.000 moros de las cabilas inmediatas para trabajar en
las faenas del campo en esas provincias, bajo las condiciones
de 6 pesetas jornal, 1 kilogramo de pan, 11 horas de trabajo y
contrato por dos meses. Lo comunico a V. S. para que vea si
hay posibilidad de que puedan tener ocupación parte de los
que a ello se ofrecen [75].

También amenazaban los patronos con «entregar sus tierras al gobierno». Pero como las cosechas estaban a punto
de agostarse, se emprendieron unas laboriosas negociaciones y los patronos cedieron en buena parte. Pero al terminarse las faenas de recolección negáronse a dar ninguna
clase de trabajo, y el paro creció de modo alarmante. Llegaba ese tiempo en que, como escribía Sagristá, «los pequeños
ahorros que el jornalero puede hacer en los días escasos de
la siega, pasan inmediatamente a poder de fiadores y presta-
mistas...»

Se habló mucho de esa «crisis de trabajo» desde finales
de agosto; hubo reuniones de fuerzas vivas, sin grandes resultados, y mítines socialistas con participación de Prieto,
Lamoneda, García Cortés y el dirigente local profesor Enrique Esbrí. El gobernador decía a los ministros de Gobernación y Fomento (18 de agosto):

se encuentran en esta capital sin trabajo la mayor parte de los
obreros del campo, agotándoseles rápidamente los pocos ahorros
de que disponen. Este paro forzoso predispone a la violencia,
de cuya situación se aprovechan los propagandistas del desorden...

Más que de fomentar «el desorden» se preocupaba la UGT
de sentar sus bases de manera firme entre la población
trabajadora agrícola de Andalucía y Extremadura. Y para

---

[75] AHN. Gobernación. Leg. 16 A (7).

ello convocó un congreso de todas las sociedades agrícolas de resistencia.

En cuanto a los medios oficiales, la elevación de la tasa del precio de harinas de 71 a 82 pesetas el quintal métrico, la declaración del tráfico libre de trigo y el aumento del pan (que en varias de estas provincias subió aún en 1921) fueron, junto al aumento de las tarifas ferroviarias, medidas del gobierno Dato que favorecieron esencialmente a los grandes medios patronales.

Cuando el citado congreso abrió sus sesiones, el 14 de octubre en Jaén, muchos dirigentes de tipo local y provincial pensaban en la necesidad de «pasar a la ofensiva», hablaban del programa de socialización de la tierra, etc. Pero en los más altos niveles socialistas la división entre dos concepciones y dos estrategias había tomado caracteres prioritarios. Por otra parte, en ese mismo nivel se captaban en ese otoño de 1920 los primeros síntomas de cierta depresión sindical, tal vez relacionada con la presencia del paro, con el endurecimiento patronal (pues los patronos veían desaparecer los superbeneficios del *boom),* etc.

La UGT preparó un orden del día de 14 puntos, criticado por su «complicación» en algunos medios sindicales de la provincia. Con todo, el congreso despertó entusiasmo y reunió a 60 delegados en representación de 150 sociedades obreras y comprendiendo unos 67.000 afiliados de Jaén, Córdoba, Granada, Málaga, Cáceres y Badajoz, de los cuales unos 25.000 de las dos provincias extremeñas (donde por cierto el gobierno había anulado la elección de varios alcaldes socialistas), lo que suponía, de ser cierto, un aumento importante sobre los efectivos del año precedente [76]. Sin embargo, fueron difíciles los desplazamientos a Jaén, ciudad al margen de las líneas básicas del ferrocarril; de Cáceres sólo

---

[76] Las cifras de representados en este género de congresos hay que tomarlas con ciertas reservas, ya que a veces figuran los simplemente «adheridos» (al acto, pero no afiliados a la organización) o sociedades que a la postre no se integran en la central sindical (fenómeno análogo se observa al estudiar a la CNT, la CGTU, etc.).

hubo dos delegados. El congreso fue abierto, presidido y clausurado por Largo Caballero (de cuya presencia y de la de Núñez Tomás daba cuenta el gobernador tratándolos de «agitadores»). Dejando de lado el largo orden del día puede decirse que los debates y resoluciones se centraron en dos niveles: el de los principios y el de la organización. En el primero, el congreso optó unánimemente por la socialización de la tierra frente a la parcelación. Sagristá, en un extenso artículo en *La Internacional*[77], subrayaba el cambio de criterio de la mentalidad campesina que esto significaba. Tratóse luego de la organización comarcal y, sobre todo, de la Federación de Sociedades Agrícolas de España, en el seno de la UGT. Se trataba de crear lo que sindicalmente se llama «una federación de industria», semejante a las que ya había de mineros, ferroviarios, etc., dentro de un plan de conjunto de la UGT. Se adoptaron resoluciones sobre subsistencias, crisis y condiciones de trabajo, y las de solidaridad «con la República rusa» y con «el proletariado italiano», entonces habituales. Vale destacar la insistencia del congreso en apoyar el pacto de unidad de acción UGT-CNT (que sería roto poco después)[78]. Destacaron las intervenciones de los militantes Zafra (de Montilla), Morón (de Puente Genil) y Canales (de Cáceres). Intervino Fabra Ribas, director de *El Socialista*, poniendo el acento sobre el cooperativismo y algunas cuestiones tal vez más alejadas que las precedentes del espíritu dominante en aquella asamblea. Sobre esta relativa contra-

---

[77] «Congreso de campesinos de Andalucía y Extremadura», 21 de octubre de 1920.

«Los campesinos saben hoy —escribe Sagristá— que el cultivo colectivo de la tierra es el único medio de socialización, y no quieren de ningún modo obtener las pequeñas ventajas individuales que pudiera traer la parcelación pensando en un más allá del socialismo.»

«Obsérvese aquí qué variación radical significa este criterio del campesino. ¿Hubiera sido su posición igual hace algunos años? Seguramente, no. La revolución rusa ha iluminado los campos, y a través de todo el congreso en este rincón andaluz hemos visto claramente, a veces sin oír la palabra y hasta quizás sin pensarla, que los campesinos llevan en su alma ya, de una manera indeleble, los nuevos ideales», etc.

[78] Véanse las resoluciones en la varias veces citada A. M. Calero: *Movimientos sociales*, Madrid, 1976, pp. 136-141.

dicción conviene destacar que desde hacía tiempo se manifestaban algunas quejas de dirigentes locales; por ejemplo, sobre la poca atención del grupo parlamentario a los problemas agrarios de Andalucía (artículo del dirigente provincial Avalos en *La Internacional*, 2 de enero de 1920) y «sobre el sector del socialismo español demasiado confiado en la acción reformadora» (Sagristá, 4 de junio de 1920). Este mismo se quejaba, en vísperas del congreso, del alejamiento de la mayoría de los hombres prestigiosos del PSOE de «las vibraciones campesinas», con algunas excepciones, entre ellas la de Fernando de los Ríos. En el fondo había un problema de ópticas diferentes que sería necesario estudiar más a fondo; ahora nos limitamos a enunciarlo.

Recordemos que el PSOE había celebrado su congreso extraordinario (para tratar del problema de las Internacionales) del 19 al 21 de junio. Damos a continuación las agrupaciones y sociedades de Jaén que estaban representadas y por quién: Andújar (García Cortés), Arjonilla (G. Cortés), Begíjar (Lamoneda y F. Egocheaga), Jaén (García Cortés), Linares (A. Lázaro), Navas de San Juan (Olid), Torreblascopedro (López Baeza), Torredonjimeno (Manuel Cordero).

Puede observarse la diferencia entre entidades que existían y entidades allí representadas. Ya Largo Caballero dijo en la primera sesión que «a pesar de los esfuerzos de la Comisión Ejecutiva, de las 575 secciones con 52.877 afiliados, que constituyen el partido, sólo se hallan representadas 109 agrupaciones con 12.491 individuos». Se observa igualmente que dominaban los «terceristas» y que, excepto Lázaro y Olid, los demás no eran militantes de Jaén (Lamoneda, al menos, era natural de Begíjar y tenía estrecho contacto con las organizaciones jiennenses). Se echa de menos a militantes como Avalos, Lorite y Esbrí. Alvarez Angulo, que figuraba en la representación de Linares, no fue admitido «por tener una cuestión pendiente en la Comisión de Conflictos» [79].

---

[79] Fuente: *El Socialista*, 19 de junio de 1920.

(Como curiosidad citamos las delegaciones de Jaén en el congreso siguiente, el de la escisión, celebrado en abril de 1921. Torredonjimeno (F. Villar), Torres (G. Cortés), Begíjar (Virginia González), Santisteban del Puerto (Mancebo), Arjona (Largo Caballero), Jódar (G. Cortés), Villacarrillo (López y López). En total tan sólo 637 representados. Todos votaron por la Tercera salvo Largo Caballero (Arjona). Pero los militantes a nivel local y provincial seguían ausentes. Esas ausencias explican, tal vez, si las generalizamos a otras zonas, que la suma de afiliados de los partidos socialista y comunista un año o dos después, no llegase ni a la mitad de los que tenía el primero al terminar el año 1920 [80].)

Dijimos que 1920 había empezado con unas elecciones y había terminado con otras. En efecto, las legislativas convocadas por el gobierno Dato (con Bugallal en Gobernación) para el 19 de diciembre. En aquellas elecciones hubo un 40 por 100 de abstenciones, y el gobierno no se dignó hacer pública ni una sola estadística global de votos por provincia. Fue un ejemplo manifiesto de desprecio al sufragio universal que contribuía a explicar, si no a justificar, el antiparlamentarismo de la derecha más virulenta y del extremismo de la izquierda anarquista.

En Jaén todos los monárquicos forman lista común (Unión Monárquica) ante un peligro «rojo» más supuesto que real. Por su parte, Bugallal había telegrafiado lo siguiente, el día 12, a todos los gobernadores: «Encarezco la necesidad apoyo resuelto candidatos ministeriales y noticias diarias sobre aspecto lucha» [81].

Se debe recordar que aquellas semanas se había endurecido la tensión social. Más de 2.000 aceituneros en Jaén del 1 al 6 de diciembre en huelga; luego los de Santisteban y Mancha Real, más tarde los de Torre del Campo. En Linares cerca de 900 mineros en huelga desde fines de noviembre; en dos pozos de «La Cruz» quedaron abandonados incluso

---

[80] Fuente: *El Socialista*, 14 de abril de 1921.
[81] ACA (Alcalá de Henares). Leg. 1176. Telegramas oficiales.

los servicios de desagüe. La prensa informa de otras huelgas en Martos, Torredonjimeno, etc.

Hubo un momento, el 6 de diciembre, en que la Junta de Sociedades Obreras de Jaén amenazó con la huelga de solidaridad. El gobernador, que acababa de regresar de Madrid, y los patronos, que días antes habían roto las negociaciones, se reunieron de nuevo con los delegados obreros; en esa reunión se llegó a acuerdos de base para Jaén y Mancha Real. Pero siguió la huelga muy fuerte en Torredonjimeno, donde fue clausurado el centro obrero. Hubo detenciones en Torre del Campo, y en Linares consejo de guerra contra el concejal socialista González López, acusado de injurias al ejército en el periódico del centro obrero de aquella ciudad. También fue detenido en Mancha Real José Sagristá, acusado de «coacciones». Y en Andújar, García Cortés y Morales Robles eran detenidos al terminar un mitin, aunque liberados horas después.

El día 12 salió elegido por el artículo 29, por Ubeda, el hijo de Romanones. La coalición monárquica iba fácilmente al copo, y el maurista Vicente de la Parra, que se presentaba fuera de la disciplina, frente al «nicetista» Uceda (presentado por la coalición), fue desautorizado; igual ocurrió con el «albista» López Parra, gran propietario y hermano del alcalde de Arjona. Por una vez el poder local no representaba nada frente a las élites del poder del Estado representadas por la coalición Prado Palacio-Ruiz Giménez-Alcalá Zamora. También esta vez las elecciones tuvieron lugar con las garantías constitucionales suspendidas.

Los resultados, como era de suponer, fueron favorables a la Unión Monárquica. *La abstención fue mayor que nunca,* aunque no se dieron cifras concretas. Examinado el *BO* se observa una cantidad sospechosamente abrumadora de votos de la unión apoyada por el gobierno, frente a casos incomprensibles, como que Lamoneda tuviese sólo 288 votos en Martos-ciudad.

Por Cazorla salió diputado Foronda; por Martos, Ruiz

Córdoba; por Villacarrillo, Uceda (Parra, sin apoyo ministerial ahora, fue derrotado). Alcalá Zamora salió por La Carolina, en una elección que pareció más normal.

En la circunscripción de Jaén, tras comprobar y sumar por nuestra cuenta los datos oficiales del *BO*, vemos que el candidato conservador Fernández Ramos (prototipo de la candidatura gubernamental) obtuvo 13.317 votos; sus compañeros de candidatura, Abril (conservador) y Anguita (liberal) se mantuvieron muy cerca de ese nivel. En la candidatura socialista Lamoneda obtuvo 2.977 votos y García Cortés 2.824. Si por un lado el aumento de abstenciones era evidente, por otro los resultados no eran muy claros. Que F. Ramos tuviese 1.509 votos en Jaén capital y 1.903 en Alcalá la Real parece extraño, así como que no apareciesen votos socialistas en Alcalá la Real, ni en Arjonilla, etc. ¿Quién puede tomar en serio que en Lopera sólo tuviese ocho votos la candidatura socialista? Por esta vez, así como en Martos, caciques y gobierno se habían excedido. Sólo en La Carolina los 1.605 votos de Mancebo parecían normales. En la misma ciudad estuvo a escasa distancia de Alcalá Zamora. En Linares el triunfo de Yanguas Messía, hijo de gran contribuyente, y él mismo profesor de Derecho, fue facilitado por la fragilidad de su oponente republicano, Adriano Moreno. En fin, un telegrama de Bugallal a los gobernadores fechado el 12 de enero remataba tan poco edificante elección:

Reitero imprescindible necesidad me comunique cuanto se hiciera elecciones de diputados a Cortes respecto a nombramientos de delegados (gubernativos), condiciones de los designados y facultades, así como la relación de cambios de alcaldes y Ayuntamientos realizados antes de la elección [82].

Este telegrama es un testimonio elocuente de lo que eran las elecciones y la base de «la democracia parlamentaria» en el sistema de «oligarquía y caciquismo», como lo definiera Joaquín Costa.

---

[82] *Ibid.*

El examen de un período de coyuntura muy conflictiva durante cuatro años, partiendo de todas las fuentes de que hemos podido disponer y sin ningún antecedente de historia elaborada sobre el período (con la excepción de Gay-Armenteros para aspectos económicos), nos ha permitido confirmar algunas hipótesis de trabajo y desmentir otras, a saber:

— El ascenso del coste de la vida precede a la conflictividad, incluso la precede muy netamente, puesto que el alza brutal del invierno de 1917 a 1918 tiene relativamente pocos reflejos conflictivos.

— Los focos de irradiación conflictivos y organizativos son las zonas mineras.

— Se observa una correlación evidente entre el desarrollo de las organizaciones obreras y el planteamiento de conflictos huelguísticos, etc.; por consiguiente, el factor «alza del coste de vida» no parece intervenir operativamente de manera directa sobre el hecho conflictual, sino indirectamente a través de un proceso de organización (fenómeno a la vez sociológico e ideológico).

— Aunque parezca algo innecesario de subrayar: los órganos que emanan de la autoridad gubernamental y la fuerza pública están en la inmensa mayoría de los casos al lado de los patronos agrarios y no son un factor neutral; sólo se muestran conciliadores en casos graves en que suplen así la ceguera de los propietarios que no quieren transigir.

— Todos los datos confirman el funcionamiento del sistema caciquil; no en su vertiente «persuasiva», sino en su vertiente «coactiva», por destitución de alcaldes, nombramiento de delegados, acción de la Guardia Civil, compra de votos, rotura de urnas, falsificación de actas, etc. No obstante, hay que señalar que, a diferencia de otras provincias (como Córdoba, Cádiz, etc.) las organizaciones obreras participan activamente en

las contiendas electorales. La causa es, sin duda, que
en el movimiento obrero Jaén es de hegemonía socialista y no anarquista. Dase también la coincidencia
de que la corriente socialista es hegemónica en toda
la izquierda, ya que los republicanos son mucho más
débiles y poco o nada organizados.

— Lo estudiado confirma el desfase entre el movimiento
obrero urbano (y minero) de 1917 y el obrero agrícola
de los años que siguen; no es menos cierto que en esos
años siguientes también crece la acción obrera en ciudades y minas; sus problemas son otros, en primer
lugar la división tradicional del movimiento obrero
(con el fulgurante crecimiento de la CNT) y luego la
nueva división que se plantea con la aparición de dos
estrategias distintas que se expresa en el conflicto de
«las Internacionales», desde comienzos de 1919.

— Cabe suponer que ese conflicto interno hace pasar a
segundo plano, a nivel de dirección central, problemas
específicos de las federaciones; lo que sí puede afir-
marse, según lo que hemos visto, es la existencia de
quejas y crítica interna de los «cuadros» locales y
provinciales hacia el nivel de dirección central. Señalemos, no obstante, que buena parte de esa crítica proviene de un hecho muy antiguo; el descuido en que
durante decenios tuvieron los problemas del campo
el PSOE y la UGT, reflejado en congresos, programas,
estado de las organizaciones, prensa, etc., empezado
a corregir, es verdad, desde 1918 y 1919 dándose
cuenta, como, por ejemplo, escribía Fabra Ribas en
El Socialista, de que la mitad de la organización sindical y más de la mitad de los militantes del partido
socialista son trabajadores del campo (afirmación
algo exagerada para la CNT en 1920, pero cierta doce
años después).

— Dentro de la propia Andalucía se observan ciertos
desfases al tratarse de Jaén; hay probablemente me-

nos acciones conflictivas, pero, salvo excepciones, parecen encaminadas a objetivos muy precisos. En la pleamar de 1919 el alza de las organizaciones será menor (conservando siempre la mayoría el sector socialista), pero en cambio las organizaciones no van a deshacerse después por entero. En fin, hay la preocupación de considerar las elecciones como una lucha sociopolítica más (y ello supone un porcentaje menor de abstenciones) con neta diferencia respecto a Córdoba, Sevilla y Cádiz.

— Otro aspecto que nos parece muy importante, y que contradice ciertas afirmaciones convertidas en legendarias, es que lo que hemos estudiado de Jaén en aquellos años no permite pensar en que «el sueño del reparto» dominase las mentes de los campesinos. Muy al contrario, los conflictos se producen sistemáticamente en vísperas de los dos grandes temporadas de recolección y por una serie de reivindicaciones extremadamente precisas, que no entrañaba la subversión social ni el cambio de relaciones de producción. Los actos de tipo anárquico, como incendios de mieses y rotura de máquinas, son más bien limitados; los congresos de campesinos distinguen bien entre reivindicaciones inmediatas y objetivos de largo alcance. En cambio, de la lectura de textos oficiales y de actitudes patronales parece desprenderse que eran más bien estos últimos medios quienes atribuían (consciente o inconscientemente) propósitos de subversión social inmediata a cualquier huelga contra el destajo o por mejorar los salarios, que, naturalmente, en las condiciones de dureza de vida de aquellos hombres y de dureza represiva de aquellas instituciones se producían en un clima de exasperación y lindaban más de una vez con la violencia, pero esa violencia no era patrimonio exclusivo, ni siquiera mayoritario, de los trabajadores, como lo confirma la documentación manejada.

— En cambio, hay un fenómeno que puede observarse con cierta facilidad en esta coyuntura: el de la adquisición progresiva de una conciencia de clase. En el Jaén anterior a 1916 los núcleos obreros que han superado la visión particularista de oficio, o de «lo malo que es este amo» *(éste,* personalmente, pero no por ser el amo) o de «la perra suerte de trabajar en el campo», etc., son escasos: en el sector secundario los núcleos de mineros y metalúrgicos de Linares-La Carolina y algunos sectores de la capital. En el campo, grupitos en Porcuna, en Santisteban o Mancha Real... La agudización de los conflictos de clase, la práctica política y sindical, la aparición de hechos nuevos, como los contratos colectivos y el reconocimiento (de hecho o de derecho) de la organización obrera, van creando la conciencia de clase como globalidad, y la conciencia del interés colectivo como pertenencia a una clase. Cierto, se trata de sectores de vanguardia, pero el hecho es radicalmente nuevo y determinante. Y se expresa objetivamente en número de organizaciones y afiliados, en la manera de seguir las consignas societarias, en votos recogidos en las elecciones por el candidato de clase. Por el contrario, no encontramos muchos rasgos de una tendencia a la alianza con clases medias; lo que conocemos, los casos de un Lorite, de un Esbrí, etc., son de incorporación del intelectual al movimiento obrero. El pequeño burgués se mueve en el contexto ideológico teleguiado por la oligarquía y sus aparatos.

— Relacionado con el hecho anterior está el que esta coyuntura conflictiva sea una parte más de la crisis orgánica que se abre en la sociedad española. El sistema caciquil de la Restauración quiebra por todas partes, y buena prueba de ello tenemos en las eleccio-

nes y en el «desmigajamiento» de los antiguos partidos de turno: el «turno» ya no funciona en Jaén. La
autoridad patriarcal del «amo», la influencia de la
Iglesia son cosas de otros tiempos, que han desaparecido por completo; los aparatos de hegemonía apenas
funcionan ya, y sólo quedan los de coacción. Falta,
naturalmente —y faltó— que la toma de conciencia
se doble de una alternativa bien elaborada y de un
bloque social que la presente.

— Otras cuestiones, más conocidas, encuentran su confir-
mación; por ejemplo, la mayor dificultad de que el
caciquismo consiga todos sus objetivos en las concen-
traciones urbanas importantes y, en cambio, la posibilidad que tiene barrer a las organizaciones y candidaturas de oposición en localidades estrictamente
rurales (Lopera, Torredonjimeno, Villacarrillo, etc.).
Lo mismo puede decirse para el mantenimiento de
una organización sindical u obrera. La existencia de
una especie de poder local representado por los patronos agrarios que viven en los pueblos y que son
quienes reúnen poderes municipales, caciquiles y, a
veces a nivel de Diputación provincial. Los grandes
terratenientes que no explotan directamente (sobre
todo nobles, aunque algunos exploten por «encarga-
do» o administrador) están a nivel del poder central;
pero el tipo de «mayor contribuyente» de la localidad
—a veces es también un comerciante o un almacenis-
ta aliado a aquéllos— constituye un poder local que
tiene sus facultades decisorias y sus facultades de influencia (con la fuerza pública, con el gobernador, etc.)
y constituye el entramado en que se sostenía una
sociedad caciquil, cuyo centro era el alto nivel de
oligarquía instalado en la capital del Estado.

FUENTES Y BIBLIOGRAFIA

Anuario Estadístico de España, 1917, 1918, 1919 y 1920.

Anuario Financiero, 1917, 1918, 1919 y 1920.

Anuario Financiero de Bilbao (Ibáñez), 1922-23.

Archivo Central Administración. Leg. 1176. Telegramas oficiales.

Archivo Histórico Nacional. Gobernación. Leg. 2A, 3A, 11A, 15A, 16-A, 17A, 21A, 34A, 36A, 41A, 42A, 45A, 48A, 54A, 57A y 58A.

Baeza (semanario local), 1917 y 1918.

Boletín Oficial de la Provincia de Jaén, 1916, 1917, 1918, 1919 y 1920.

Calero Amor, Antonio M.: *Movimientos sociales en Andalucía*, Madrid, 1977.

Cámara de Comercio de Jaén: *Informes y estadísticas*, 1916, 1917, 1918, 1919 y 1920.

Carrión, Pascual: *Los latifundios en España*, Madrid, 1932.

Censo de Población, 1920.

Diógenes (semanario local), Baeza, 1917 y 1918.

España (revista semanal), Madrid, 1918, 1919 y 1920.

Epoca (La), Madrid, marzo y abril 1916.

Gay-Armenteros, Juan C.: «Agricultura y vida campesina en la provincia de Jaén (1890-1920)», en *Jaén*, Boletín de la Cámara Oficial de Comercio e Industria de la Provincia, 24-25, diciembre de 1975.

Instituto de Reformas Sociales: *Estadísticas y memorias de huelgas*, 1917, 1918, 1919 y 1920. *Censo electoral social*, 1919. *Informe sobre el problema agrario en la provincia de Córdoba*, 1919. *Información sobre el trabajo en las minas*, 1910.

Internacional (*La*), Madrid, 1919 y 1920.

Ministerio de Trabajo: *Estadística de salarios y jornada de trabajo*, 1914-1930, Madrid, 1931. *Censo corporativo electoral*, 1924.

Socialista (*El*), Madrid, 1918, 1919 y 1920.

Sol (*El*), Madrid, 1918, 1919 y 1920.

Prensa local varia: *El Defensor de Ubeda*, 1920. *El Hombre Libre*, Baeza, 1919. *La Convicción* (periódico maurista), Andújar, 1916 (conocemos un número). *Jaén Reformista*, 1913.

Otras fuentes, que han sido utilizadas de manera ocasional, están citadas en el texto o en las notas.

No hemos querido recargar el apéndice documental con una reiteración de datos estadísticos sobre coste de la vida, salarios, etc., en la creencia de que sus correlatos han quedado bastante explícitos en el texto. Nos hemos limitado a tres mapas, que también pueden servir para establecer una multiplicidad de correlaciones y determinaciones mutuas: uno es el de implantación de la organización obrera (PSOE-UGT); otro el de huelgas, y, por último, el de resultados electorales (en porcentaje) de las candidaturas obreras.

Otro tipo de documento, de aproximación viva a la realidad del campo jiennense, lo hemos tomado de los artículos de Ramón Lamoneda, quien publicó una interesante serie en *La Internacional* durante el invierno de 1919-1920. Uno de ellos describe el latifundio de Garcíez, muy conocido en la región, prototipo de fincas y propietarios «chapados a la antigua»; otro trata de las condiciones de vida de los aceituneros a destajo; el tercero lo hemos escogido por su carácter peculiar: se trata de uno de los más activos andalucistas de la época, el periodista Nielfa, que dialoga con Lamoneda. Cada uno expone su punto de vista y ambos, sin duda, en una óptica más esquemática que la de nuestros días. Sin embargo, el diálogo ofrece aspectos de notorio interés.

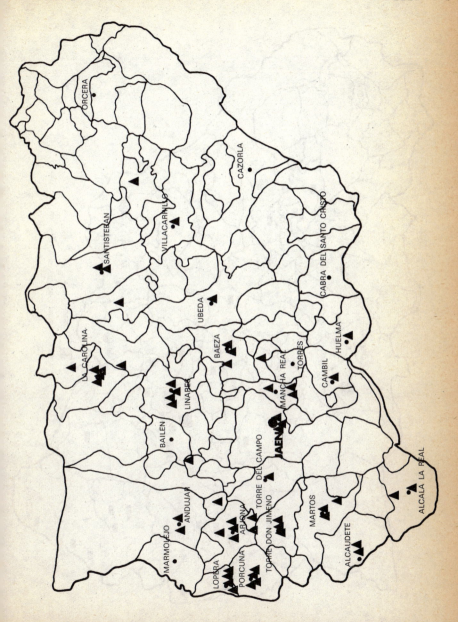

Provincia de Jaén: principales focos de huelgas en 1919 y 1920.

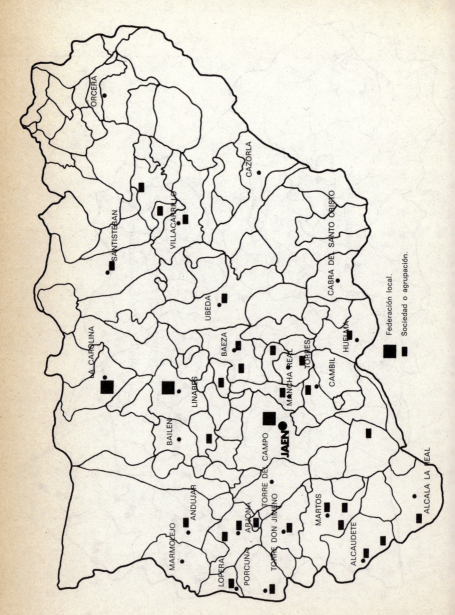

Provincia de Jaén: organizaciones socialistas y de la UGT (1918-1920).

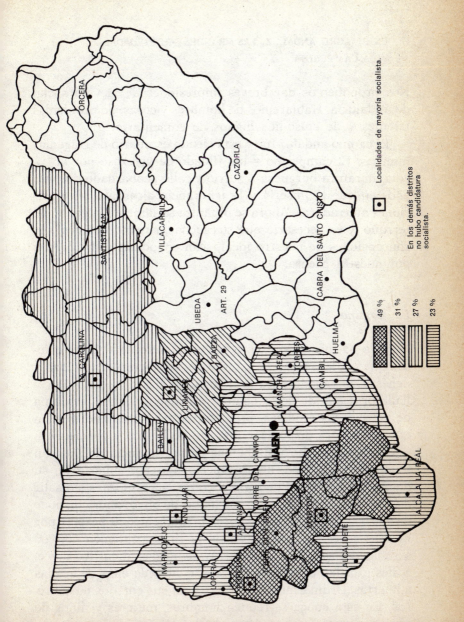

Provincia de Jaén: elecciones de 1919 (votos socialistas).

I.   EN EL AGRO ANDALUZ. LAS GRANDES PROPIEDADES.
     VIDA CAMPESINA

Nos proponemos dar breves impresiones de la vida social de Andalucía. Hablaremos de hombres y cosas, de problemas latentes y de episodios dignos de comentario...

El campo andaluz fue y está siendo escenario de tragedias intensas. El campesino —tan tildado de perezoso por la frívola literatura burguesa— sufrió y calló acobardado durante años en que la miseria y la ignorancia alcanzaban proporciones aterradoras. Ahora se organiza seriamente la gente del terruño, y es necesario que sus luchas, sus inquietudes, sus concepciones de nuestro ideal, sean conocidas y divulgadas por nuestra prensa.

La Laguna

No sólo ha merecido execración el número de señores ociosos que acotaron vastas extensiones de terreno para caza y dehesas de ganado para la lidia; todo el sentimiento de callada protesta, de dolor oculto, proviene de sufrir la tiranía de verdaderos feudales, propietarios de fincas enormes en que el «señor» disponía y dispone de brazos y conciencias.

No hace mucho visitábamos en la provincia de Jaén un feudo de viejo tipo, ahora fraccionado por muerte de su dueño: La Laguna. Pueden recorrerse cuatro leguas sin salir del feudo. En 1918 tenía 26.268 matas de olivo; ahora dispone de 130.000, que producen, aproximadamente, 10 pesetas por mata y cosecha. Los aljibes de la finca contienen 100.000 arrobas del rico óleo. Las tierras dedicadas al cultivo de cereales exceden de 2.000 hectáreas, cuatro de ellas dedicadas a huertas. Ordinariamente trabajan en sus cortijos 800 obreros. En esta época se reúnen hombres, mujeres y niños de pueblos limítrofes para hacer la recolección de la aceituna.

La próvida administración les tiene preparados pabellones de refugio que parecen celdas de castigo. En confusión penosa se guarecen allí las cuadrillas de aceituneros, duros como rocas a tanta inclemencia.

La iniciativa de los administradores, mimados todos por la diosa Fortuna, no se cerró a los procedimientos modernos de cultivo, ni al acometimiento de obras y reformas que mejorasen la producción, ni a empresas reproductivas. El caudal formidable del Guadalquivir les sirve para hacer funcionar fábricas de electricidad, para llevar fluido a múltiples pueblos. Lo que no pensaron jamás fue en levantar un puente sobre el mencionado río, pues el viejo «puente del Obispo», cargado de ancestrales recuerdos que tanto inspiran al señor Cacabán, está denunciado por ruinoso desde hace cuarenta años.

Hombres y bestias

Dentro de la finca hay un pueblo, Garcíez, con 150 vecinos, los cuales trabajan exclusivamente para el amo, viven en las casas del amo y no conciben otra vida fuera de las posesiones del amo. No se conoce haber habido allí elecciones jamás, ni hecho alguno que revele expresión colectiva de vida espiritual de aquellas pobres gentes.

Un viejo servidor de la casa me contó que hubo una vez un gesto violento de rebeldía individual. Un feudatario fue despedido por viejo: tenía ochenta años. Por la mente del hombre debió cruzar primero la visión de una vida libre, pero llena de hambres y torturas. ¿Cómo podría vivirse sin el pan del señor marqués? Y mientras éste, en una visita a hombres y bestias, oía misa en la iglesia, el viejo le asestó una puñalada. El marqués no perdió la vida; el iracundo despedido murió en presidio.

Hacia el socialismo

Aquellas amplias casas de labor son enormes palacios rústicos, que tienen alojamiento adecuado para los señores cuando éstos —en ochenta años ha ido tres veces la marquesa— se dignan visitar aquella fuente de fabulosos ingresos. En lo que debió ser despacho del marqués de La Laguna vi un rasgo curioso del cariño que debió profesar a los mejores animales de sus yeguadas. Los cascos del caballo «Noble» y de la yegua «Gallera», cercados de plata, sirven de pisapapeles...

Salíamos del gran caserío por un portón amplio y advertimos que en las paredes colgaban dos formidables alabardas, oxidadas ya. ¿Habría que presentar armas al señor cuando visitaba sus dominios? No; pero hubo tenebrosas épocas de bandolerismo, y acaso ahora los viejos servidores piensan con pavura en una irrupción bolchevista, porque ya los braceros musitan sus quejas en el hato y hablan de socialismo en sus charlas nocturnas.

R. LAMONEDA

(*La Internacional*, Madrid, 22 de noviembre de 1919.)

II.   LOS DESTAJEROS (EXTRACTOS)

Los equipos de destajeros se forman con un avareador y dos cogedores; a cada equipo corresponde recoger por término medio 250 fanegas de aceituna. Al calcular lo que ha de ser recogido, el patrono procura aumentar, para que siendo más los destajeros se abrevie la recolección. Contratado el destajo, se reúnen las cuadrillas para dirigirse al olivar, a las cinco de la mañana; por cierto que si uno llega tarde, le imponen los demás la multa de medio litro de aguardiente...

Y el «avareo» comienza precipitadamente, con daño a veces de la planta, que se ve despojada de tallos jóvenes; para evitar la represión del burgués, los destajeros queman en seguida los cogollos caídos, sacrificando algunas fanegas de aceitunas. El destajero tiene que comprar sus varas y sus lienzos; éstos cuestan ahora 25 pesetas, y de manejarlos se encargan los jóvenes, originándose mil discordias, porque cuando llueve, pesa, y molesta, y se llena de barro pringoso.

Las viviendas

Las cuadrillas de aceituneros tienen que pasar la temporada en alojamientos inhumanos. A veces bajo una viga de molino aceitero se establecen dormitorios para treinta familias, colgando entre uno y otro los mantones de las mujeres. Y así, en confusión grosera, pasan las noches terribles del invierno familias numerosas, y cuando se desperezan para volver al tajo, no existe ya más que un montón de hombres, mujeres, chicuelos y mozos, semiasfixiados...

Consumidas las migas, sobre la tierra se arrastran mujeres y chicuelos a recoger el fruto que los avareadores arrojan o el que antes cayera. Si hubo lluvias, la tarea es penosa, porque se embadurnan completamente; si la noche fue despejada, hay que romper con los dedos la escarcha, y todo esto precipitadamente, con el creciente interés de ganar unos céntimos más.

...Luego, a mediodía, cuando ya el sol calienta hasta achicharrar, antes de que los aceituneros tiendan sus mantas para comer una granada y un pedazo de pan, o higos secos, o «un hoyo de aceite», o unas migas frías, llega al tajo el amo, o el hijo del amo, o el aperador, caballero en su jaca, a contemplar cuán de prisa va la recolección, impulsada por el hábil resorte del destajo.

RAMON LAMONEDA

(*La Internacional*, 23 de enero de 1920.)

III.   EL REGIONALISMO ANDALUZ. UNA INTERVIU
       CON GARCIA NIELFA

Durante una agitada campaña electoral encontré en un pueblo que más parece nido de águilas —Valdepeñas de Jaén—
un heroico deportado, un periodista cordobés: García Nielfa.
¿Cordobés? No. Nielfa es filipino y andalucista, según su
propia confesión, y sufría entonces un aislamiento impuesto
arbitrariamente por la política incivil del señor **La Barrera**,
virrey y tirano de Andalucía por obra y gracia del mauro-
ciervismo. Advertí en él una gran firmeza ante la adversidad,
atenuada ésta por la noble hospitalidad de republicanos y
obreros de Valdepeñas, y me propuse conocer en más propicia ocasión la razón de su fe en un lisonjero porvenir de
la región andaluza.

En Córdoba he podido satisfacer mi curiosidad, y ofrezco
estas notas, transcritas con toda espontaneidad, a los lecto-
res de LA INTERNACIONAL.

Regionalismo inconfundible

—¿Qué finalidad persiguen ustedes?
—La plena realización de nuestro lema: «Andalucía para
sí, para España y para la humanidad». Queremos reconquis-
tar nuestra tierra extirpando de ella al «señorito», sedimento
de los antiguos y bestiales conquistadores: los López, los
González. En ciertos sectores de la intelectualidad andaluza
vibra intensamente toda la inquietud que transforma el
mundo. Observe usted que lo que ha triunfado es el regionalismo como principio de las nacionalidades... Aunque este
movimiento de reivindicación, como usted sabe, no es nuevo;
en el último tercio del siglo pasado se promulgó en Saornil
nuestra Constitución, y revive en nosotros el espíritu canto-

nalista. Ahora, bien: nos parece absurda la división por provincias, y no queremos hacer dos Andalucías, sino que toda nuestra bella región acuse su propia personalidad...

Visión comunista

—Pero usted ve —le atajé— que lo culminante y triunfador en el mundo es el socialismo, con sus transformaciones económicas sobre toda idea de raza.

—Precisamente. El triunfo del socialismo es nuestro triunfo. Nosotros no queremos confundir nuestro regionalismo con el de Cambó, aunque en Sevilla éste tenga devotos y hasta órganos de prensa. Aceptamos incluso radicales soluciones económicas...

—¿Contra la propiedad privada?

Nielfa vaciló un momento. La pregunta le parecía capciosa.

—Verá usted —repuso—. Somos enemigos de la gran propiedad, del latifundio. Nuestro ideario afirma primeramente: «Queremos resolver el problema del hambre en Andalucía convirtiendo al jornalero en labrador y concluyendo con el latifundio y la barbarie de los terrenos por cultivar. Para esto aspiramos a absorber en beneficio de la comunidad municipal el valor social del suelo «negando la propiedad privada» de dicho valor; constituyendo con él la hacienda natural del procomún; asegurando la permanencia en la posesión privada de cultivos, edificaciones o mejoras, así como toda manifestación del trabajo individual sobre las tierras; en fin, la libertad económica que vendrá como consecuencia de la aplicación de aquellas prescripciones. No nos asustan los regímenes políticos, de República para arriba; preferimos el sistema de democracias puras suizo, y en la síntesis de aspiraciones del regionalismo andaluz usted sabe cuantos puntos de coincidencia hay con el programa mínimo socialista, y los regionalistas sevillanos divulgan la Constitución de los Soviets.

—Ciertamente. Y es altamente simpática la declaración: «Queremos dignificar a la mujer esclavizada por un bárbaro derecho que tuvo en Roma su inspiración y que repugna al genio humano y generoso de Andalucía, la cual, cuando fue libre, aún bajo el régimen musulmán, dotó a sus mujeres de consideraciones, libertad y respetos similares a los que hoy gozan en los países más progresivos del mundo».

¿Literatura?

—Yo creí —mal informado por cierto— que este regionalismo no pasaba de ser una expansión romántica y literaria.

—No es así —repuso vivamente—. Hay una intensa actuación. Además de nuestra prensa, y de los libros de Blas Infante, el notario de Cantillana, disponemos de fuerzas y representaciones políticas. Nuestra acción culmina en el movimiento anticaciquil; así se explica que los caciques, honrándonos con su hostilidad, nos hayan perseguido como a socialistas y sindicalistas. En ocasión reciente, el vecindario de Burguillos (Sevilla), donde hay centro regionalista, fue en masa a incautarse de los bienes de propios, siendo disuelto por la Guardia Civil. Tenemos muchos grupos regionalistas andaluces... Castejón y Vaquero, nuestros diputados provinciales en Córdoba, presentan proposiciones que tienden a realizar nuestro programa, y hemos de conseguir, no lo dude, que aquí se organice un Instituto de Estudios Andalucistas...

La bandera verde y blanca triunfará

Nielfa me habló con fervorosa pasión de sus optimismos. Según él, la bandera verde y blanca ondeará triunfante. ¡Quién sabe! Casi todas las afirmaciones de este simpático regionalista, algo comunista, pueden aceptarse desde diversos campos políticos democráticos. Sin embargo, será muy difícil romper la indiferencia de los pueblos andaluces hacia este movimiento; es muy fuerte, muy acusada, la lucha de clases, y ella absorbe el interés de las gentes, tanto defensiva como ofensivamente.

Recogido en nuestro Congreso extraordinario este problema que no es fundamental, el claro instinto de los pueblos busca la ruta más corta para realizar su emancipación económica y esa ruta es el socialismo revolucionario.

Así se lo dije a Nielfa y así lo creo. Triunfará pronto la bandera roja.

RAMON LAMONEDA

(*La Internacional*, 6 de febrero de 1920.)

SEGUNDA PARTE

SEVILLA (1930-1932)

Sevilla está lejos, lejos,
en la otra punta de Europa;
hoy en sangre de obreros
el Guadalquivir se moja.

RAFAEL ALBERTI

Andalucía ha sido preterida, ha sido ignorada u olvidada en sus raíces populares, en sus dimensiones dramáticas, a despecho de cantos, alabanzas y halagos, todos superficiales y entre cuyos fines primordiales se encontraba la pirotecnia intelectual que encubriría mejor una explotación sistemática proseguida a través de siglos.

Esta preterición de lo andaluz ha repercutido en la historia contemporánea, pero muy particularmente en aquella que se ha convenido en llamar social, es decir, que se centra sobre el estudio de las clases sociales, sus luchas, su complejo condicionamiento y su esencial protagonismo. Si es verdad que una de las obras que abrieron marcha en nuestra disciplina, la de Díaz del Moral, tiene por objeto la lucha de los campesinos de Córdoba, y que entre las nuevas generaciones destaca la obra, ya tan importante, de Calero Amor, todavía constituyen inmensa mayoría los dominios de la historia social contemporánea de Andalucía que están «en barbecho», por emplear la conocida imagen agraria.

Uno de los aspectos atrayentes de esa historia a descubrir es el de Sevilla en la coyuntura entre monarquía y república, y los primeros años de ésta. Sabido es que Sevilla fue, con Barcelona y Asturias, el punto más conflictivo del país en aquellos años. En Sevilla el porcentaje entre huelgas-huelguistas y población asalariada fue muy superior al de Barcelona y la tasa o porcentaje de afiliación sindical fue igual o mayor. Por otra parte, la originalidad sevillana consistía en que era una provincia en que la organización obrera en línea gubernamental tenía carácter estrictamente minoritario. Pero además, lo que podríamos llamar «oposición obrera» no estaba formada sólo por anarcosindicalistas, sino que se daba la circunstancia de ser Sevilla el foco de mayor implantación comunista de toda España. Y otra particularidad, rara también a nivel internacional: ese importante núcleo comunista no procedía del campo socialista o socialdemócrata (fenómeno habitual), sino que procedía directa e inmediatamente del mismo anarcosindicalismo andaluz desarticulado durante los años de la dictadura primorriveriana.

En Sevilla hubo enfrentamientos sociopolíticos en la calle, de gran importancia y violencia; allí se aplicó la llamada «ley de fugas» en tiempos del gobierno provisional, allí fue elegido diputado Balbontín, un «socialrevolucionario» que al entrar luego en el PC dio a éste su primer diputado, allí irradió con fuerza la candidatura «andalucista», allí celebró el PCE su único congreso legal durante el decenio de los años treinta y, en fin, allí intentó la extrema derecha su primer golpe de fuerza contra el régimen democrático.

El tema era, pues, tentador, y tuve la audacia de emprender el trabajo que sigue. Se trata de un estudio incompleto, pero quedaría contento si sirviese como primera paso para otros que sin duda van a ser realizados —lo están siendo ya— por historiadores andaluces de la joven generación.

Para acercarnos a nuestro objeto de conocimiento hemos utilizado fuentes que podríamos ya denominar «clásicas» dentro de nuestra disciplina: todos los anuarios, los censos, el catastro, la documentación del Ministerio de Trabajo en todos sus aspectos, el *Diario de Sesiones* de las Cortes, el *Boletín Oficial de la Provincia* y el máximo de colecciones de prensa que nos ha sido dado consultar. Algunas memorias han sido particularmente útiles como puntos de consulta y referencia. Y los escasos, pero valiosos estudios que reseñamos en la bibliografía. Han faltado para que este trabajo hubiese apurado sus fuentes potenciales, la correspondencia de los gobernadores (sobre todo de Montaner, Bastos y Sol) que será muy instructiva, los testimonios de militantes obreros de la época —indispensables para este género de trabajos— e incluso los informes policiales que, si se los utiliza con espíritu crítico y las reservas de uso, no están desprovistos de interés. Sabemos que ya hay jóvenes historiadores que trabajando sobre algunas de estas fuentes nos ofrecerán pronto el resultado de sus investigaciones.

Por mi parte, quiero hacer constar la importancia que ha tenido para mi trabajo, tanto la memoria de *maîtrise* (DES) de Cecilia Cerezal-Marco, *El movimiento obrero en Sevilla de 1930 a 1934,* como todas las investigaciones por ella realizadas en el marco de nuestro Centro de Investigaciones Hispánicas de la Universidad de Pau. Cecilia Cerezal-Marco quedará como la «pionera» de los trabajos de historia social sobre la Sevilla del siglo xx. Es obvio, pues, que la mencione en primer lugar. Quiero dejar igualmente constancia de la ayuda que me facilitaron mis jóvenes colegas y amigos Angel Bahamonde y Javier Corcuera, tan vinculados a los trabajos de nuestro centro.

SEVILLA (1930-1932): COYUNTURA
Y CONFLICTO SOCIAL

1930. Tras la clausura de la Exposición Iberoamericana
Sevilla tiene unos cuantos palacios más, pero también muchos más obreros sin trabajo y menos actividad comercial.
El año se presenta difícil fuera y dentro de España. Primo
de Rivera fue desembarcado de la nave del Estado para ir a
morir a París dos meses después, y el gobierno Berenguer
parece impotente para la labor de remendar desgarrones que
le ha sido asignada. El malestar en todo el país es demasiado hondo y vasto.

Y en esta Sevilla que ha visto crecer su población desde
1910 en 97.644 personas (a costa, esencialmente, de las gentes
venidas del oeste de la provincia y de las comarcas de Ecija
y Estepa [faja lindante con Córdoba], pero también de la
provincia de Cádiz). Desde 1921 el ascenso demográfico ha
sido de 27.955, relativamente escaso, a pesar de las obras de
la exposición, del progreso del puerto de Sevilla (estimulado
por Primo de Rivera oponiéndolo al de Barcelona) y de diversos servicios e industrias de tipo medio.

Hay paro también en el campo, a pesar de que en el
invierno del 29 al 30 la cosecha de aceituna ha sido buena, y
la agitación crece por doquier. Ha resurgido la CNT (legaliza-
da en la primavera de 1930), pero con la característica de
que varios de sus sindicatos, y en primer lugar el muy importante del puerto, están dirigidos por comunistas que,
procedentes del anarcosindicalismo nutrieron las filas del
joven PC de Sevilla durante los años de la dictadura. Y las
clases medias, cierta «menestralía», sienten cada vez más la
influencia del partido radical, cuyo dirigente sevillano, Die-

go Martínez Barrio, modesto impresor en otros tiempos, se eleva a los primeros planos de la oposición republicana a nivel nacional.

La situación es para inquietar a los opulentos contertulios del Casino de Labradores y Propietarios, símbolo inequívoco de las sempiternas élites dominantes de campos y ciudades sevillanos.

En tiempos del seudoconstitucionalismo caciquil, desde 1876 hasta 1923, Sevilla no se había «desmandado», no había quitado el sueño a la oligarquía dominante. Y ahora, caído Primo de Rivera, amagando crisis económica y renaciendo el movimiento obrero. ¿Iba a terminarse el mito del «buen obrero» sevillano que lleva pasos de Semana Santa, bebe manzanilla y admira cómo se divierten los señoritos en las casetas de la Feria? Abundaban las razones para así sospecharlo, y el conde de San Luis, nuevo gobernador civil de la provincia, no estaba demasiado tranquilo.

Pero más vale que, antes de entrar en materia conflictiva, echemos una somera ojeada a las líneas estructurales de aquella Sevilla que parecía presta a dejar de ser tema fácil de sainetes de los hermanos Quintero para serlo de poemas de Rafael Alberti.

Tenía la provincia de Sevilla en 1930 805.252 habitantes, de los cuales 228.729 en la capital. Las otras localidades importantes de la provincia eran Utrera (con 24.204), Morón y Carmona con algo más de 22.000 habitantes cada una y Ecija con cerca de 30.000, todas ellas verdaderas agrociudades.

El total de la población activa era de 288.985 personas, así descompuesto: I, agrario: 141.541 (48,9 por 100); II, industrial: 90.701 (31,3 por 100); III, servicios: 56.743 (19,6 por 100).

Si bien en la totalidad del país el sector agrario ya no pasaba del 45 por 100, en Andalucía alcanzaba el 57,18 por 100, siendo Sevilla la provincia de mayor población activa industrial (la tercera en servicios, tras Cádiz y Málaga).

El sector secundario se descomponía así:

— Construcción: 10.530.
— Madera: 5.689.
— Minas: 3.074.
— Metales: 4.525.
— Cueros: 4.774.
— Confecciones: 3.318.
— Textil: 792.
— Alimentación: 4.772.
— Varias: 51.740.

Se observará que la vaguedad de la última partida (industrias varias) casi inutiliza el resto de la clasificación.

El censo de 1930 nos da una población activa de 83.802 personas para la capital: la construcción (3.422), la metalurgia (2.344), el transporte (2.831) y la madera (1.888) son ramas fundamentales del secundario; pero lo impresionante reside en las 9.000 personas que trabajan en el comercio, hostelería, despachos de bebidas, etc.; las 7.635 del servicio doméstico, las 3.845 de fuerza pública, las 5.705 de profesiones liberales. Entre las no activas vale la pena de señalar que entre los 1.502 «rentistas y pensionistas» figuran 814 propietarios.

Sevilla se presenta, pues, como una ciudad poco desarrollada industrialmente, con importancia del entorno agrícola, abundancia de clases medias (médicos, profesores, abogados, funcionarios, sacerdotes, pequeños comerciantes, artesanos, etcétera) y una estructura muy tradicional todavía, con su servicio doméstico masivo, 2,5 miembros del clero por cada médico, 6 miembros de la fuerza pública por cada profesional de la enseñanza.

El total de población activa en la provincia, según el censo, es de 289.610. Ya sabemos que casi el 49 por 100 es población agraria. Observamos que la metalurgia llega a 4.525, la madera a 5.689, la construcción a 10.530, los transportes a 8.313 (de ellos 1.911 ferroviarios), el comercio a casi

18.000, de ellos 2.374 tenderos de ultramarinos). Sabemos también que fuera de Sevilla apenas hay 700 médicos, para 576.500 habitantes, y en cambio 1.600 miembros de la fuerza pública (Guardia Civil sobre todo).

El servicio doméstico está muy concentrado en la capital; en el resto de la provincia apenas ocupa a 3.000 personas.

Sin duda, para hacer una estimación más precisa de la población asalariada es preferible tomar el *Censo de Jurados Mixtos* utilizable (el de 1933) y computar los asalariados declarados por la patronal como empleados por ella; y sumarles el número de parados declarados en los respectivos sectores y ramas. Siempre quedará una franja que no se ha cuantificado y que procede tanto de los asalariados que los patronos emplean y ocultan en la declaración (para no pagar retiro obrero, etc.) como de los parados que no estaban declarados, cosa frecuente al no existir ningún subsidio de paro y siendo la búsqueda de trabajo el único acicate para la inscripción.

En el sector agrario las declaraciones patronales dan 78.543 obreros agrícolas empleados, a los que se suman 24.000 parados en la misma fecha (la mitad en paro parcial, la otra mitad total). Aún quedan más de 41.000 hasta la cifra del censo; pero hay que tener en cuenta que según el catastro había 47.000 propietarios de rústica, además de varios millares de arrendatarios. Ciertamente, de esos propietarios muchos lo son en mínima proporción y la mayoría de sus ingresos proceden de vender su fuerza de trabajo como unos asalariados más. Hay que pensar que según los cálculos hechos para la reforma agraria, tomando como base el padrón de 1929, había en Sevilla unas 162.000 familias de agricultores de las cuales 62.479 no tenían ningún género de propiedad rústica y 23.390 la tenían hasta cinco hectáreas o menos, considerada insuficiente; otras 26.975 también se consideraban como con propiedad insuficiente por estar por debajo de las 10 hectáreas. El conjunto de datos nos aproxima al número de cien mil asalariados agrícolas (estimación mínima, ya que hay que tener en cuenta que en muchas familias había hijos mayores que trabajaban igualmente como obreros agrícolas).

En cambio, los 3.249 de la construcción, a los que se suman los 1.251 en paro, distan mucho de la cifra dada por el censo. Aparte de las ocultaciones hay que pensar que la mayoría de estos trabajadores en los pueblos de la provincia son como artesanos, trabajadores por cuenta propia, no así en la capital. En cambio, la cifra de obreros metalúrgicos dada por los Jurados Mixtos (3.875) es superior a la del censo. En los 2.000 trabajadores de transportes figuran los portuarios de Sevilla, de los mejor pagados de España y de los más combativos.

Los 2.603 obreros del ramo de hostelería y los 5.000 largos de bancos, seguros y oficinas completan los núcleos fundamentales de población laboral. Sevilla, en lo esencial, sigue siendo una ciudad preindustrial, condicionada por su entorno agrario (de propietarios y de trabajadores), con franjas importantes de clases medias y de servicios.

La metalurgia de tipo pequeño y medio es la dominante, y según el *Boletín Oficial de la Provincia* (febrero de 1930) empleaba a 2.900 obreros. Había siete fábricas de fundición de hierro, entre ellas la de San Antonio, con 150 obreros empleados. La de hijos de Cobián tenía 300 (y, según otras fuentes, 500), la de José Chico, 140, la Velasco de Pando y Compañía, 160; la de Juan Miró, 105, y, en fin, la de Viuda e Hijo de Balbontín, 1.300. En ellas se fabrican diversos objetos de metal, piezas separadas de maquinaria, calderería, camas, etcétera [1].

En la industria textil sobresale Hytasa, S. A., con talleres modernos, al lado de otros pequeños talleres. Y en la corchotaponera la «Amstrong» (35 millones, extranjera), aunque

---

[1] Datos tomados por Cecilia Cerezal-Marco para su memoria de *maîtrise* presentada en el Centre de Recherches de la Universidad de Pau, 1971. Las investigaciones de Cecilia Cerezal-Marco nos han aportado una preciosa ayuda en todo el trabajo.

había muchas más, por centralizarse en Sevilla la elaboración y embarque de todo el corcho del sudoeste de la península. Citemos así la muy importante Industrial Corchera «SAIC».

Otras actividades industriales consistían en la transformación de fosfatos importados, jabones y también perfumes y productos químicos. La aceitera se localizaba en las agrociudades de la provincia. Otros aspectos de industrias de alimentación y bebidas eran la cervecería y las conservas de mermelada y pulpa de naranja en bruto destinadas a la exportación a Inglaterra donde eran reelaboradas.

En fin, hay que contar con la importante Compañía Sevillana de Electricidad y su filial Tranvías de Sevilla, con una docena de centrales eléctricas a través de la provincia, la «Compañía Catalana de Gas y Electricidad», la «Azucarera Ibérica del Guadalquivir» y la importante fábrica de loza «La Cartuja», así como la «Cerámica de San Juan», ésta en San Juan de Aznalfarache. En materiales de construcción destacaba la muy importante «Sociedad Andaluza de Cementos Portland», creada en 1920, con 10 millones de capital desembolsado.

La propiedad agraria estaba mucho más concentrada que la empresa industrial. Sevilla era la provincia de mayor porcentaje de latifundios después de Cádiz: 50,45 por 100 de su extensión territorial en fincas mayores de 250 hectáreas (catastro de 31 de diciembre de 1930) y 57,97 por 100 en Cádiz. Pero la diferencia de ingresos era todavía mayor que en la zona gaditana, pues alcanzaba al 71,79 por 100 del total de cuotas de contribución formado por las superiores a 5.000 pesetas que pagaba el 4,99 por 100 de propietarios (2.344 sobre un total, según el catastro, que da cifras superiores a la realidad, pues calcula por fincas y no por propietarios, de 47.027). Puede decirse que Sevilla ofrecía el mayor grado de concentración de riqueza agraria en todo el país. También era, de todas las provincias catastradas en 1928, la que tenía mayor porcentaje de secanos (59,2 por 100). La extensión de sus cultivos de cereales (348.700 hectáreas) la colocaba en primer lugar de Andalucía, y por olivares (218.700) ocupaba el tercer lugar tras Jaén y Córdoba, pero con un gran sector de aceituna de verdeo orientada a la exportación y de mayores rendimientos.

Aquellas tierras estaban fundamentalmente dedicadas a los cereales, el olivar y, en algunas zonas, los bosques de alcornoques. El algodón y la remolacha, que se desarrollarían después, empezaban entonces solamente. Otra nota característica de Sevilla era el elevado porcentaje de tierras destinadas a dehesas y monte, un 38,49 por 100 del total, con un rendimiento medio de 21 pesetas por hectárea, mientras los terrenos cultivados daban un promedio de 401 pesetas por hectárea. Se trataba, pues, del clásico latifundio de baja productividad, mínimas inversiones de capital y crecimiento concebido por extensión de la superficie a cultivar y mano de obra barata. Por otra parte, las 342.000 hectáreas explotadas en arrendamiento lo eran, por lo general, por grandes arrendatarios; algunos de ellos iniciaban tímidamente formas de empresa agraria capitalista y los otros subarrendaban con pingües ganancias [2].

La estructura de la propiedad agraria y el género habitual de explotaciones debían producir una pirámide social de amplia base asalariada y no propietaria; de todas las provincias andaluzas Sevilla era la que tenía, con notoria diferencia, mayor número de población agraria sin poseer ninguna parcela de tierra. No puede apenas hablarse de clase media agraria, pero sí de grandes propietarios que, como cada cual sabe, pueden clasificarse entre los absentistas y los que seguían en la localidad la explotación directa de las tierras, y entre los que tenían título de nobleza y los que carecían de él. En todos los casos, la tendencia es a la formación de «grandes familias» que reúnen la riqueza y el poder local;

---

[2] Los datos de explotación de la tierra están tomados del *Boletín del Instituto de Reforma Agraria*, 1933.

las más importantes de ellas suelen vivir en la capital y se integran en las «grandes familias de ésta».

Aquí la cuestión es diferente, pues ya hemos señalado la existencia de una franja importante de clases medias. No obstante, el fenómeno elitista de las grandes familias se dará con singular fuerza, entrelazándose las que se asientan en la riqueza agraria y las que tienen su mayor riqueza procedente de la industria o de los servicios.

Acercándonos a nuestro objeto de estudio encontramos a unas élites del poder económico en Sevilla que, con frecuencia, aparecerán también como élites del poder local y provincial con netas implicaciones en el poder político general.

Las familias Ibarra, Mejía, Camino, Marañón, Sánchez Dalp, Villalón, Halcón, Pickman, etc., forman entre los mayores contribuyentes y poseedores de las palancas de riqueza. Otras, aunque ocupan primeros planos sevillanos, no residen allí, si bien las manifestaciones de su poder inciden a nivel más elevado; ese es el caso del duque de Medinaceli, con más de 40.000 hectáreas de tierra en la provincia, o del marqués de Foronda, con residencia éste en Barcelona, pero presidente de Tranvías de Sevilla, S. A. (7 millones de capital de mayoría alemana) y de la poderosísima Compañía Sevillana de Electricidad, también de mayoría alemana, con 75 millones de capital desembolsado, y en cuyo consejo de administración le acompañaban varios «grandes» de la burguesía sevillana como Ibarra y el conde de Bustillo (además de Ventosa, etc.). Los Villalón, de la burguesía agraria formada cuando la primera desamortización[3]. Los Ibarra ya citados, tal vez la principal familia, emparentados con los Lasso de

---

[3] Cuenta Antonio Miguel Bernal que Jerónimo Villalón Daoíz fue el promotor fiscal que dictaminó la «legitimidad» de las tierras señoriales del duque de Osuna en Morón cuando la abolición de señoríos. De funcionario judicial llegó a alcalde y de gran arrendatario a gran propietario (A. M. Bernal: *La propiedad de la tierra y las luchas agrarias andaluzas*, Barcelona, 1974, p. 144).

Este Villalón fue ennoblecido con el condado de Daoíz y casó con una hija de los Auñón, que también figuraron en primera fila de la burguesía agraria sevillana del siglo XIX.

la Vega (éstos de nobleza sevillana de «antiguo régimen»), ennoblecidos a su vez en 1877. La Casa Ibarra, bastión del conservadurismo sevillano, tenía, además de sus vastas propiedades, participación importante en Sevillana de Electricidad, en el consejo de la sucursal del Banco de España en Sevilla, en «Prensa Española», en negocios de aceites y jabones, la Industrial Corchera, etc.

Los Pickman, de la burguesía industrial (emparentados con los Piñar), tendrán, además de la ya citada fábrica de «La Cartuja», buena parte de la «Bética, S. A.», creada en 1925 para la explotación de azúcar de remolacha y algodón. Los Benjumea, grandes terratenientes, tienen además gran parte de Auto Ibérica, S. A. (creada en 1928), y conservan parte de las minas y fundiciones del Pedroso. Sus posiciones políticas se robustecieron durante la dictadura. Los Vázquez de Pablo poseían (en unión de los Villalón y los Rojas) la importante «Sociedad Andaluza de Cementos Portland», con seis millones de capital. El conde de Bustillo (Armero, de apellido) era, sobre todo, gran terrateniente, pero también formaba parte del consejo de la Sevillana de Electricidad. Allí se sentaba también Soto Reguera, que a su vez presidía la S. A. de Islas del Guadalquivir, creada en 1926, que ya tenía desembolsados veinte millones, donde participaba con fuerza el archiduque Max de Austria y otros personajes extranjeros.

Entre los grandes terratenientes son de mención inevitable los Sánchez-Dalp (Francisco Javier hecho marqués de Aracena en 1916; Miguel accede a conde de Torres de Sánchez-Dalp en 1925), el primero de los cuales emparenta con la familia Marañón, de los mayores contribuyentes (que también figuraban en el consejo del Banco de España). El marqués era presidente de honor de la ya citada «Betica, S. A.».

Podrían mencionarse aún los Cobián (que tuvieron, además de la metalurgia, la presidencia de «Hytasa»), los Marín Cano, dueños de la Eléctrica del Condado... Otras familias, como los Osborne o los Garvey, aunque con ciertos intereses

en Sevilla, estaban radicadas en Jerez. Y los Luca de Tena
se habían proyectado a nivel de la capital del Estado.

Se observará que gran parte de esa élite económica (gran
burguesía agraria y en algún caso industrial) ostentaba títulos de nobleza. Pero es lo que A. M. Bernal y J. Lacroix han
llamado «la nobleza advenediza andaluza que obtuvo sus títulos en los siglos xix y xx, constituida principalmente por
representantes de la burguesía agrícola y consolidada tras el
hundimiento del antiguo régimen al comprar tierras que pertenecían a la nobleza, a la Iglesia, bienes comunales, etc.» [4].

No es posible aventurarse en un estudio coyuntural de los
años treinta sin tener en cuenta esa premisa estructural de
las élites que totalizaban el poder económico y el político,
que daban el tono de la ideología dominante, que de hecho
tenían las más exorbitantes facultades y privilegios. Hay que
captar bien lo que significaban esas élites en Sevilla, para
comprender el alcance y la significación del otro polo, del
movimiento obrero y popular.

En aquella primavera de 1930, cuando el gobierno Berenguer había sustituido a la dictadura de Primo de Rivera, y
renacían por doquier los sindicatos obreros, se celebraban
reuniones políticas, etc., cundía el desasosiego entre las clases dominantes agrarias, que no habían sido perturbadas en
lo más mínimo durante los años de un sistema dictatorial
que, al implantarse, aireó algún que otro lema regeneracio-
nista que pronto olvidaría.

A las buenas cosechas de aceituna de los dos inviernos
precedentes iba a suceder una de las más bajas para el invierno de 1930; ya a fines de la primavera se había perdido
la mayor parte de la flor, y en septiembre se perdió la mayor
parte de la aceituna de verdeo. A todo ello vino a sumarse

---

[4] Antonio Miguel Bernal y Jacques Lacroix: «Aspects de la société andalouse. Les associations sevillanes (xix-xxème siècles)», *Mélanges de la
Casa de Velázquez*, xi, París, 1975.

la pérdida total de la cosecha de garbanzos (cuya producción fue de 3.000 quintales métricos, frente a un promedio de 22.000 en los años normales), en gran parte causada por las inundaciones del Salado de Morón [5]. En cuanto al trigo, sin llegar a una situación tan deficiente, disminuyó en algo más del 10 por 100. Todos estos hechos producían un aumento del paro forzoso y de situaciones de pura miseria por un lado, la ausencia de las ganancias consideradas habituales por el otro; y en ambos una carga creciente de las tensiones sociales antagónicas. En la misma capital, el movimiento del puerto empezaba a decrecer y algunas actividades se resentían de los primeros síntomas de la crisis mundial, sobre todo la corchotaponera.

Durante el período 1925-1930 la condición de vida del obrero sevillano, a diferencia de la del obrero del conjunto del país, había mejorado ligeramente. El promedio de salarios (nominales) había pasado de 49,64 pesetas a 50,88 (180 por 100 a 184, teniendo como base 1914=100), mientras que el índice de precios de artículos de primera necesidad había pasado de 171 a 170; esto implicaba un aumento del índice de salarios reales de 105 a 108 [6]. Pero acerquémonos a las matizaciones con objeto de escapar al mito del promedio. El alza de salarios fue importante en los obreros calificados: de 0,96 pesetas por hora a 1,14 en la construcción, 1,10 a 1,14 en la metalurgia, 1,02 a 1,08 en el transporte, etc., con la excepción de las industrias de alimentación y de cerámica, cuyos salarios bajaron en un 6 por 100 y 16 por 100 respectivamente. En el peonaje descienden todos los salarios, excepto en el vestido; probablemente los datos de enero de 1930 reflejan ya la baja de demanda de peones que produjo el cese de las obras de la Exposición, aunque sin duda bajaron más, por exceso de oferta, en el transcurso del año 1930.

---

[5] La estimación de la cosecha de garbanzos, tomada del informe de Bernaldo de Quirós, difiere —por ser de menor cuantía— de la del *Anuario Nacional de Estadística*.

[6] Ministerio de Trabajo: *Estadística de salarios y jornadas de trabajo, 1914-1930*, Madrid, 1931, cuadro LIX, p. CLIV.

No obstante, distingue a Sevilla la tendencia al alza salarial (que sin duda está relacionada con el *boom* de la Exposición) en contraposición con la tendencia a la baja en Madrid y Barcelona y en el promedio del país (cuyos salarios reales pasan de 106,6 a 103,8 con base 100=1914). Es importante para nuestro trabajo señalar las condiciones que habían logrado los obreros del puerto de Sevilla (*dockers* o estibadores de carga y descarga). Superiores en casi una peseta a los más elevados de la ciudad, alcanzaban 1,80 pesetas a la hora, casi como los de Barcelona (1,88) y a enorme distancia de los restantes puertos (1,25 en Málaga; 0,66 en Valencia). En 1930 los cargadores y estibadores habían llegado a obtener una jornada de seis horas que, desde luego, fue pronto impugnada por la patronal. Cuando se habla de precios también hay que pensar que los índices que se dan no están ponderados y que, por ejemplo, el hecho de que el precio del pan subiera en cerca del 10 por 100 entre 1925 y 1929, tiene su importancia, debido a que constituía una parte fundamental de la dieta alimenticia de los trabajadores, sobre todo del peonaje y de los obreros agrícolas. En cuanto a los salarios de éstos apenas habían variado durante bastantes años. Sólo en el verano de 1930 —según Carrión— hay salarios de 2,50 y 3 pesetas, que representan un aumento de 0,50 sobre los precedentes (y salarios entre 4 y 7 pesetas en faenas de recolección, a destajo).

Por último, si examinamos el *BO de la Provincia* en el segundo semestre de 1930 observaremos una neta tendencia al alza en el pan y en el carbón, y a la baja en sardinas y pescadilla. Comparándolos con los precios que da para 1931 el *Boletín de la Dirección General de Agricultura* (hasta septiembre de 1931) se observará que prosigue el alza del pan (que pasa en un año de 0,58 pesetas a 0,62 el kilo), que sube el aceite, de 1,80 a 1,86, y la carne de vaca. En cambio el bacalao, que había llegado a 2,50 pesetas el kilogramo a fines de 1930 estará a 2,28 en la primavera de 1931.

Al referirnos al nivel de vida del obrero andaluz y sevillano, no podemos olvidar el dato *estructural* del paro forzoso, tanto por el carácter latifundista de las explotaciones agrícolas como por el atraso industrial.

Bernaldo de Quirós, en su informe sobre el campo de Andalucía, 31 de diciembre de 1930, estimaba en 100.000 el número de obreros agrícolas parados en toda Andalucía; y la Cámara Oficial agrícola de Sevilla hacía una estimación de 50.766. Ciertamente, los gobernadores civiles e inspectores provinciales del trabajo calculaban 61.500 (sin contar Málaga ni Almería), de los cuales sólo 5.000 correspondían a Sevilla, estimación a todas luces insuficiente, sobre todo si se tiene en cuenta el desastre de la cosecha de aceituna aquel invierno.

Poseemos en detalle las estadísticas de paro forzoso en 1933, año en que fue mucho más elevado en todo el país. El mes de mayor paro en Sevilla fue agosto, con 39.425 parados, de los cuales 26.913 estaban en paro total. La mayoría de los parados pertenecían al sector agrario (17.186 en paro total y 27.458 como suma del total y parcial; es decir, un 27 por 100 aproximadamente de la población asalariada del campo). El paro fue también muy importante en la construcción (más de la tercera parte de los asalariados del ramo).

Es indudable que los precedentes datos coyunturales no formaban sino una parte del conjunto de factores que condicionaban la situación. Lo que podríamos llamar *conciencia de cambio* va a ser, tal vez, más importante; apoyada en la lucha política y luego en los cambios institucionales va a tener la cualidad de poner de manifiesto con toda fuerza los antagonismos estructurales que se mantenían desde hacía mucho tiempo en estado de latencia, ya porque la operación «ideológica-objetiva» de toma de conciencia —y su expresión objetiva a nivel de organización actuante— no había adquirido toda su vastedad, ya porque las coyunturas políticas habían sido desfavorables en los últimos diez años.

HUELGAS Y ORGANIZACIONES EN 1930

Desde la caída de Primo de Rivera la agitación social se había intensificado en Sevilla, donde ya en 1928 la naciente organización comunista (fortificada con dirigentes locales procedentes de la CNT) había dirigido una huelga. Ahora se produjeron varias manifestaciones callejeras centradas principalmente sobre los problemas del paro forzoso; subsidio de paro y moratoria de alquileres para los parados figuraban entre las reivindicaciones más salientes.

La primera huelga importante fue la del puerto, en el mes de marzo, dirigida por el sindicato que, habiendo pertenecido a la CNT antes de la dictadura, había pasado a estar dirigido por los comunistas tras el ingreso de numerosos dirigentes y militantes locales de la CNT en el PCE, que se produjo fundamentalmente entre 1927 y 1929. Se trataba de pedir la puesta en vigor del contrato de trabajo anterior a 1923, que había sido abolido en tiempos de la dictadura. Fueron a la huelga 4.000 obreros según las fuentes de origen comunista (parece exagerado el número, puesto que en la clasificación de transporte marítimo no pasan de 2.000 según los censos oficiales, en la capital, aunque se pueden agregar de parte de la provincia); en todo caso fue unánime y acompañada de intensa agitación. Las medidas represivas empleadas por el gobernador no dieron mucho fruto, y finalmente los huelguistas consiguieron en lo fundamental su objetivo (aunque Mola, en sus memorias, quiere echar una sombra de duda sobre el asunto).

De esta huelga, como de otras muchas, no hay rastro alguno en la memoria de los años 1930 y 1931 elaborada por la Subsecretaría del Ministerio de Trabajo. Ciertamente, y siguiendo una antigua costumbre —muy perturbadora del conocimiento de la historia social— se eliminaban de estas memorias y estadísticas los llamados «conflictos de carácter político y revolucionario», entre los cuales se incluían por sistema todas las huelgas generales. Y así se hace mención expresa de la omisión de la huelga general de Sevilla en junio de 1930. Pero no es sólo eso; en las informaciones del Ministerio de Trabajo no hay una sola sobre huelgas del puerto de Sevilla. Para 1930 la citada estadística consigna 14 huelgas en Sevilla y provincia, pero sólo dispone de datos concretos sobre diez de ellas, que ofrecen un total de 4.296 huelguistas; las más importantes señaladas son las de obreros agrícolas de Osuna (3.000 huelguistas) y de Marchena (1.000). (Aquel verano hubo huelgas masivas de obreros del campo en otros lugares de Andalucía: Torredonjimeno, Antequera, Castro del Río, Espejo, Pedro Abad...)

Los datos oficiales señalan también dos huelgas parciales en la construcción, dos en la alimentación, dos en artes gráficas y dos en la madera, cada una con varios centenares de huelguistas.

Pero no es posible seguir adelante sin trazar un esbozo, por sumario que sea, del estado del movimiento obrero de Sevilla a lo largo de aquel 1930.

La CNT tenía tradicional arraigo. En la pleamar de 1919 había contado con 35.974 afiliados en 38 secciones de la capital y provincia; de ellos sólo 8.028 habían pertenecido al sector agrario. Su hegemonía no había sido puesta en peligro por el «social-ugetismo» (PSOE y UGT), cuya implantación en Sevilla siempre fue muy débil. En cambio, la desorganización cenetista en el conjunto del país, durante los años de Primo de Rivera, tuvo como consecuencia en Sevilla que muchos de sus sindicatos subsistiesen pero pasando bajo la influencia comunista. En 1927 se produjo el ingreso en el PCE del grupo cenetista de Sevilla: Manuel Delicado, José Díaz, Manuel Adame, Saturnino Barneto, Carlos Núñez, Manuel Roldán, Antonio Mije, Roque García, Antonio Sanz, J. Bulnes, Nieves, Masón y muchos más [7]. El resultado fue que el PCE dis-

---

[7] Varios de ellos (Delicado, J. Díaz, Adame, Núñez, Mije, Roldán, Barneto) entraron entre 1925 y 1927, y los otros tras el éxito de la huelga de la Exposición. José Díaz sentó las bases de la organización comunista de Se-

puso en Sevilla de una estructura sindical, puesto que sus nuevos militantes dirigían los sindicatos de obreros del puerto (Núñez, Barneto), panaderos (J. Díaz, Mije), metalúrgicos, cigarreros, aceituneros, ferroviarios, dependientes de bebidas, camareros y tipógrafos. Esa sería la base orgánica de la huelga «de la Exposición» y de las de 1930 y, más adelante, de la Unión Local de Sindicatos.

Pero la CNT, que había recobrado su legalidad el 30 de abril, rehízo sus propios sindicatos, y pronto se inició una áspera competencia por la hegemonía obrera en la gran capital andaluza, que sirvió sin duda de incentivo para un deslizamiento hacia objetivos y acciones de extrema izquierda en ambas organizaciones concurrentes.

En 1931, a los dos meses de proclamada la república, contaba la CNT con 47.790 afiliados en 13 secciones en Sevilla y provincia, de los cuales 22.754 pertenecían a la capital. Es de suponer que durante el último año de la monarquía sus afiliados fuesen aproximadamente la mitad, aunque su influencia fuese casi la misma.

La UGT, que tan sólo en 1920 había conseguido superar el millar de afiliados en toda la provincia (1.724) se había limitado a mantener sus posiciones, y en 1930 se desarrolló algo en la construcción, los empleados de banca y en algunos núcleos agrarios, recién creada la Federación de Trabajadores de la Tierra. No obstante, seguía siendo netamente minoritaria.

En 1930 la política general de la UGT era de no impulsar ni precipitar huelgas, táctica que se refuerza después de llegar a un acuerdo con los republicanos a finales del verano; para sus dirigentes se trataba de reservarse para «el gran día». La CNT y el PCE tienen la táctica opuesta, la de la escalada de acciones huelguísticas de menor a mayor envergadu-

---

villa, de la que fue secretario general, siendo enviado en 1930 a la escuela leninista de Moscú y regresando en junio de 1931. Manuel Adame, cooptado por el CE dirigido por Bullejos, pasó pronto a ser la segunda personalidad del PC en todo el país.

ra. En el caso concreto de Sevilla, los sindicatos de la UGT seguirán en muchas ocasiones, durante 1930, los movimientos impulsados por los otros dos sectores.

Sobre ese cañamazo orgánico, y en la tensa coyuntura política del verano de 1930, se producirá la huelga general de junio. Precisamente el día 21 se clausuraba la Exposición Iberoamericana. Casi al mismo tiempo la Guardia Civil detuvo a varias mujeres aceituneras con ocasión de un movimiento reivindicativo. Pronto corrió el rumor de que habían sido sometidas a malos tratos; se dio como segura la muerte de una de ellas y la indignación creció en los medios obreros. La situación era propicia a una demostración de poder por parte de los sindicatos; y vino la declaración de huelga general. La CNT se atribuyó la iniciativa, pero lo mismo hicieron los sindicatos orientados por el PCE. En realidad, se hizo necesaria la conjunción de esfuerzos para producir un paro total, como el que tuvo lugar a partir del lunes 23 de junio y que fue efectivo hasta el jueves 26. Tranvías y taxis, el puerto, las panaderías, fábricas y tajos... todo quedó paralizado. A él se sumaron las fuerzas de la UGT y también fue bien visto por los republicanos de las clases medias que acaudillaba Martínez Barrio. Hubo enfrentamientos con la fuerza pública y detenciones de militantes sindicales, pero el hecho fundamental era que se trataba de la primera huelga general después de la caída de Primo de Rivera, de la demostración de que los sindicatos obreros podían paralizar una gran ciudad. No quedó ahí la cosa, porque el día 26 se produjo, por solidaridad, la huelga en Málaga. El mecanismo fue análogo; puesta en marcha por cenetistas y comunistas, adhesión posterior de ugetistas; esta huelga duró hasta el 29, seguida por otra de Granada hasta el 1 de julio.

El gobierno, con un desconocimiento supino de la situación social, no veía en todo eso más que cuestiones de orden público, y tras la huelga de Sevilla hizo pública una nota oficiosa que decía:

las huelgas que se declaran con carácter general, sin finalidad económica o social alguna, y con designios de paralizar los servicios públicos de interés general, constituyen verdaderos actos sediciosos contra los poderes del Estado y el orden público, y caen bajo la esfera de las leyes penales, cuya severa aplicación debe ser estimulada por el órgano adecuado del ministerio fiscal.

Por su parte, los socialistas parecían temerosos de ver a sus afiliados implicados en acciones que serían incapaces de controlar. Ese significado parece tener la nota de la CE el 28 de junio, que recomendaba a todos los afiliados «que en modo alguno se presten a colaboraciones en ningún movimiento que no esté autorizado por los directivos de la Unión y del Partido».

No parecían tener mejor sentido del momento los comunistas, quienes aseguraban en *La Correspondance Internationale* [8]:

Los dirigentes republicanos intentaron abordar a los camaradas dirigentes de nuestro partido en Sevilla para ganarles a su plan. Nuestro partido respondió redoblando la difusión de consignas de orden revolucionario e invitando a los obreros, por manifestaciones y octavillas, a la lucha decidida contra los republicanos y sus agentes anarcosindicalistas.

Era la política de «clase contra clase» aprobada por la IC en 1928 y que se imponía sin la menor consideración al análisis marxista de una sociedad y país concretos. También por imposición de la IC y de su filial sindical (Internacional Sindical Roja) se celebró una reunión de sindicatos a nivel regional durante los días de la huelga, en la que fue nombrado un llamado Comité Nacional de Reconstrucción de la CNT. La verdad era que los antiguos sindicatos de la CNT ahora dirigidos por comunistas, sobre todo en Sevilla, pero también en algunos otros lugares, estaban siendo expulsados de la central anarcosindicalista, y el PC trataba de coordinarlos a nivel de todo el país. Pero los delegados de la ISR que-

---

[8] *La Correspondance Internationale* (bisemanal publicado en París en su edición de lengua francesa por cuenta de la IC), 77, «Les enseignements de la grève générale de Séville et le PC d'Espagne».

rían crear una verdadera central sindical (que fuese como la CGTU francesa, aunque ésta había surgido de la escisión del año 21) y no se les ocurrió nada mejor que tomar el nombre de la CNT y plantear una «reconstrucción» cuando dicha central estaba plenamente reconstruida desde su pleno de Blanes, celebrado a mediados de abril. Ese «Comité Nacional de Reconstrucción de la CNT» —que funcionó sobre todo en Sevilla— fue la forma de acción sindical del PC hasta que en 1931, después de proclamada la república, lanza la idea de una conferencia de «unidad sindical», tras la que desde luego estaba también el proyecto de una tercera sindical; en este caso será la CGTU de España.

Pasado el verano, se agravó la situación política y aumentaron las huelgas, que en su mayoría estaban encabezadas por la CNT. El campo sevillano conoció las huelgas de Marchena y de Osuna, en las que se pidió jornal mínimo de 5 pesetas, jornada de ocho horas, reconocimiento de la personalidad sindical, etc. En la capital volvieron a abrirse los locales sindicales clausurados durante la huelga y creció la actividad militante, no sin los problemas, ya endémicos, de competencia entre las organizaciones.

De los conflictos aislados se iría pronto a los generales, al calor de una situación de escalada huelguística, de conspiraciones y de pactos entre las organizaciones. Una nueva huelga general paralizaría la ciudad de Sevilla. Comenzó, por solidaridad con la huelga de los obreros del puerto de Málaga, el sábado 11 de octubre, parando en el puerto la mayoría de las obras, la ebanistería, etc. Se reunieron las directivas de los sindicatos orientados por los comunistas y el Comité de Reconstrucción de la CNT, declarando la huelga general de cuarenta y ocho horas para el lunes y martes (13 y 14 de octubre). Quedaron paralizados el puerto, las obras, los taxis, los talleres de carpintería y metalurgia, los talleres textiles de fibra de coco, todas las tahonas (el gobernador hizo traer pan de Alcalá de Guadaira, pero sirvió de muy poco), los tabaqueros y cerilleros, parte del comercio... El gobernador civil reaccionó clausurando locales obreros de cualquier matiz y deteniendo a algunos directivos de sindicatos; por las calles patrullaba la fuerza pública a pie y a caballo. Mientras tanto, la oligarquía sevillana visitaba al gobernador «para ofrecerse y ponerse en las actuales circunstancias al lado de las autoridades»; la comisión estaba integrada por J. M. Ibarra, el marqués de Torrenueva (C. de la Lastra), M. de Campo Rey, Benjumea, etc.

Por su parte, los huelguistas se dirigían a todos los trabajadores y daban la orden de vuelta al trabajo para el día 15. El citado documento estaba firmado por el comité de huelga de los sindicatos del puerto, carreros, marineros y fogoneros, cerilleros, panaderos, productos químicos y metalúrgicos, así como por el «Comité de Reconstrucción de la CNT». Se felicitaba del éxito logrado en sus sectores por «la disciplina y la cohesión de los militantes y afiliados de nuestros sindicatos», pero se lamentaba por no haber llegado a una acción unitaria.

Llegó diciembre y con él la sublevación de Jaca, la de Cuatro Vientos, las huelgas generales en gran parte del país. Pero esta vez Sevilla no figuró en primer plano (pese a lo que, con disculpable pasión, diga Bullejos en sus memorias), ni preocupó demasiado a Mola, supremo jefe de las fuerzas policiales. El hecho hace pensar que *a)* los comunistas, poco o nada conectados con el movimiento revolucionario que se preparaba, no pusieron en marcha todo su dispositivo, y *b)* los anarcosindicalistas sevillanos no habían recobrado aún toda su fuerza o no enlazaban bien con sus órganos peninsulares dirigentes.

El invierno fue de los más duros en Andalucía, y la desastrosa cosecha de acietuna acrecentó el paro forzoso. El porcentaje avanzado por B. de Quirós (33 por 100 de la población asalariada agraria) para estimar el desempleo durante el invierno no parece exagerado. Ciertamente, el Ministerio de Fomento improvisó una serie de obras públicas en las que se dio trabajo a unos 12.000 jornaleros andaluces, de los cuales 3.500 pertenecían a Sevilla. Pero aquello era como una gota de agua en un océano.

CNT y PC, cada uno por su cuenta, se aprestaban a utilizar las dificultades de la coyuntura social. Mola, desde la Dirección General de Seguridad, impartió instrucciones para maniatar «legalmente» a los sindicatos cenetistas; pero el plan del gobierno Berenguer de convocar elecciones legislativas exigía un mínimo de garantías públicas, y Mola debió ceder ante su ministro de la Gobernación. Mientras tanto, bloqueado por todos los partidos y personal político, el gobierno Berenguer se hundía. Pero su convocatoria de elecciones había dado lugar a que el PC se desprestigiase (a causa de la presión imperativa de Humbert-Droz y la IC, mientras que Bullejos, que estaba en la cárcel, así como Arroyo y Adame, desde hacía varios meses, proponía la abstención, como todo el mundo, y además exageraba por su cuenta hablando de «situación insurreccional» en una carta al CE de la IC). Adame, C. Núñez y M. Roldán figuraban entre los sevillanos que el PC, contra la corriente del resto de partidos, pensaba presentar como candidatos a Cortes. Pero se desplomó el gobierno Berenguer, se acabó el proyecto de elecciones, y el PC no comprendió el alcance de las municipales convocadas por el gobierno Aznar-Romanones. El informe enviado por Humbert-Droz a Manuilski, según la versión del primero [9], es un testimonio de la ignorancia que dicho señor usufructuaba sobre la situación política española (estructural y coyuntural).

Paradójicamente, el PC supo tomar en mano la cuestión de los parados, sobre todo en Sevilla, donde tenía organización e influencia. El 25 de febrero organizó una jornada de lucha contra el paro, apoyada por huelgas y por la organización de cinco comités de barrio de parados; la huelga fue efectiva en el puerto, en el 40 por 100 de la construcción y en algunas otras empresas. Hubo varias manifestaciones y

---

[9] J. Humbert-Droz: *De Lenin a Stalin. Dix ans au service de l'Internationale Communiste*, Neuchatel, 1971, pp. 422-430.

enfrentamientos con la fuerza pública. También en Málaga la
jornada del 25 de febrero tuvo algún éxito. En el resto del
país careció de importancia, y la atención política de todo
el mundo giraba en torno al problema del poder y no de
reivindicaciones económicas parciales. Sin embargo, la específica situación sevillana permitía al «Comité de Reconstrucción» celebrar una conferencia en la que estuvieron representados 24.000 obreros organizados en sus sindicatos.

Pero los acontecimientos se precipitaban. Las elecciones
municipales estaban convocadas; republicanos y socialistas
preparaban sus candidaturas conjuntas. La CNT no decía
nada, pero dejaba hacer. ¿Qué harían los comunistas sevillanos? Su propósito era presentar candidatura independiente. ¿Con qué objeto? A juzgar por un comunicado que in-
serta *El Liberal* del 7 de marzo, «su meta es, ante todo,
trabajar para la construcción de un bloque obrero y campesino y luchar contra toda la burguesía, incluyendo a los
socialistas, para mostrar que sus aspiraciones son democráticas». No es de extrañar que los sectores republicanos y socialistas que forman la conjunción electoral critiquen duramente a los comunistas achacándoles la desunión del frente
antidinástico. Egocheaga, antiguo líder de los mineros de
Huelva, «izquierdista» en el PSOE muchos años atrás —y rein-
gresado el 5 de marzo de 1931—, reprocha ahora a los comunistas «no seguir el ejemplo de la revolución rusa» (!!!), ya
que lo revolucionario es implantar la república burguesa.
(Nos parece que el ejemplo ruso caía un poco a desmano.)
Adame y sus compañeros insisten:

Vemos en las elecciones únicamente un medio para movilizar
a las masas en contra del régimen y para la realización de un
gobierno obrero y campesino que es la única forma de realizar
la verdadera democracia de los trabajadores de la ciudad y del
campo. Pero estas elecciones serán también para las masas
obreras un medio de exigir con fuerza la vida legal del partido,
así como la libertad de los detenidos políticos [10].

---

[10] Citado por Cecilia C.-Marco en su memoria, p. 18.

Y, en verdad, el PCE tuvo problemas legales en Sevilla antes de las elecciones. La Junta Electoral de Sevilla rechazaba su legalidad y quería impedir que tuviese interventores. El asunto se obvió de manera oblicua presentándose los candidatos del PCE en unas listas llamadas «de bloque obrero y campesino». (El grupo de Maurín, que ya tomaba esa denominación, no tenía organización en Sevilla ni tuvo allí candidatos.)

No obstante, lo que pareció más insólito a nivel sevillano en aquella contienda electoral fue la división de las candidaturas monárquicas, indudable testimonio de la poca perspicacia política de que gozaban los sectores políticos de la oligarquía provincial.

El conde de Halcón, liberal-romanonista y a la sazón alcalde de la capital, intentó la elaboración de una candidatura monárquica común, como en la mayoría de las ciudades del país, pero encontró una decidida oposición no sólo por parte de los miembros de la Unión Monárquica Nacional (antiguos colaboradores del general Primo de Rivera), como en algunos otros lugares, sino también de los conservadores, de los antiguos mauristas, etc. Todos éstos constituyeron una candidatura llamada de Concentración Monárquica, mientras que otra, patrocinada por los personajes romanonistas Halcón y Borbolla (el segundo, viva estampa de un curioso caciquismo), tomaba el nombre de «Coalición Liberal». En la de Concentración figuraban, entre otros, Rafael Ibarra, Santiago Benjumea, Pedro Caravaca, José Mensaque, etc., genuinos representantes de las élites dominantes agraria y de negocios comerciales. El conde de Torrenueva, en nombre de la Concentración Monárquica, criticó acerbamente en la prensa la actitud de los «romanonistas».

ELECCIONES MUNICIPALES DEL 12 DE ABRIL Y PROCLAMACION
DE LA REPUBLICA

La capital tenía diez distritos electorales, 120 secciones o colegios electorales, y elegía 50 concejales.

El número total de concejales proclamados fue de 513. El censo electoral de la capital ofrecía un total de 52.263 electores, en una población que como sabemos era de 229.000 habitantes. La impresión era que las omisiones en el censo electoral podían cifrarse por millares. Había barriadas con muchas casas derribadas cuyos habitantes no fueron inscritos en sus nuevos domicilios. En cambio, se decía —y hasta el mismo jefe de Concentración Monárquica elevó una protesta— que figuraban en el censo numerosos electores que ya habían muerto y otros que sencillamente no existían [11].

Las candidaturas que definitivamente se presentaron en la capital fueron las siguientes:

Concentración monárquica:

Distrito 1. G. del Saz, comerciante; R. Ibarra, licenciado en Derecho *(sic)*.

» 2. J. París, ingeniero; Rafael Giajardo, doctor en Derecho; J. Pardo Gil, propietario; J. Salvador Gallardo, médico; J. D. Conradi, abogado.

» 3. José Mensaque, industrial; A. de la Peña, industrial; Fernando Casado, industrial.

» 4. A. Fernández Mensaque, industrial; M. Rodríguez Alonso, industrial; Jacinto Flores, industrial.

» 5. Juan C. Bol, abogado; Francisco Galmares, ingeniero; Santiago Benjumea, licenciado en Ciencias.

---

[11] *La Libertad*, 9 de abril de 1931.

» 6. Francisco Blázquez, doctor en Medicina; Pedro Caravaca, ingeniero; T. García y García, licenciado en Derecho y en F. y Letras.

» 7. M. Bermudo Barrera, del comercio; Antonio Gamero Martín, empleado; M. Beca, abogado.

» 8. Ricardo Lúquez, comerciante-exportador; J. Arenas Garrido, comerciante; Félix Sánchez-Blanco, abogado.

» 9. José Jiménez Gómez, abogado; Félix Bazo Nájera, comerciante; José Aguado Barba, del comercio; José Madrigal, industrial.

» 10. M. García Longoria, comerciante; Adolfo Balbontín Gutiérrez, industrial; Leopoldo Torres Orozco, comerciante [12].

Coalición liberal monárquica (romanonistas, albistas, reformistas):

Distrito 1. J. Sáinz de la Maza, del comercio; A. Gómez y Sáinz de la Maza, del comercio.

» 2. R. Charlo, abogado; M. de Jesús López-Guerrero, abogado; Manuel Boente, obrero.

» 5. Ramón Rodríguez de la Borbolla y Serrano, farmacéutico; J. Chico Torres, ingeniero; Ciriaco Morales, abogado.

» 6. Manuel Velasco de Pando, ingeniero.

» 7. Tomás de Arce, industrial; A. Fernández Martín, procurador; Esmeraldo Domínguez, industrial.

» 8. L. Martínez Díaz, industrial; Joaquín Herrera, farmacéutico.

» 9. F. Núñez Merino, industrial.

---

[12] Obsérvese la costumbre de encubrir la actividad profesional (y, por consiguiente, la manera de entrar en las relaciones de producción) con el título universitario en cuanto éste se posee, aunque no se ejerza la profesión para la que se acredita. Se tiene, por ejemplo, un título de licenciado o doctor en Derecho, y se es gran terrateniente o banquero.

Conjunción republicano-socialista:

Distrito 1. E. Muñoz Rivero (Rep.), José Carrillo (Rep.).

»   2. J. Aceituno de la Cámara (Soc.), Laureano Tala-
vera (Rep.), J. Castro de la Rosa (Rep.), Alberto
Pazos (Rep.), A. Rodríguez (Rep.).

»   3. Estanislao del Campo (Rep.), Antonio Lara
(Rep), José Vargas (Soc.).

»   4. Rafael Rubio (Rep.), F. Domínguez Alfaro
(Rep.), Eladio F. Egocheaga (Soc.).

»   5. José M. Puelles de los Santos (Rep.), José León
Trejo (Rep.), Isacio Contreras (Rep.).

»   6. Francisco Fernández Palomino (Rep.), A. Carretero (Rep.), Fernando García (Rep.).

»   7. Agustín López Macías (Rep.), Ildefonso Cuesta
(Rep.), Manuel Jiménez Tirado (Soc.).

»   8. M. Sánchez Suárez (Rep.), José González y Fernández de la Bandera (Rep.), P. Romero Llo-
rente (Soc.).

»   9. Hermenegildo Casas (Soc.), Enrique López
(Rep.), Enrique Jiménez (Rep.), Francisco Az-
zona (Rep.).

»   10. Rodrigo Fernández y García de la Villa (Rep.),
Alberto Fernández Ballesteros (Soc.), Diego
Gómez (Rep.).

Partido Comunista de España (con etiqueta de Bloque
Obrero y Campesino):

Distrito 1. Manuel Adame, Dr. José Díaz Ferreras, José
Peña.

»   2. Manuel Adame, Manuel Roldán, Diego Maque-
da, Dr. Díaz Ferreras, José Peña.

»   3. Manuel Roldán, Domingo Navarro, Manuel de
la Torre.

»   4. Carlos Núñez, Saturnino Barneto, Juan Reina.

» 5. Domingo Navarro, Juan Ballesteros y Francisco Jaén.

» 6. José Serrano Retamosa, Antonio S. Carmona y Juan García.

» 7. R. Fernández García, Víctor Sotillo y Juan Mogarra.

» 8. Manuel Montesinos, Ignacio Cobeña, José Díaz Ramos.

» 9. Manuel Adame, Jesús Ruiz, Manuel de la Torre, Manuel García.

» 10. Dr. José Díaz Ferreras, Víctor Sotillo y Manuel Mateo Figueroa [13].

La campaña se realizó con inmensa animación, no exenta de tensiones. Los republicano-socialistas acusaban de parcialidad al gobernador, señor Gimeno. Se quejaban también de no haber podido obtener locales para mítines de la Agrupación al Servicio de la República. En la provincia las protestas subieron de punto, sobre todo en Marchena, donde la proclamación de candidatos monárquicos por el art. 29, aunque se había presentado la candidatura de la oposición, revistió todo el aspecto de una superchería.

El sábado 11 de abril hubo todavía varios mítines, y el marqués de las Torres de la Pressa (Lasso de la Vega), pilotando una avioneta de su propiedad, arrojó sobre Sevilla varios miles de manifiestos invitando a votar la candidatura de concentración monárquica-conservadora [14]. Por su parte, los de la conjunción, que habían ocupado literalmente la

---

[13] No hay que confundir a José Díaz Ferreras con el futuro secretario general del PCE José Díaz Ramos, que sólo figura como candidato en el distrito 8, y que entonces no estaba en Sevilla.

Obsérvese también el manifiesto «culto a la personalidad» de Manuel Adame, encabezando numerosas listas.

La candidatura de la Conjunción comprendía en su totalidad a 19 radicales, 5 radicales-socialistas y 8 socialistas.

[14] Como nota anecdótica puede señalarse la visita que hizo al almirante Aznar, jefe del gobierno, el 8 de abril, el rico propietario sevillano Tomás Cañal, cacique conservador, para agradecerle el acuerdo del último Consejo de Ministros sobre protección al cultivo del algodón en aquella región.

ciudad con su propaganda, celebraron por la noche un mitin en el centro de la calle de Trajano, en el que hablaron los catedráticos Caranda y Pedroso y el candidato Muñoz Rivero.

Antes de entrar en el desarrollo y resultados de la elección es conveniente esbozar las características generales de cada distrito. El primero iba desde el Palacio de Justicia a la calle Armenta, y era de población muy acomodada. El segundo era más variado; por un lado, el paseo de Catalina de Ribera y una barriada moderna; por otro, medios populares como la Ciudad Jardín y San Bernardo, incluso desheredados, como la barriada de Amate, el cerro del Aguila, etc., donde vivían, en una especie de chabolas, gran número de obreros sin trabajo. El distrito tercero estaba dividido por el río; a un lado, casas buenas del centro junto a la Audiencia (plaza de la Constitución, etc.). Están en este distrito el Palacio Arzobispal y los Reales Alcázares, el mercado, etc. En el distrito cuarto la mayoría pertenece al barrio de Triana; calles populares donde viven, entre otros, los trabajadores del puerto. Tras el distrito quinto, más equilibrado y de género medio, está el sexto, que es el barrio de San Lorenzo. El séptimo, muy céntrico, con la plaza de la Encarnación hasta parte de la calle Feria; y el octavo, toda Feria hasta sus límites con la Macarena, barrio de tradición republicana. El noveno era un distrito popular: la mayor parte de la Macarena hasta San Román y el entonces nuevo barrio del Fontanal; distrito muy populoso con más de 6.000 electores. El décimo, muy periférico, desde puerta Osario hasta la Cruz del Campo y el Campo de los Mártires. Los más populosos eran el segundo y el noveno.

La elección transcurrió sin grandes incidentes. Algunos electores vinieron a las manos por el Matadero; en el colegio electoral de la calle de Jabugo (barrio del Fontanal) la vecindad obrera protestó violentamente de algunos intentos de compra de votos. En otro colegio del mismo barrio se sorprendió *in fraganti* a un comprador de votos; salió corriendo perseguido por varios grupos hasta que intervino un guardia municipal, ante el cual el muñidor declaró que «lo único que había hecho era socorrer a unos obreros sin trabajo, pero sin fines electorales» [15]. Hechos parecidos se registraron en algunos colegios de los distritos octavo y décimo. Al caer la tarde, una de las discusiones electorales degeneró en reyerta a navajazos, con tres heridos, los únicos de la jornada.

Lo que cabe señalar es la presencia activa de los electores populares en la calle —como lo demuestran las numerosas frustraciones de compra de votos—, sobre todo en las barriadas obreras. En el Campo de los Mártires, donde todos daban por descontado el triunfo republicano-socialista, estuvo instalada una gran pancarta con vivas a Galán y García Hernández.

El gobernador civil, acompañado del comisario de policía, señor Castro, recorrieron en automóvil los distritos. Aquí y allá patrullaban numerosas fuerzas de orden público. Como dato curioso, el voto del arzobispo, monseñor Ilundain, en el colegio de la calle Vida (distrito 3). Leamos en *ABC*:

Se presentó en dicho colegio a las diez y media, acompañado de su mayordomo D. Laureano Tovar. El presidente de la mesa, adjuntos e interventores besaron el anillo de su eminencia, a excepción de los dos interventores comunistas, que se pusieron de pie cortésmente. Votó el cardenal y su mayordomo, dando después la bendición a los presentes.

En general, los candidatos monárquicos se mostraron pesimistas en el transcurso de la jornada.

Durante todo el 13 de abril se tuvo la impresión del triunfo republicano-socialista, aunque de la provincia llegaban noticias, ampliamente difundidas por las autoridades, de victorias monárquicas en Carmona, Osuna, Lora del Río, Dos Hermanas, etc.; pero también se sabía que la conjunción había «barrido» literalmente a sus adversarios en Ecija, Coria del Río, Paradas y El Coronil, obteniendo también las

---

[15] *ABC* de Sevilla. 14 de abril de 1931, pp. 32-33.

mayorías (13 puestos frente a 9) en Utrera. Era fácil observar cómo los resultados de la provincia obedecían, más que a una conformación estructural de cada localidad, al estado coyuntural de las organizaciones de izquierda, determinante inmediato de su actividad.

Por fin supiéronse los datos de Sevilla-capital. Aquello era un triunfo aplastante de la conjunción republicano-socialista. Habían votado 25.248 electores [16], lo que representaba el 48,30 por 100 del censo electoral. Las abstenciones fueron mucho más importantes que el promedio de toda España, que no pasó del 33,10 por 100. Entre las causas de este abstencionismo pueden citarse: 1) la influencia anarquista; 2) la subsistencia de la tradición anarquista entre obreros que sindicalmente seguían las orientaciones comunistas en las acciones cotidianas; 3) el desconcierto en los medios monárquicos ante la existencia de dos candidaturas; 4) el porcentaje permanente de abstencionistas.

El número de votos, según el *Boletín Oficial de la Provincia*, que hemos manejado, es sólo de 23.581. El hecho se explica porque en el *BO* no llegaron a publicarse los datos de veinte secciones, equivalentes al 16,66 por 100 del total. Si se añade un porcentaje equivalente de votos nos encontraremos con 25.001 votos, número muy aproximado al obtenido por la estimación de Cecilia Cerezal-Marco.

Fueron definitivamente elegidos los siguientes candidatos:

Distrito 1. Emilio Muñoz (Rep.), 826 votos (33 por 100);
             José Garrido (Rep.), 831;
             Ginés Saz (Concentración), 731.
Distrito 2. Alberto Pazos (Rep.), 2.215 votos (60,5 por 100);
             Laureano Talavera (Rep.), 2.206;
             José Castro de la Rosa (Socialista), 2.203;
             José Aceituno (Socialista), 2.200.

---

[16] Estimación a base de los datos de prensa hecha por Cecilia Cerezal-Marco.

Antonio Rodríguez (Rep.), 2.142;

José del Barco (Coalición liberal monárquica), 874;

José Pardo Gil (Concentración), 847.

Distrito 3. Estanislao del Campo (Rep.), 1.400 votos (62 por 100);

Antonio Lara Cansino (Rep.), 1.384;

José Vargas (Socialista), 1.348;

José Mensaque (Concentración), 784.

Distrito 4. Fernando Domínguez (Rep.), 1.508 votos (66 por 100);

Rafael Rubio Carrión (Rep.), 1.505;

Eladio F. Egocheaga (Socialista), 1.444;

Jacinto Flores (Concentración), 513.

Andrés Fernández Mensaque (Concentración), 512.

Distrito 5. José M. Puelles (Rep.), 1.112 votos (39 por 100);

José León Trejo (Rep.), 1.106;

Isacio Contreras (Rep.), 1.103;

Juan C. Bol (Concentración), 950;

Francisco Galnares (Concentración), 841.

Distrito 6. Francisco Fernández Palomino (Rep.), 1.1255 votos (47 por 100);

Fernando García y G. de Leaniz (Rep.), 1.226;

Adolfo Víctor Carretero (Socialista), 1.211;

Francisco Blázquez (Concentración), 758.

Tomás García (Concentración), 705.

Distrito 7. Agustín López Macías (Rep.), 1.148 votos (57 por 100);

Ildefonso Cuesta (Rep.), 1.142;

Manuel Jiménez Tirado (Socialista), 1.115;

Manuel Bermudo (Concentración), 890;

Manuel Becas (Concentración), 808.

Distrito 8. José González y Fernández de la Bandera (Rep.), 1.536 votos (66 por 100);

Manuel Sánchez Suárez (Rep.), 1.533;

Pedro Romero Llorente (Socialista), 1.439;

Luciano Martínez (Liberal monárquico), 267;

Ricardo Lúquez (Concentración), 228.

Distrito 9. Hermenegildo Casas (Socialista), 2.393 votos (69 por 100);

Enrique López (Rep.), 2.340;

Enrique Jiménez (Rep.), 2.329;

Francisco Rueda (Rep.), 2.310;

José Madrigal (Concentración), 388;

José Jiménez (Concentración), 388.

Distrito 10. Rodrigo Fernández y García de la Villa (Rep.), 1.710 votos (80 por 100);

Alberto Fernández Ballesteros (Socialista), 1.565;

Diego López Martínez (Rep.), 1.546;

Miguel García Longoria (Concentración), 462;

Adolfo Balbontín Gutiérrez (Concentración), 472.

La primera observación que puede hacerse es la victoria en toda la línea de la conjunción. Basta pensar que en la elección legislativa de 1923 Martínez Barrio consiguió un porcentaje del 11,2 por 100 por la capital. En cuanto al PSOE, sólo en 1919 llegó a obtener 1.196 votos por la capital, pero luego cayó verticalmente. Se observa también que los republicanos van ligeramente en cabeza sobre los socialistas, salvo en el caso de Hermenegildo Casas, dirigente local muy popular [17].

La segunda observación es que la derecha se ha volcado en la candidatura más reaccionaria, más eminentemente oligárquica. Los romanonistas, a pesar de tener el alcalde y también el ministro más importante, pierden toda su fuerza al «desteñir» con albistas y reformistas. La derecha es francamente minoritaria, pero vota reaccionario.

---

[17] El máximo obtenido por los republicanos fue de 15.099 votos en la elección legislativa de 1918 (representando algo más del 21 por 100 de votantes).

En cuanto a los comunistas, el recuento del *BO* les concede 779 votos. Estimando que no están consignadas 16,6 por 100 del total de secciones, puede calcularse que los votos llegarían a 908, y hasta el millar, si se tiene en cuenta que en varias secciones no tuvieron interventores. De todos modos la cifra es ínfima (alrededor del 4 por 100 de votantes) y estaba muy por debajo de la influencia sindical del PC de Sevilla. La consigna de no votar a la conjunción (voto «útil» a los ojos de toda la izquierda) y ciertos resabios anarquistas coincidieron, sin duda, para producir ese resultado. Sus mejores resultados los obtuvieron en los distritos 2 (más del 7 por 100), 4 (6,5 por 100) y 9 (6 por 100) [18].

Los distritos 10, 4, 8 y 9 marcan el triunfo más arrollador de la izquierda. Puede decirse que la derecha consigue unas votaciones todavía considerables en distritos «bien» o acomodados como el 1, el 5 y el 6; se trata de los barrios céntricos de la burguesía, donde los candidatos de derechas o de etiqueta «católica» siempre habían obtenido sus mejores resultados. Sociológicamente hablando, la votación del 12 de abril no innovaba sino en la medida en que el desplazamiento hacia la izquierda había sido general; pero las proporciones de siempre se conservaban. El abstencionismo más elevado se produce en los distritos 4, 8 y 10, por donde se infiere que era de naturaleza popular-anarquista o anarquizante. Por el contrario, en distritos tan burgueses como el 1 y el 5 el porcentaje de abstenciones es mucho menor.

A primera hora de la tarde del 14 de abril puede decirse que toda Sevilla estaba en la calle y que la situación era difícilmente sostenible para las autoridades monárquicas. Los vivas a la república y las manifestaciones parciales fueron menudeando hasta que una gran manifestación fue organizada, al

---

[18] Humbert-Droz informa así a la Internacional: «En Sevilla, donde nuestros camaradas contaban con un mínimo de 2.000 a 2.500 votos, no llegaron a 800».

frente de la cual iban los concejales electos y los dirigentes
de los partidos republicanos y del PSOE. Al llegar a La Campana las fuerzas de seguridad allí presentes intentaron disolver la manifestación y practicar detenciones, con el rutinario
pretexto de que «no había sido autorizada». Entonces, el
nuevo concejal señor Puelles se dirigió al Gobierno Civil para
solicitar el permiso, pero como no regresaba, la manifestación continuó por la calle de las Sierpes, siendo aclamada
por el vecindario a su paso. Llegó al Ayuntamiento, donde
se izó la bandera republicana; salieron al balcón Puelles y el
alcalde, conde de Halcón, quien dijo a la muchedumbre que
él acataba la voluntad nacional y que acompañaría a los manifestantes hasta el Gobierno Civil para evitar cualquier choque con la fuerza pública. (Este hecho demuestra que, pese
a los propósitos de los ministros «ultras», aquella tarde la
monarquía de Alfonso XIII estaba deshecha, y antes de cesar
oficialmente su gobierno las autoridades por éste designadas
acataban ya al nuevo régimen.)

Todos siguieron hasta el Gobierno Civil y una vez allí
Hermenegildo Casas, nuevo concejal y presidente de la Agrupación Socialista de Sevilla, dirigió la palabra al público
«recomendándole sensatez y orden». Mientras tanto el Ayuntamiento era ocupado por parte de los nuevos concejales,
izando también la bandera de Sevilla y la de la Agrupación
Socialista y entonando todos «La Marsellesa». Gimeno, el
gobernador civil, ordenó que se retirase la fuerza pública, al
mismo tiempo que las personalidades republicanas se reunían en la llamada Casa del Partido Republicano, para tomar las primeras disposiciones y comunicar instrucciones a
los pueblos de la provincia, sobre todo en relación con el
orden público. Mientras abordaban esos temas, se presentaron allí sendas comisiones comunistas y anarcosindicalistas
para solicitar la inmediata libertad de los presos; se les manifestó que serían puestos en libertad en cuanto las autoridades republicanas comenzaran en el ejercicio de sus funciones. Los comunistas continuaron la agitación en los barrios

populares, principalmente en la Macarena y en Triana, donde ondearon numerosas banderas rojas con la hoz y el martillo, y se improvisaron numerosos mítines.

Al llegar la noche ya se sabía que el gobierno provisional, presidido por Alcalá Zamora, se había hecho cargo del poder desde el Ministerio de la Gobernación. Era pues vital la ocupación de ese poder a nivel provincial aquella misma noche. Promovieron una reunión con las autoridades que habían actuado hasta aquel momento, la cual se celebró en el Gobierno Civil a primera hora de la noche. Allí mismo, el gobernador cedió sus poderes al dirigente republicano radical González Sicilia y acto seguido salió para Madrid. Inmediatamente, el gobernador en funciones desde aquel momento ordenaba la liberación de los presos políticos y sociales y, muy protocolariamente, comunicaba por oficio al alcalde y al presidente de la Diputación que transmitiesen sus poderes a Hermenegildo Casas y a Manuel Sánchez Suárez. Este último era presidente del partido radical-socialista de Sevilla, de modo que los tres principales partidos de la coalición ocupaban ya aquella noche las tres presidencias del poder provincial y local.

Durante toda la noche continuaron las manifestaciones, los vivas y los mueras; rindiendo tributo a la pueril moda de cambiar los nombres, los manifestantes pusieron el de Fermín Galán a la calle de las Sierpes, donde, por cierto, el Casino de Labradores estuvo a punto de ser asaltado.

El 15 de abril la CNT convocó una manifestación, debidamente autorizada. Pero cuando se transformó en mitin en la plaza de San Fernando, cargaron los guardias de seguridad, llegando a hacer uso de las armas de fuego. La multitud reaccionó con viva indignación y un grupo de manifestantes asaltó una armería. Veinticuatro horas después llegaba Miguel Cabanellas, designado capitán general de la región, y decretaba inmediatamente el estado de guerra. El nuevo régimen se presentaba en Sevilla con rasgos de singular dureza. CNT y PCE intentaban forzar la situación y la proble-

mática social les favorecía. Pero de ahí a decir —como dice
Bullejos en sus memorias— que «la capital estuvo en poder
de los comunistas», media el abismo que suele haber entre la
historia y la leyenda.

Esa leyenda también interesaba a la derecha y *ABC* del
16 de abril intentó hacer cargar al PC con la culpa de los
disturbios del día anterior. El PC de Sevilla replicó en una
nota que publicó *El Liberal;* en ella se criticaba la actuación
de la fuerza pública y las detenciones que ésta había practi-
cado el día 15, pero se declaraba ajeno a los asaltos de armerías. La nota concluía diciendo que «El partido comunista será el primero en coger las armas para combatir a la
reacción, si ésta tratara de implantar otra vez la monarquía» [19].

Ramón González Sicilia se vio confirmado como gobernador por Miguel Maura, hasta la llegada cuatro días después
del gobernador civil designado con carácter definitivo, Antonio Montaner, también del partido radical. La huelga en la
construcción y el asalto al Círculo Mercantil acabaron de
puntuar aquellos días con cierto dramatismo.

LA REPUBLICA EN SEVILLA Y LA CONFLICTIVIDAD PERMANENTE. EL 1 DE MAYO

Las dos últimas semanas de abril conocieron una multiplicidad de huelgas por reinvidicaciones salariales, mezcladas
frecuentemente con consignas políticas, dirigidas ya por la
CNT, ya por la Unión Local de Sindicatos (que agrupaba los
que habían constituido el Comité de Reconstrucción); hubo
huelgas en las principales empresas: «La Cartuja» de cerámica, la Cobián en metalurgia, los obreros de Obras del Gua-

---

[19] Sin embargo, Humbert-Droz, en el ya citado informe dirigido a Manuilski, escribe: «En Sevilla tuvo lugar un gran mitin del partido que,
por provocación de la policía, degeneró en una reyerta durante la cual nuestros camaradas saquearon varias armerías» (*op. cit.*, p. 452).

dalquivir y los del muelle «Las Delicias», toda la construcción, además de huelgas de peluqueros, camareros, etc. En una ciudad en que la implantación del partido socialista era muy débil, el advenimiento de la república tenía forzosamente que acarrear un aumento considerable de la agitación social.

El primero de mayo hubo mítines por doquier de todas las organizaciones obreras. Comunistas y Unión Local organizaron el suyo en el Frontón Betis, en el que hablaron Bullejos (secretario general del PCE), Adame, Mije, Núñez y J. M. Osuna (éste por las Juventudes), en presencia de varios miles de trabajadores. Allí se aprobaron como resoluciones el salario mínimo de 10 pesetas para ambos sexos; subsidio del 75 por 100 del jornal mínimo para los obreros en paro; reconocimiento diplomático de la Unión Soviética; abolición de la ley de orden público de la monarquía; prohibición de toda prisión gubernativa; desarme de los cuerpos de seguridad y Guardia Civil y armamento del proletariado; derecho de Cataluña y Euzkadi a disponer libremente de sí mismas; evacuación de Marruecos; y naturalmente, gobierno obrero y campesino [20].

Después del mitin los manifestantes, engrosados por varios millares de personas, recorrieron las principales calles de Sevilla, haciendo un alto en la fábrica de cerámica «La Cartuja», por entonces en huelga. Por fin llegaron a la plaza de San Fernando, donde la manifestación de disolvió pacíficamente. De ella comentaba *El Liberal:*

En todas las calles del trayecto había nutridísimos grupos de curiosos y simpatizantes, muchos de los cuales se fueron incorporando a la manifestación, que resultaba lucidísima, así por

---

[20] Del discurso de Adame entresacamos los siguientes párrafos: «No estamos en la hora de apoyar a una burguesía que luchase contra el feudalismo. Esa hora histórica pasó. Nos hallamos al presente en la lucha contra la burguesía que detenta el poder desde el 14 de abril y se refugia en la república. Contra esa burguesía industrial, financiera y agraria, que estratégicamente dejó paso a la república para contener la revolución con la vista puesta en sus intereses, hay que estar alerta».

el número de manifestantes que por el orden del desfile. Por muchos lugares del itinerario los manifestantes eran recibidos con ruidosas ovaciones.

Las Juventudes Socialistas organizaron un mitin en la Gran Plaza, en el que hablaron cinco oradores, y otro acto en la Sociedad de Dependientes de Comercio.

En cuanto a la CNT también organizó un importante acto público, al final del cual se aprobaron las siguientes conclusiones o peticiones:

— Jornada de seis horas, para atenuar la crisis de trabajo.
— Expropiación de los grandes latifundios para que sean entregados a los sindicatos de campesinos para su explotación colectiva.
— Salarios mínimos de acuerdo con las necesidades del momento.
— Abolición de la pena de muerte.
— Abolición del código penal de 1870.

El paro continuó el día 2, que era sábado, por presión del PC que, por añadidura, lanzó una serie de huelgas parciales en la semana que empezó el 4 de mayo y que debía terminar con la equívoca quema de conventos, y en la que también se señaló la presencia en Sevilla del primer republicano de la ciudad, Diego Martínez Barrio, que ahora venía en su calidad de ministro de Comunicaciones del gobierno provisional.

Los extraños sucesos del 11 y 12 de mayo, comenzados en Madrid y continuados por toda Andalucía y País Valenciano, repercutieron con fuerza en Sevilla, donde el primer día fue incendiado el Palacio Arzobispal; el día 12 se propagaron los incendios a numerosos conventos. En algunas localidades de la provincia, como Utrera y San Juan de Aznalfarache, los motines llegaron a tener verdadera gravedad; una vez más, el general Cabanellas declaró el estado de guerra, a la vez que se ordenaba la detención de numerosos militantes sindicales y la clausura de todos los centros obreros de la CNT y de la Unión Local y el PC. Este último hizo una declaración publicada en *El Liberal* de Sevilla del 15 de mayo, negando su participación en los incendios y asaltos de conventos; a la vez acusaba a los medios oficiales de provocación, por calificar de «antirrepublicanos» los sucesos de los días 11 y 12. Ciertamente, el PCE estaba completamente al margen del desencadenamiento de aquellos sucesos, tanto más cuanto que desde el sábado 9 de mayo Bullejos y Adame estaban camino de Moscú, donde debían reunirse con la comisión política de la Internacional. En cambio, cabe preguntarse en qué medida podía controlar a sus afiliados la Unión Local de Sevilla, dado el permanente estado de agitación que allí había, y la evidente influencia anarquista incluso en los obreros que no seguían a los ácratas.

Porque la agitación no cesaba; parte de ella tomó pie en las actividades de la bolsa de trabajo creada por el Ayuntamiento sevillano, que daba subsidios a los parados; pero estaba de hecho controlada por los socialistas, originando enfrentamientos con cenetistas y comunistas. Hubo, además, protestas por la práctica habitual de «repartos» de parados entre los propietarios del campo; el asunto de colocación de los parados, a lo que ofrecía gran resistencia la patronal agraria, se convirtió en caballo de batalla en toda la provincia. Por fin, el 27 de mayo, el jurado mixto rural pudo constituirse y estableció unas bases (publicadas en el *BO de la Provincia* del 16 de junio) fijando para la siega un jornal de 8 pesetas en la sierra y 9 en campiña, con jornada de siete horas; de 6,50 a 7,50 para trabajos de era, de 8 a 9,50 pesetas para trabajos de máquinas trilladoras; de 5,25 para gañanes y de 6 a 7 pesetas para faenas de azada, siendo de ocho horas la jornada de éstas, así como la de faenas de era. Las máquinas desde la siete de la mañana hasta ponerse el sol, con tres horas libres para dos comidas.

Para comprender mejor el clima en que van a desarrollarse la campaña electoral y las mismas elecciones, hay que intentar recomponer los conflictos abiertos o larvados, los estados de ánimo, el comportamiento de los encargados del orden público, etc., todo lo cual cargaba la atmósfera hasta el punto de que cualquier chispa podía desatar la tormenta.

Tras las jornadas del 1 y 2 de mayo, vinieron luego las de los días 11 y 12, más turbias y menos beneficiosas para las organizaciones obreras, la declaración del estado de guerra y la subsiguiente clausura de los locales de la CNT y de la Unión Local de Sindicatos. Desde el 6 de junio se ha levantado el estado de guerra, pero la conflictividad social no hace sino crecer: en la segunda semana de junio había en huelga (y nos referimos tan sólo a lo que decía el Gobierno Civil) tres fábricas de productos químicos, los obreros de la dársena, los vaqueros, los panaderos de la sociedad «La Aurora», una fábrica de sombreros... A ello vino a sumarse el anuncio de huelga de los obreros de la Compañía de Gas y Electricidad; todo ello sobre la tela de fondo de la huelga de la «Corchera Internacional»; los obreros corchotaponeros ocuparon la fábrica durante once días, al cabo de los cuales cedió la dirección. Salieron entonces a la calle, esperados por centenares de obreros de otros oficios, y recorrieron el barrio en manifestación de triunfo. Casi toda la prensa local se ocupó del asunto.

Los trabajadores del campo consiguieron, al fin, que se aplicasen las nuevas bases de trabajo para la siega, la trilla, etcétera, pero a mediados de junio, cuando en muchos lugares las faenas habían empezado ya; en la capital hubo nuevas luchas por las bases de trabajo de los panaderos, a la vez que los albañiles seguían pidiendo la jornada «de seis horas con establecimiento de dos turnos, única forma de atenuar en parte la crisis de trabajo» (éste era el punto de vista de la CNT) y decían que «los peones de Sevilla, al ganar 7 pesetas, no sólo no se equiparan en sueldo con los corrientes de otras capitales, sino que están bastante más bajos...»

El hecho de que la mayoría de esas huelgas estuviesen

acompañadas de una crítica *global* a la política gubernamental, inclinaba a los representantes del poder en la provincia a enjuiciar la protesta social con una manifiesta connotación «subversiva», lo que no hacía sino endurecer los conflictos. La generalización de éstos estaba llamada a desembocar, tarde o temprano, en una huelga general.

ELECCIONES A CORTES CONSTITUYENTES

El gobierno provisional convocó elecciones a Cortes Constituyentes para el día 28 de junio. En la mayoría del país se volvieron a presentar candidaturas de conjunción republicano-socialista, que comprendían desde los radicales hasta el PSOE; por el contrario, la derecha no se decidía a presentarse como monárquica, y adoptaba etiquetas diversas, tales como «agrarios», «independientes», etc., además del tradicionalismo. Una nueva ley electoral basaba la elección en candidaturas por lista y por provincia, con fuerte prima a la mayoría, pero dejando unos puestos (20 por 100) a la minoría. En Sevilla, dada la importancia demográfica de la capital, se creaban dos distritos o circunscripciones electorales: Sevilla-capital y provincia, añadiéndose a la primera los pueblos de Alcalá del Río, Valencina del Alcor, Tomares, Castilleja de Guzmán, Bormujos, Burguillos, Camas, La Algaba, Coria del Río, San Juan de Aznalfarache, Puebla del Río, Santiponce, La Rinconada, Almensilla, El Garrobo, Bollullos de la Mitación, Castilleja de la Cuesta, Gerena, Ginés, Mairena del Aljarafe, Palomares del Río, Guillena, Brenes y Castilblanco de los Arroyos.

Con motivo de la campaña electoral se levantó el estado de guerra en Sevilla (6 de junio), y tres días después el general Cabanellas fue sustituido por el general Ruiz Trillo en el mando de la División Orgánica (nombre adoptado por las antiguas capitanías generales tras las reformas de Azaña). Sin embargo, una de las primeras medidas de éste contribuiría a aumentar la tensión en el campo; siguiendo la tradición de los tiempos de la Restauración y la «Mano Negra», envió a las localidades rurales compañías del ejército «para proteger la recolección».

Llegó el día de presentar las candidaturas. Las de la conjunción (gubernamental) por la capital estaba formada por Martínez Barrio (radical), González Sicilia (radical), Fernández y G. de la Villa (radical), y Hermenegildo Casas (socialista). El hecho de que el 75 por 100 fuese de radicales hacía de ella una de las candidaturas más moderadas de las que la Conjunción presentó en todo el país. Aquella candidatura tenía escasa representatividad obrera y sindical.

Los radicales-socialistas, que se vieron excluidos, presentaron candidatura aparte, como hicieron en algunos otros lugares en que no se les habían incluido en la Conjunción. Sánchez Suárez iba, pues, en una candidatura con Alvaro de Albornoz. Mientras que la derecha buscaba conquistar los puestos minoritarios presentando a Jesús Pabón y Antonio Ollero con la etiqueta de «Acción Nacional», el grupo político recién fundado por Angel Herrera bajo la inspiración directa del Vaticano (hecho éste hoy comprobado por los documentos del archivo de Vidal y Barraquer).

Por la provincia la Conjunción presentó diez candidatos, para ir al copo de todos los puestos; figuraban en esa candidatura cuatro socialistas: Fernández Egocheaga, José Aceituno y Manuel Olmedo, ambos médicos, y Mariano Moreno Mateo, abogado; con ellos iban los radicales García-Bravo Ferrer, José Marcial Dorado, Juan Revilla, Ricardo Crespo y dos candidatos de la derecha liberal republicana: Federico Fernández Castillejo y José Centeno.

Acción Nacional presentó como candidatos por la provincia a José Huesca, Pedro Solís, José Monge y José Luis Illanes del Río. Los dos últimos procedentes de ACN de Propagandistas, introducidos en Acción Nacional desde los primeros momentos por Angel Herrera directamente, con objeto de «vertebrarla» como dice José R. Montero en su completísimo estudio sobre la CEDA y sus antecedentes. En cuanto a Huesca, era un importante terrateniente.

Los radicales-socialistas también actuaron por su cuenta, presentando una candidatura con Victoria Kent y Rojo.

Los comunistas estimaban, y no sin razón (pese al contratiempo del 12 de abril), que Sevilla era uno de sus puntos básicos en la contienda electoral. Presentaron una candidatura encabezada por José Bullejos, al que seguían Adame, Roldán y Angeles Montesinos, la única mujer candidato. En la provincia también se presentaban los inevitables Bullejos y Adame, con Vicente Arroyo, Chamizo, G. León, G. Pérez, José Díaz Ramos y Osuna.

Pero el hecho que podríamos denominar «nuevo», y que iba a complicar considerablemente la situación, fue el lanzamiento de una candidatura bastante heterogénea, llamada «republicano-revolucionaria» que encabezaba el comandante Ramón Franco (a la sazón director general de Aeronáutica, pero que hacía ver que era mucho más «avanzado» que el gobierno), organizada por el notario Blas Infante, presidente de la Junta Liberalista de Andalucía, primera figura del andalucismo y preocupado desde hacía muchos años por las cuestiones social-agrarias, en una línea de costismo-georgismo [21]. Con ellos iban el capitán aviador Rexach y el abogado José Antonio Balbontín. Pero además eran apoyados por personalidades tan distintas como Pascual Carrión, el eminente ingeniero agrónomo y primer conocedor de las cuestiones agrarias en toda España, que llevaba quince años batiéndose por denunciar la situación del campo y propugnar una reforma agraria, y el doctor Pedro Vallina, de filiación anarcosindicalista, que gozaba de inmensa popularidad en los medios campesinos, que había sido desterrado por la dictadura. Vallina, que era por principio abstencionista, cambió en aquella ocasión y se puso a defender por los pueblos la candida-

---

[21] Ya en 1915 había publicado un libro, *Ideal andaluz*, obra clave del andalucismo (véase en la primera parte de este libro el artículo que reproducimos de Lamoneda sobre el andalucismo en 1919-1920).

tura revolucionaria: «Yo predico para que votéis a estos
hombres, porque estos hombres no son políticos de oficio,
sino hombres de vergüenza» *(sic)*.

Esta candidatura buscaba, sin duda, una base electoral
en una hipotética clientela más o menos cenetista, que no
anarquista pura, la cual podría muy bien ir a las urnas para
apoyar a unos hombres que podrían ser su portavoz en una
coyuntura excepcional. La orientación de la CNT era incierta
tras el Congreso del Conservatorio, prueba de ello era la ponencia presentada en éste, sobre las Constituyentes, por
José Villaverde; todavía el sector moderado de Pestaña y
Peiró tenía el control de *Solidaridad Obrera*. En aquel mes
de junio, la federación provincial de Sevilla de la CNT contaba con 48.486 afiliados, 42,8 por 100 del total de afiliados
en Andalucía, de los cuales 22.754 pertenecían a Sevilla capital. (Casi al mismo tiempo la UGT contaba con 19.814 afiliados.)

Aquella candidatura iba a canalizar descontentos, utilizando la personalidad entonces mítica de Ramón Franco, los
elementos del regionalismo andaluz y cierta clientela anarcosindicalista: su programa era anticentralista y anticaciquil, e
incluía algunas propuestas muy radicales, lindando, tal vez,
en lo utópico: confiscación de bienes a los dueños de los
capitales emigrados; sistema tributario recargado sobre los
ociosos y rebajado para los trabajadores; municipalización
de servicios públicos; reforma agraria radical, ocupando en
primer lugar los bienes próximos a los ruedos de las poblaciones y no indemnizando las expropiaciones de bienes que
hubiesen sido adquiridos por grandes propietarios cuando
las desamortizaciones; sindicación forzosa de campesinos
«aprovechando los sindicatos o sociedades obreras actual-
mente existentes, que podrían convertirse en cooperativas
para obtención de créditos, compra de maquinaria, de abonos, etc.; los mismos sindicatos organizarían el cultivo colectivo de las tierras alejadas de los ruedos urbanos; organización de un banco de crédito agrario, etc.».

El programa cultural contenía aspectos tan interesantes como la transformación de las universidades en centros de preparación cultural y de investigación científica con profesores contratados, supresión de exámenes, ejercicio libre de la enseñanza y de las profesiones; enseñanza gratuita en todos sus grados, obligando a las empresas a compensar con horas extraordinarias las que necesitasen los alumnos obreros para la asistencia a las clases; en fin, se propugnaba la libertad de constitución y disolución del matrimonio, el reconocimiento legal de todos los matrimonios de hecho y la libertad civil de la mujer. Materia más que suficiente para que mojigatos(as), cavernícolas e hipócritas de lo más variopinto se sonrojasen al grito de «¡eso es el amor libre!».

En cuanto al lema de *Andalucía Libre* de que se sirvieron los candidatos y que iba inscrito en letras rojas en la avioneta que pilotaba Rexach, no iba más lejos, como explicó Blas Infante, que el de «*Visca Catalunya lliure*», y esa libertad andaluza no significa separación de España [22].

La campaña electoral fue, en general, apasionada, pero hubiera pasado sin pena ni gloria a no ser por lo que de fuente gubernamental se llamó «el complot de Tablada» y que todavía a estas alturas se presenta con rasgos muy confusos.

La tesis «oficial» defendida sobre todo por el ministro de la Gobernación, Miguel Maura, es que Franco, Rexach, Vallina y demás amigos preparaban nada menos que una revolución para la víspera de las elecciones, es decir, para el 27 de junio, en combinación con jefes, oficiales y clases de la base aérea de Tablada; la revolución tendría por objetivo —siempre según Maura— la declaración de independencia del «Estado republicano andaluz» y «un sinfín de venturas» para los campesinos. Maura repitió sus argumentos en sus

---

[22] Programa, formación de la candidatura y otras vicisitudes están explicados en el libro de Blas Infante: *La verdad sobre el complot de Tablada y el Estado libre de Andalucía*, editado en Sevilla, en 1931, por la Junta Liberalista de Andalucía.

memorias *Así cayó Alfonso XIII*, escritas treinta años después. Sin embargo, debemos advertir al lector que, tratándose de Sevilla hay en dicho libro de memorias errores de talla considerable, como es el de afirmar que «La región de Sevilla, al tiempo de proclamarse la república, era una de aquellas en que la UGT, o sea el partido socialista tenía mayor organización» (p. 282, de la primera edición, México, 1962). Y, como hemos de ver más adelante, también hace afirmaciones muy dudosas sobre el bombardeo de la Casa de Cornelio.

Pero volvamos al «complot»; el ministro afirma que Rexach había ido a la Maestranza ordenando que se cargasen en unos camiones que llevaba 500 bombas con sus espoletas. Mientras tanto, los candidatos hacían su campaña de mítines por los pueblos, despertando bastante entusiasmo. Y Maura, por su parte, daba a Sanjurjo (director general de la Guardia Civil) la orden de detenerlos a todos. El gobernador, Montaner, dijo a los periodistas que Sanjurjo iba a inspeccionar las fuerzas de la región, con plenos poderes del gobierno para adoptar cuantas medidas fuesen necesarias para conservar el orden público con vistas a las elecciones. Pero en esto, en el local en que Franco pronunciaba un mitin en Lora del Río, se hunde el tablado, y el comandante se fractura una pierna. Sanjurjo no pudo detenerlo, pero sí lo hizo con Rexach y con el teniente coronel Camacho y el comandante Romero, ambos de la base de Tablada, conocidos por su republicanismo; también detuvo a varios sargentos y soldados y despidió a una veintena de obreros de la base. La prensa se hizo eco del «complot», y según esa versión estaba ordenada la concentración de aviones en Tablada y la marcha de los campesinos para apoderarse de Sevilla.

Sanjurjo no encontró aviones en Tablada, ni apenas bombas ni armamento, dice Blas Infante en su libro y confirmó el teniente coronel Camacho. En cuanto a los candidatos civiles, ninguno fue detenido, y siguieron la campaña electoral. Se abrió, sin embargo, un sumario por la sala de lo militar del Tribunal Supremo, que acabó diluyéndose en la nada. ¿Qué hubo de cierto y qué de maniobra electorera en el «complot de Tablada»?

Si creemos al Comité Regional de la CNT de Andalucía, éste redactó un comunicado (que leemos en *El Liberal* del 28 de junio) en el que se dice rotundamente: «es falso el rumor y el intento de huelga general en la región andaluza, ni en Sevilla... todos los conflictos planteados por los sindicatos son de orden económico». En cambio, J. A. Balbontín ha escrito: «el comandante Franco, me dijo (al llegar a Sevilla) que era preciso hacer la revolución social en Sevilla y en todo el campo andaluz, de un modo inmediato, antes que se reuniesen las Constituyentes» [23].

Lo que sí resulta cierto es que, verdad o ficción, el «complot de Tablada» sirvió para que las fuerzas del ejército y de la Guardia Civil patrullasen ostensiblemente por todas partes el día de las elecciones [24].

Acrecentóse la campaña electoral en vísperas de las elecciones: la Conjunción insistía sobre la necesidad de consolidar la república. Hermenegildo Casas decía en un mitin el 26 de junio: «Si los obreros no se dejan despistar por actitudes equívocas, el partido socialista sabrá contribuir a la consolidación de la república». Acción Nacional insistía en la necesidad para los católicos de ir a las urnas.

El partido comunista desplegó intensa propaganda, aunque gobernador y alcaldes trataron muchas veces de impedir sus mítines con algún pretexto, y también de negarle locales para los mismos. Desde el general Ruiz Trillo hasta el alcalde de San Juan de Aznalfarache, todos rivalizaron en prohibir mítines comunistas. La federación de Andalucía del PCE pu-

---

[23] J. A. Balbontín: *La España de mi experiencia*, México, 1952, p. 234.
[24] El acta de Sevilla fue impugnada en Cortes, en la sesión del 20 de julio, por el mismo Ramón Franco. Hablaron en favor de su aprobación Martínez Barrio, F. Egocheaga y, sobre todo, Miguel Maura, en un apasionado discurso. Ni unos ni otros presentaron la menor prueba en favor de sus respectivos alegatos. El dictamen de la Comisión de Actas, aprobado por el Congreso, puede verse en el Apéndice 9 al núm. 3 del *Diario de Sesiones* de las Cortes Constituyentes.

blicó un manifiesto en el que calificaba al gobierno provisional de gobierno de la contrarrevolución... enemigo de la clase trabajadora». Criticaba duramente la represión llevada a cabo en Andalucía y afirmaba que «El gobierno... trata ahora de ilusionar a las masas trabajadoras, a los obreros y campesinos con la convocatoria de Cortes Constituyentes». Las consignas con que terminaban el manifiesto eran:

Desarme de la guardia civil y armamento de los obreros y campesinos.
Disolución de las órdenes religiosas, confiscación de sus bienes y entrega de éstos a los campesinos pobres.
Por la toma revolucionaria de la tierra por los obreros y campesinos contra el gobierno reaccionario de la república.
Por la constitución de los soviets de obreros, campesinos y soldados.
Por el gobierno obrero y campesino [25].

Estas consignas, elaboradas cuando llegó a Madrid la nueva delegación tripartita de la Internacional, persistían en el total desconocimiento de la situación española y en un empecinamiento táctico llevado más allá todavía del «clase contra clase», ya que llegaba a ser de «partido contra todos», al considerar a las otras organizaciones obreras como emanaciones de la burguesía. La carta abierta de Manuilski al Comité Central del PCE (por muchos conceptos interesante, pero que no es este el lugar para examinarla en su conjunto) insistía en que «El PCE no debe, en ninguna circunstancia, hacer pactos o alianzas, ni siquiera momentáneamente, con ninguna otra fuerza política. En todo momento, y con respecto a cualquier grupo político, debe conservar su entera independencia política y su libertad de acción. En ningún caso debe defender al gobierno republicano ni sostenerlo». Precisamente el PCE se vio obligado a rechazar propuestas de candidaturas comunes hechas por el grupo de Balbontín y por los federales para Bilbao, Sevilla y Asturias.
Además de las ya señaladas hubo en Sevilla una candida-

---

[25] *El Liberal* de Sevilla, 12 de junio.

tura federal encabezada por un personaje algo demagógico, Rodrigo Soriano; y las candidaturas llamadas de republicanos independientes de Rodríguez de la Borbolla, el antiguo cacique liberal-romanonista, y de Blasco Garzón (amigo de Santiago Alba), amén de otra de disidentes socialistas, encabezada por el capitán Cuerda.

Por su parte, la CNT, al menos en los textos oficiales, preconizaba la abstención. Su Comité de la Federación Regional Andaluza decía la víspera de las elecciones:

La CNT no apoya directa o indirectamente a ningún partido por muy extremista y revolucionario que sea... Nuestra posición ante el momento histórico que vivimos es procurar impulsar por derroteros francamente revolucionarios los anhelos de justicia y libertad que siente el pueblo oprimido [26].

El 28 de junio, día de las elecciones, la atmósfera estaba bastante cargada. En el diario *Ahora* de Madrid podemos leer:

Fuerzas del Ejército, de la Guardia Civil y de seguridad patrullaban por las Rondas. Permanecieron cerradas las tabernas y despachos de vino, y en los bares y cafés solamente se expendía café y refrescos.

Y *La Libertad* decía:

Las precauciones adoptadas por las autoridades han sido discretas, sin hacer alardes de fuerza, pero al mismo tiempo con exhibiciones que dieran tranquilidad al ánimo público. Fuerzas de seguridad a caballo paseaban por las calles, especialmente por las barriadas extremas. Los incidentes registrados fueron de escasa importancia.

También su enviado especial, Luis de Sirval (que había de ser asesinado en Asturias por oficiales de la Legión tres años y medio más tarde), explicaba que «en Sevilla no pasa nada» a pesar de los rumores alarmantes que circulaban por Madrid.

Martínez Barrio, que se había trasladado a Sevilla, rogó a los periodistas, ya mediada la tarde, «que desmintieran ter-

---

[26] *Ibid.*, 24 de junio.

minantemente las absurdas noticias circuladas sobre declaración del estado de guerra, cuando para ello no había el menor motivo».

Los únicos incidentes tuvieron lugar por la represión de manifestaciones comunistas, ya cerrados los colegios electorales. Hacia las diez de la noche comenzaron a agruparse en la Alameda de Hércules y se dirigieron hacia la plaza del Duque, desplegando banderas y entonando «La Internacional». Los manifestantes se dirigieron después hacia Triana, desde donde convergían otros grupos hacia el centro.

Fuerzas de seguridad a caballo y un escuadrón de caballería del ejército ocuparon entonces los puentes y otros puntos considerados «estratégicos», consiguiendo con ello alarmar mucho más al vecindario, a la vez que se practicaban algunas detenciones de manifestantes comunistas.

No hubo, pues, incidentes mayores en unas elecciones que, desde el Ministerio de la Gobernación y algunos periódicos madrileños se presentaban como mediatizadas por una especie de Averno revolucionario. Si mediatización hubo, fue más bien de los estados de ánimo y en sentido inverso.

En cuanto a posibles irregularidades, los resultados en los pueblos de la periferia (donde los «revolucionarios» y los comunistas no tenían apenas interventores) son algo inquietantes, y sobre ello hemos de insistir más adelante. En el dictamen de la comisión parlamentaria de actas más arriba citado se habla de «algunas anormalidades, tales como la de figurar en la sección once del distrito cuarto de Sevilla en el acta y certificación mayor número de votantes que de electores». Pero se añade que «a juicio del ponente nada de ello puede afectar al resultado de la elección». Curiosamente, esa sección once no aparece en el *BO de la Provincia;* pero sí la sección tercera del distrito 1, con 362 electores... y 404 votantes. (¿Ha habido interversión de cifras?) Fácilmente hemos comprobado también que a la comisión de actas del Parlamento debieron llegar resultados de dos secciones de la capital que no figuran en el *BO;* una podría ser la del distrito 8. ¿Y la otra? De todos modos, en la óptica de un análisis histórico esas diferencias son mínimas y no afectan a la correlación de las fuerzas sociopolíticas en presencia.

Los resultados fueron conocidos desde la tarde del lunes 29, aunque la prensa gubernamental y de derechas de Madrid intentó minimizar los resultados de la candidatura «republicana revolucionaria» haciendo creer que las minorías las obtendrían los candidatos derechistas de Acción Nacional.

El primer rasgo a destacar es una mayor participación electoral que el 12 de abril, en un cuerpo electoral que, tras la inclusión de los varones de veintitrés y veinticuatro años y de otros muchos electores que no habían estado incluidos en abril, llegaba esta vez a 62.600 personas en los distritos de la capital y a 90.000 en la circunscripción electoral de Sevilla capital (que elegía seis diputados; cuatro por mayorías y dos por minorías), compuesta por los diez distritos de la ciudad y por 25 municipios de la periferia que se le agregaron para llegar a obtener la cifra de población total (300.000 habitantes) que era necesaria para la elección de seis diputados. Esta inclusión de los 25 pueblos introduce, a veces, un elemento de confusión cuando se utilizan los datos electorales para apreciaciones históricas sobre la ciudad de Sevilla. Así, en esta ocasión, la participación electoral fue del orden del 57 por 100 en toda la circunscripción, pero mientras que en la ciudad fue del 60 por 100 en los pueblos no llegó al 47 por 100.

Los porcentajes de abstención fueron más elevados, dentro de la capital, en los distritos 2 y 7; la mayor afluencia en el 3 y el 5, lo que no parece responder a una significación social marcada. La única hipótesis que cabe hacer es la de mayor influencia anarquista en los pueblos, teniendo sobre todo en cuenta que en ellos bajó mucho la candidatura «republicano-revolucionaria».

La victoria de la conjunción republicano-socialista fue indiscutible, con un promedio del 49 por 100 (pero en la

ciudad sólo del 40,2 por 100). El éxito personal de Martínez
Barrio fue muy acusado (56,9 por 100 de votos y 49 por 100
en la ciudad); en cambio, el representante socialista Hermenegildo Casas resultó distanciado en casi 3.000 votos por sus
compañeros de candidatura. Este distanciamiento es notorio en todos los barrios de Sevilla; en cambio, en los pueblos va segundo tras M. Barrio. Ello hace pensar que la
implantación PSOE-UGT era menos débil en los pueblos que
en la capital. La conjunción sólo fue batida por la candidatura de Franco-Balbontín (la «revolucionaria» o de «Andalucía Libre»), en el distrito 9 de la capital (la Macarena y el
Fontanal), y por la comunista en el pueblo de Camas; y sacó
ventaja sólo muy ligera en los populares distritos cuarto y
décimo, y en San Juan de Aznalfarache; en todos esos lugares, la suma de candidaturas consideradas en aquella coyuntura como revolucionarias, y que más votaban los obreros
(es decir, la andalucista y la comunista) superaban muy
ampliamente a la Conjunción.

Hay que tener en cuenta que la gran derrotada de la
elección era la derecha, y que los candidatos de Acción Nacional, aunque jugaban con la facilidad de presentarse sólo
para las minorías, apenas llegaron al 13 por 100 de votos;
su fracaso fue de lo más rotundo en todos los distritos populares de la ciudad. Mayor todavía fue el de Rodríguez de la
Borbolla, que ahora, como habían hecho otros monárquicos
liberales, se presentaba como «republicano independiente».

En cambio había otra candidatura más a la izquierda, la
radical-socialista, formada por Albornoz y Sánchez Suárez,
que obtuvo algo más del 9 por 100. (En la ciudad Albornoz,
que tenía cierta ventaja en la popularidad de ser ministro,
llegó a obtener el 11,6 por 100, pero no su compañero.)

Aún hubo votos para otras candidaturas de izquierda,
como la de Cuerda, la de Rodrigo Soriano, etc.

Los «revolucionarios» también diferían entre ellos en
cuanto a votos; iba siempre en cabeza Franco, y luego Balbontín; Rexach e Infante mucho más lejos. En la ciudad

obtuvieron un promedio de 21,5 por 100 de votos, y Franco
de 25,6 por 100. En cambio, en la periferia, fue un fracaso
completo (con las excepciones señaladas).

La candidatura del PCE también sufrió de la diferente
popularidad de sus componentes; mientras Bullejos y Adame
obtuvieron más del 9,5 por 100 y del 9,7 por 100, con 4.987
y 5.106 votos respectivamente, el promedio de los cuatro
candidatos descendía al 8 por 100; en Sevilla-ciudad Bullejos
tuvo el 10,5 por 100 de votos.

Es interesante resaltar que un distrito como el cuarto,
con todo Triana, dio el 18,1 por 100 de votos a Bullejos y el
30,5 por 100 a Franco. En el distrito noveno, Franco pasó
del 41 por 100, Balbontín llegó al 37 por 100 y Bullejos al
16 por 100.

Ciertamente, los votos de los «revolucionarios» se debían,
sin duda, a corrientes coyunturales de opinión y a la proclividad de una parte del sector «cenetista» que, sin duda, fue
más a las urnas que el 12 de abril (al revés de lo que ocurre
en Barcelona, Málaga, etc.). Los votos comunistas se deben
más a un fenómeno de implantación, bien del PCE o bien de
los sindicatos «rojos» de la Unión Local. Su fuerza reside
en los distritos 4, 8, 9 y 3. De los pueblos tienen la mayoría en
Camas, cerca del 30 por 100 de los votos en San Juan de
Aznalfarache y Santiponce. En cambio nula implantación en
localidades importantes como La Algaba y Coria del Río.

El candidato socialista de la Conjunción (Casas) apenas
sobrepasó el 31 por 100 de votos en la ciudad. La pregunta
a hacerse es si esos votos que faltaron a Casas fueron a parar
a Balbontín o Franco, como pretendió Egocheaga en la discusión parlamentaria. Parece un poco difícil, dado el antago-
nismo de aquellas dos candidaturas y todo lo que se dijo y
escribió aquellos días, que los mismos electores mezclasen
en sus papeletas a M. Barrio y los radicales y a quienes se
presentaban como lo más avanzado. En cambio, bien puede
ser que muchos pequeños burgueses sevillanos (y burgueses)
que votaron aquel día a Martínez Barrio, borrasen al socia-

lista que había en la candidatura. Más fácil debió ser la
mezcla en la misma candidatura de Franco, Balbontín y
Albornoz. Este tenía popularidad en la pequeña burguesía
radicalizada, y hasta un renombre de jacobino, basado no se
sabe en qué; por el distrito 8 llegó a obtener el 25 por 100
de sufragios.

En la discusión de actas celebrada el 20 de julio en el
Parlamento se habló de lo extraño que parecía que la candidatura «revolucionaria», que tantos votos obtuvo en la
ciudad, estuviese privada casi enteramente de ellos en los
pueblos de la periferia. Respondió a ello Martínez Barrio
diciendo que allí donde no tenían votos los andalucistas era
porque esos votos se distribuían en múltiples candidaturas,
e incluso señalaba que en Camas y Alcalá del Río era porque
esos votos iban a los comunistas. La verdad es que, casi medio siglo después, la lectura de aquellos resultados electorales se presta a la sospecha. Desde entonces hasta ahora ya
hemos aprendido lo que quieren decir esas elecciones «entu-
siásticas» por más del 95 por 100. Pues bien, esto es lo que
les ocurrió en muchos de aquellos pueblos a los republicanos
radicales. En los seis colegios electorales de Coria del Río,
Martínez Barrio tuvo más del 90 por 100 de votos; en La
Rinconada el 89 por 100. En Bollullos llegó al 98 por 100 (!!!),
igual que en Guillena; y en Castilleja de Guzmán y en los tres
colegios electorales de Gerena obtuvo el *cien por cien de
votos*, faltándole muy poco para semejante proeza en Puebla
del Río.

¿Quiere esto decir que había trampa, como sugirió el comandante Franco en una desdichada intervención parlamentaria (que, a mis quince años, tuve ocasión de contemplar,
así como la hábil respuesta de don Diego y la apasionada
de Maura)? No, en modo alguno. Es muy posible que la
textura sociológica y política de esas localidades permitiera
ese género de «éxitos». Pero eso lo debían saber muy bien
en los medios políticos que trazaron la circunscripción de
Sevilla capital añadiéndole los 25 pueblos del partido judi-

cial de la capital. Y hay más; a igual o menor distancia que Alcalá del Río o Guillena, o Gerena, o Coria del Río o Bollullos están Alcalá de Guadaira o Dos Hermanas. Por fortuna para los gubernamentales éstas pertenecían al partido judicial de Utrera. Las elecciones probaron que Dos Hermanas y Alcalá de Guadaira eran de influencia mayoritaria cenetista y comunista; y en las elecciones de la provincia allí estuvieron en cabeza Balbontín, Bullejos, etc., pero esos votos se anegaron en los resultados totales. Esas dos localidades en la circunscripción sevillana podían haber puesto en peligro la candidatura de la Conjunción. Y es que, en materia electoral, hay ardides que no necesitan ser ilegales para deformar la voluntad popular.

En suma, fueron elegidos los cuatro candidatos de la Conjunción, y a su cabeza Martínez Barrio con 29.723 votos [27]. Por las minorías salió Franco con 10.974; a Balbontín, con 9.798 votos, le faltaron 691 para alcanzar el «quorum» del 20 por 100 que la ley electoral exigía como mínimo para ser elegido. Quedó, pues, un puesto vacante a elegir en una elección posterior.

En la provincia, la Conjunción consiguió sus objetivos de copar todos los puestos, pero las abstenciones (reflejo de la influencia anarcosindicalista) fueron más importantes que en la capital. En Osuna y Constantina las abstenciones llega-

---

[27] En las cifras del escrutinio se observan ligeras diferencias entre las reproducidas en el *BO de la Provincia*, las dadas por *El Liberal* del 30 de junio y las admitidas en la sesión de Cortes del 20 de julio. Las únicas diferencias estimables consisten en la no aparición de tres secciones en el *BO* y algunas cifras provisionales dadas por *El Liberal*. Los resultados, y menos aún los porcentajes, no cambian nada por eso.

Ni que decir tiene que las cifras que da Bullejos en sus memorias («unos 32.000 votos») son el resultado de sumar los votos de cada candidato comunista, pero cada persona podía votar cuatro nombres en la elección de la capital y ocho en la provincia. Cualquiera sabe que Bullejos podía hacer dos cosas: o limitarse a señalar los votos recogidos por él personalmente, o bien por el PC, y en este segundo caso tendría que dividir por cuatro (en la capital) o por ocho (en la provincia) el total de los votos recogidos por esa candidatura. Es el mismo procedimiento para contar votos que emplea en sus libros, pero con fines diametralmente opuestos, el policía Comín Colomer, que pretendía asustar con el «coco» comunista multiplicando ficticiamente los votos del PC.

ron al 70 por 100; pasaron del 60 por 100 en Carmona, Dos
Hermanas, Utrera, Lora, etc. En Ecija votó la mitad del censo (con neto triunfo de la Conjunción). La candidatura Bal-
bontín-Infante triunfó con más del 50 por 100 en Dos Hermanas, Constantina, Alcalá de Guadaira y Viso del Alcor. En
Utrera con 1.106 votos tuvieron el 33,6 por 100. El PCE logró
el 24 por 100 de los votos en Osuna, 19 por 100 en La Campana y 9 por 100 en Ecija. En los demás lugares su votación
fue poco lucida. Otro hecho a destacar fue la completa derrota en el campo de la candidatura derechista de Acción
Nacional.

JULIO DEL 31. HACIA LA HUELGA GENERAL

Apenas terminaron las elecciones, se produjo una nueva oleada de huelgas en la capital, empezando por la de obreros
sombrereros, sindicados en la Unión Local, que empezó con
la participación de 600 huelguistas, pero que fue extendién-
dose por razones de solidaridad a otros ramos.

En la coyuntura de comienzos de julio viene a insertarse
un conflicto social de gran alcance para todo el país; la
huelga de la Compañía Telefónica, declarada por la CNT. Esta
era la única organización sindical que existía entre los 7.000
obreros y empleados de la Telefónica; el 6 de julio la CNT
decretó la huelga. Era, en realidad, la primera ruptura manifiesta entre la organización anarcosindicalista y el gobierno de la república (aunque se habían ya producido numerosos conflictos a niveles locales); rápidamente, el total de la
CNT, por medio de sus activistas, desbordó a los propios
sindicados de Teléfonos («la lucha la sostenían en todas partes los militantes de la CNT, no los telefonistas», se dijo más
tarde, en el congreso de la CNT de mayo de 1936), de la misma manera que la propia dirección de la CNT se encontró
pronto desbordada —como afirma Peyrats— por los grupos
más radicalizados o audaces de su base (que pronto llegarían a la dirección). De esa manera, la huelga se llevó pronto

por métodos violentos, tales como rotura de líneas, colocación de petardos en los registros telefónicos, etc., agravada
también por la intransigencia gubernamental al oponerse a
una negociación directa entre sindicato y empresa (el gobierno quería imponer el jurado mixto, pero éste tenía esca-
síma representatividad). En verdad, aquella huelga dirigida
por quienes se llamaban «apolíticos» tenía un trasfondo netamente político. En Sevilla, dado que coincidían la influencia de la CNT y la presencia activa comunista, la huelga de la
Telefónica era lo mismo que echar aceite en una hoguera.

El lunes 13 de julio, a la semana de empezar el conflicto
telefónico, no sólo seguía el de sombrereros, sino que se les
habían unido pintores, repartidores de pan, cerveceros, ladrilleros, y luego los metalúrgicos. El comité de huelga de
la Telefónica en Sevilla disfundió un manifiesto afirmando
que no perseguía fines políticos, sino reivindicativos.

En ese ambiente tan tenso se celebró, el 12 de julio, la
elección parcial para el puesto de diputado que no había
podido obtener Balbontín. La Conjunción se dispuso a con-
quistarlo; pero la conjunción era, en realidad, el hegemónico
partido radical y el candidato fue uno de sus hombres: Da-
vid Domínguez Barbero.

Los «revolucionarios» no se presentaron y, de hecho, se
trató de una elección triangular: Conjunción, radicales-socialistas representados por Sánchez Suárez, y comunistas por
Adame.

Esta vez las abstenciones fueron masivas, pero más todavía en la ciudad que en los pueblos periféricos; en aquélla
sólo votó el 25 por 100 del censo. En total de la circunscripción votó el 27 por 100. El examen de abstenciones por
distritos deja ver que es en éstos donde la candidatura «revolucionaria» había obtenido más altos porcentajes (distritos 4, 8, 9 y 10) en donde la abstención era ahora mayor, lo
que induce a reforzar la hipótesis de que aquella candidatura
había sido votada, al menos en buena parte, por un electo-
rado bajo influencia anarcosindicalista.

El triunfo de Domínguez Barbero fue aplastante: 16.961 votos (15.684 según *ABC* del 15 de julio), lo que equivalía al 68,8 por 100 de los votos emitidos, divididos así: 9.876 en la ciudad (64,2 por 100) y 6.821 en los pueblos (76,9 por 100). Sánchez Suárez obtuvo 3.669 votos (15,1 por 100), de los cuales 2.500 en la ciudad (16,2 por 100); y Adame 1.969 en la ciudad (12,8 por 100) y 773 en los pueblos (8,7 por 100), lo que sumaba 2.742 (11,37 por 100).

La elección merece, sin embargo, algunas consideraciones más:

1. Si aquellas elecciones parciales ofrecieron, en todos los lugares donde las hubo, un porcentaje muy alto de abstenciones (78 por 100 en Madrid), la característica de Sevilla es que la derecha abandonó la lucha, reduciéndose todo a la izquierda (o en el centro también, si como tal se considera a los radicales). En cambio, en Madrid, Angel Herrera había intentado ser diputado (cosa que no logró).

2. La hegemonía radical, apoyada en la Conjunción, se afirma. Sin embargo, hay que anotar que la candidatura radical-socialista obtiene un porcentaje bastante más elevado que en junio. Cabe suponer que cierta pequeña burguesía radicalizada que había unido sus votos a los de la candidatura Franco-Balbontín, faltos de ésta, votaron por Sánchez Suárez el 12 de julio. Otra hipótesis (que se puede complementar con aquélla) es que el sector más izquierdista de la Conjunción no veía con gusto el predominio de los radicales y esta vez, en que no había socialista incluido, optaron por los radical-socialistas, es decir, republicanos de izquierda, y más próximos del espíritu de la Conjunción en todo el país.

3. Los comunistas mejoran ligeramente sus porcentajes. Lo interesante es conocer, gracias a la repetición y homogeneidad de votos, las zonas donde hay evidentes signos de implantación orgánica. Se ve en los distritos 2, 3, 4 y 5 (en este último tienen pocos votos, pero apenas disminuyen en la segunda elección). Se observa también la permanencia de

cierto «bastión» en la Macarena, donde conservan 362 votos cuando la participación electoral queda allí reducida casi a la tercera parte. En cambio, se comprueba que la masa que en esos barrios votó por Franco y Balbontín ahora se abstiene; son barrios de indudable influencia anarcosindicalista: 8, 9 y 10 y, en cierta medida, el 4.

Se confirma la implantación de los comunistas en Alcalá del Río, donde mantienen todos sus votos. En cambio, en Camas, donde desciende mucho la participación, no sólo retroceden en votos, sino en porcentaje. En San Juan de Aznalfarache aumentan en porcentaje y son los primeros, derrotando a Domínguez Barbero. Retroceden ligeramente en Burguillos, donde Sánchez Suárez ha ganado en junio y en julio. En Santiponce el PC mantiene su porcentaje, pero se desploma en Puebla del Río. Gana votos en Gerena y Guillena.

En La Algaba, donde Franco-Balbontín habían logrado muchos votos, la abstención es ahora masiva. La hipótesis del voto anarcosindicalista se confirma por doquier.

4. Hay algo que conviene destacar. De nuevo, en los pueblos de la periferia, hay esas asombrosas elecciones de «unanimidad». Y, como por casualidad, en esos pueblos no se da el fenómeno abstencionista común a todos los demás en esta elección parcial. En Bollullos sigue la participación masiva y todos para votar al radical (salvo un temerario o humorista que votó a Adame). En Bormujos, Castilleja de Guzmán, La Rinconada (donde desaparecen milagrosamente los votos de oposición que había en junio), Brenes, Almensilla, etc., todo el mundo vota, sin excepción, a Domínguez Barbero.

Sin pretender poner los hechos en relación directa, vale la pena, sin embargo, señalar que desde el 30 de junio el gobernador civil Montaner había dejado su puesto. Maura lo sustituyó rápidamente por José Bastos, «hombre joven, sereno, preparado, capaz, alto empleado de un gran banco de Madrid, y persona recomendable para cuantos le trata-

13

ban... de familia conocida de siempre como inmejorable».
Así es, por lo menos, como Miguel Maura describe a su gobernador, en su libro de memorias *Así cayó Alfonso XIII* [28].
Y atribuye a Montaner los designios de favorecer a la CNT (!)
para perjudicar a la UGT (!!). La ignorancia de don Miguel
en estos problemas sindicales le impidió saber que la CNT
había sido siempre mayoritaria en Sevilla, donde la UGT apenas había tenido implantación (1.720 afiliados en toda la
provincia en el año de pleamar 1920, aunque momentáneamente un congreso campesino en 1919 reuniera a representantes de 15.000 trabajadores).

Es harto evidente que aquella semana que sucedió a la
elección parcial, los medios populares de Sevilla estaban
mucho más preocupados por las contiendas sociales que allí
se desarrollaban que por los próximos debates de las Cortes
que se abrían el martes 14 de julio. Las huelgas se engarza-
ban unas en otras como cerezas en banasta. Entraron también en el paro, por una serie de reivindicaciones salariales
y de trabajo, los obreros de la construcción, los de la alimentación y diferentes sectores de obreros agrícolas. Los
patronos se negaban a negociar, los obreros tampoco solían
aceptar el arbitraje gubernamental; la intransigencia de unos
y otros, así como el aumento del paro, contribuyeron a cargar la atmósfera. Angel Pestaña fue aclamado por los obreros en un mitin que dio en el Teatro Duque, donde acusó
a los patronos de ser los responsables de la situación. El
ambiente de huelga general flotaba en el aire, aquel 19 de
julio. En el mitin citado celebrado aquel día en el Duque, se
aprobaron las siguientes conclusiones:

— procesamiento de la Guardia Civil que había interve-
    nido en los sucesos del sábado 18, en los que encontró
    la muerte un huelguista cervecero, Antonio González;

---

[28] Bastos será luego, durante la dictadura de Franco, alto personaje de
la banca y alto cargo del Estado.

— destitución del gobernador civil, del secretario del gobernador civil, del director general de Seguridad y del ministro de Gobernación;
— detención de los patronos que se habían negado a negociar con los huelguistas;
— libertad de todos los presos por cuestiones sociales [29].

Aquella misma tarde la Unión Local de Sindicatos había convocado una asamblea, en la que intervinieron destacados militantes del PC de Sevilla, como José Díaz, Saturnino Barneto, Antonio Mije y Carlos Núñez, éste último secretario de la Unión Local. Carlos Núñez informó de que había ya 40.000 trabajadores en huelga, pero estimó que sin la realización del frente único no se podría conseguir nada. De todas maneras, la asamblea acogió entusiásticamente la proposición de huelga general de veinticuatro horas para el lunes día 20. Como consignas para dicha huelga general, la asamblea aprobó las siguientes:

— solución de los conflictos presentes mediante la previa admisión por los patronos de las bases presentadas por los obreros;
— prohibición de desahuciar a los obreros parados;
— libertad de los presos políticos y sociales;
— subsidio del 75 por 100 de un salario-tipo de 10 pesetas para los parados;
— 5 pesetas diarias pagadas por el Ayuntamiento a los obreros en huelga;
— disolución de los cuerpos de Guardia Civil, seguridad y policía;
— rebaja del 50 por 100 del precio de los alquileres;
— destitución del gobernador civil.

---

[29] La tónica del discurso de Pestaña está dada por estas frases del mismo: «El día 14 de abril el pueblo español se quitó una monarquía milenaria y última de las seculares de Europa. Se instauró una república y todos los españoles conquistaron el derecho de ciudadanía. Pero llegó el primer sábado republicano, el día 18, y el obrero al cobrar su jornal se dio cuenta de que seguía siendo tan esclavo como antes».

Se decidió, igualmente, convertir en gran manifestación el entierro del obrero Antonio González [30].

La CNT, por su parte, también daba la orden de paro, extensible a la provincia.

LA HUELGA GENERAL

El lunes 20 de julio Sevilla estaba totalmente paralizada por la huelga, que también era total en Utrera, La Campana, Alcalá de Guadaira, Dos Hermanas, Osuna, La Rinconada, Viso del Alcor, Coria del Río, Morón de la Frontera, Burguillos y Los Palacios (puede verse que la huelga ganaba incluso a pueblos en que la Conjunción había obtenido mayorías electorales, como Coria y La Rinconada).

Se trataba de una huelga de veinticuatro horas, aunque los cenetistas hubiesen estado menos precisos sobre el particular. Para la Unión Local y el PCE no podía ser de otra manera; incluso aunque Adame había estado allí aquella semana, enviado por el Buró Político, el Comité Provincial no podía ir más lejos sin recibir instrucciones de Madrid. Las consignas dadas confirman esa impresión; ni una sola está encaminada a la formación de consejos o soviets (era, sin embargo, la letra y el espíritu de la reciente carta de Manuilski, que la dirección del PCE había aceptado), ni a apoderarse de ningún resorte del poder. Aquello, pues, no era una huelga revolucionaria, a no ser que se dé tal nombre a aquella en que se producen violencias por ambas partes. Y eso es lo que ocurrió en Sevilla, prolongándose y agravándose una huelga de veinticuatro horas.

Los obreros fueron por millares al hospital, pero allí se enteraron de que el cadáver de su compañero había sido sacado y enterrado medio en secreto. Cundió entonces la

---

[30] Esta información de las asambleas sigue fielmente el relato de Cecilia C.-Marco, que lo ha trazado tomando todas las fuentes de prensa locales.

indignación, y perseveraron en organizar una manifestación; se opuso a ello la Guardia Civil, que cargó sobre los obreros. Entonces sonaron los primeros disparos y cayó muerto un capitán de la Guardia Civil (pero muerto por bala de máuser, como se pudo comprobar después). Hubiera o no provocación, el hecho es que los ánimos se encresparon y aquello se transformó en batalla campal, en la que resultaron muertos cuatro obreros y dos guardias civiles más, sin contar los numerosos heridos por ambas partes.

No faltaba más al gobernador José Bastos para decir que aquello era una «huelga revolucionaria»; ni al gobierno, muy preocupado ya por la huelga de la Telefónica, para relacionar ambos hechos. Y si Bastos ordenaba la detención —para empezar— de 60 obreros, clausuraba locales sindicales y también ordenaba detener a todos los que pertenecieran a comités de huelga, el gobierno (Galarza, director general de Seguridad, y M. Maura, ministro de la Gobernación) clausuraba los locales de la CNT en la calle de la Flor, en Madrid, y detenía en la misma capital a 22 huelguistas de Teléfonos. Y daba orden a Bastos —que casi no la necesitaba— de que declarase ilegal a la CNT en Sevilla.

Hacia las cuatro de la tarde se repitieron los incidentes, los tiroteos y las cargas de la Guardia Civil. El gobernador decidió entonces recabar lo que él llamaba «la colaboración ciudadana». En realidad, como hemos visto que ya sucedía en el viejo régimen, elementos de la oligarquía y de la extrema derecha fueron a ofrecérsele para «colaborar en el restablecimiento del orden», y Bastos aceptó, encubriendo lo que hoy llamaríamos «grupos o comandos paralelos», con el nombre de «guardia cívica». La verdadera guardia cívica, que había existido en Madrid y algunas otras localidades en abril y mayo, era algo muy distinto; una especie de milicia sin armas formada por jóvenes republicanos y socialistas. Aquí se trataba de señoritos sevillanos. Bastos, si por un lado continuaba la tradición del Somatén primorriverista (y de los fascios mussolinianos), por otro era un precursor de métodos y grupos que más tarde asolarían a España.

El día 21 continuó la huelga como protesta a la represión del lunes. Siguieron las detenciones y también en la provincia. En Alcalá de Guadaira fue detenido, una vez más, el doctor Vallina, acusado de capitanear una columna de... diez camiones con campesinos. Estuvo encarcelado y luego desterrado. Pero también en Coria quedaron cortadas las comunicaciones y en Dos Hermanas hubo un intento de asaltar el cuartel de la Guardia Civil; los números de ésta se defendieron disparando y causaron catorce heridos.

El miércoles 22 fue el día de mayor gravedad de la huelga y también el de mayores luchas en los pueblos de la provincia (aunque no parece que la «marcha de campesinos sobre la capital» tuviera más realidad que la que quisieron darle algunos conservadores). La intransigencia patronal en los pueblos había excitado mucho las pasiones y ya se habían producido huelgas y diversas acciones en Dos Hermanas, Herrera, Coria, Guillena, Villanueva de Córdoba, etc.

En la capital hay, muy probablemente, una actuación concertada de grupos de acción, esencialmente cenetistas; por La Campana, la plaza del Duque y las calles adyacentes operaron durante gran parte del día; desde las terrazas se producían tiroteos, mientras que la fuerza pública, que se había encontrado muy comprometida en medio de la jornada, parecía dominar al fin la situación. Pero esto no se logró hasta que aquella tarde se declaró el estado de guerra (¡una vez más!) y pasó el mando al general Ruiz Trillo. Este dictó el bando público de rigor en estos casos, señalando que serían considerados reos de rebelión o sedición los que *a)* «ataquen o resistan a la fuerza pública»; *b)* turben el orden público con reuniones o manifestaciones no autorizadas, propaguen especies alarmistas o usen emblemas o distintivos de significación opuesta al régimen instituido; y *c)* perturben la vida social de la población mediante actos que signifiquen atentado a la libertad del trabajador». Y, naturalmente, concluía afirmando que la fuerza pública tenía orden de disparar sin previo aviso sobre todo grupo sospechoso.

En la madrugada del día 23 había de perpetrarse el acto que más significación tendría de aquella huelga: la aplicación de la llamada «ley de fugas», dando muerte a cuatro militantes comunistas detenidos, bajo pretexto de que habían «intentado huir» al realizarse un traslado desde el Gobierno Civil hasta los sótanos de la plaza de España, donde se había concentrado a muchos detenidos. Las víctimas fueron Francisco Parra Díaz, obrero ceramista («obrero de otro tipo, obrero más fino, obrero artista, con cierta mezcla de obrero y de estudiante», como lo definió en el Parlamento el diputado socialista Cayetano Redondo); Luis Rivera, Jerónimo Navarro (a quien todos llamaban «El Cojo de los Pestiños», que andaba apoyándose en una muleta) y Dionisio Olivar. Ninguno de ellos había sido detenido con armas y uno, Olivar, lo fue incluso en su casa; Parra estaba acusado de distribuir octavillas ilegales. Pero todos eran conocidos como militantes comunistas. La versión oficial es que al ser conducidos, a las cuatro de la madrugada, en una camioneta escoltada por dos coches de turismo, aquélla sufrió un pinchazo; que se decidió entonces que fueran a pie atravesando el parque de María Luisa; y que por allí salieron unos «pistoleros» disparando; entonces los presos habían intentado huir y hubo que tirar sobre ellos. Las circunstancias del suceso y el hecho de que los guardias, al regresar al Gobierno Civil, no hubieran dicho nada, sino «sin novedad», hicieron todo muy sospechoso. La opinión empezó a creer que los cuatro comunistas habían sido asesinados, lo que quedó ampliamente confirmado semanas después por las investigaciones realizadas por la comisión parlamentaria nombrada a ese efecto. Por fortuna para el historiador, el dictamen de la comisión y sus votos particulares, así como la extensa discusión que sobre ellos hubo, están reproducidos en el *Diario de Sesiones* de las Cortes y constituyen una fuente de primer orden.

La verdad era que el gobernador se había echado en brazos de los señoritos que le habían ofrecido «colaboración ciudadana», para guardar el orden. Es más; resulta inquietante el hecho de que los tiroteos se agravasen en Sevilla a partir de la mañana del día 22, justamente cuando todos esos elementos reaccionarios se ofrecieron a Bastos y empezaron a actuar armados. Esto dijo a la comisión el diputado socialista H. Casas y lo reprodujo en el Congreso el diputado radical-socialista Pedro Vargas (que lo era por Valencia); tanto Casas como el alcalde de Sevilla protestaron inútilmente ante Bastos «por el hecho insólito de que se invistiera de todas las facultades que se habían conferido a los guardias cívicos a elementos conocidamente monárquicos y a elementos upetistas, que, como decía muy bien el alcalde de la ciudad, alejaron a los elementos republicanos y socialistas». Vargas se refiere a unas declaraciones de Ruiz Trillo manifestando su alarma por el gran número de elementos monárquicos que solicitaban ser guardias cívicos. Y continúa diciendo: «todos están conformes en afirmar que se constituyó en Sevilla durante aquellos días una guardia cívica integrada por elementos monárquicos, por conocidos elementos upetistas, y claro está que en estas condiciones era lógico que sucediera todo lo que después ocurrió»[31].

¿Quiénes eran algunos de aquellos colaboradores a quienes Bastos dio facultades para detener, liberar, conducir presos, hacer y deshacer? La mayoría no eran unos desconocidos en Sevilla: los señores Parladé, Ibarra, Montes, Galnares y otros más. También el señor Fernández Cañete, perteneciente al cuerpo de artillería, que hizo y deshizo a su antojo, hasta el punto de que Bastos tuvo que declarar ante la comisión que había tenido que recriminarle y prohibirle que entrara en su despacho.

---

[31] *Diario de Sesiones* de las Cortes Constituyentes, 27, sesión del 26 de agosto de 1931, p. 609.

Había también un señor Alvarez del Pulgar, conocido en Sevilla: «según afirma el señor Casas y hemos podido confirmar también por otros medios, fue un pistolero a las órdenes de Martínez Anido, es después pistolero en Sevilla a las órdenes de Unión Patriótica e individuo que se ofrece, en el mes de diciembre, a los republicanos y socialistas para tomar parte en una revolución de la que decía él tener noticia».

Así habla el diputado Pedro Vargas, que afirma también que Alvarez del Pulgar, confidente reaccionario de siempre, figura luego como agente provocador en los medios cenetistas de Sevilla. Detenido y conducido a los sótanos de la plaza de España, fue inmediatamente puesto en libertad por el citado Fernández Cañete.

En fin, otro guardia cívico, que va a protagonizar el homicidio cuádruple del Parque de María Luisa, es Manuel Díaz Criado, capitán de infantería, pero actuando como guardia cívico y vestido de paisano, con muchos años de servicio en la Legión extranjera. Este Díaz Criado es quien ordena y dirige el traslado de los cuatro presos, y quien va en el primer coche de turismo que dirige toda la expedición. La convicción de su culpabilidad es compartida por todos los miembros de la comisión parlamentaria, con la sola excepción del radical Pedro Armasa y del agrario Aurelio Gómez, que se limitaron a defender la represión por todos los medios.

El problema de la provocación, visto casi medio siglo después, desborda ampliamente la tragedia del Parque de María Luisa. La técnica del «catastrofismo», de gritar que por todas partes hay pistolerismo y revolución, para así justificar la represión sin límites, ha sido siempre característica de la oligarquía y de la extrema derecha de España. Lo hemos visto en nuestro trabajo sobre Jaén de 1917 a 1920, fue utilizado antaño por la gran burguesía minera de Bilbao, y más cerca de nosotros por quienes preparaban la sublevación de 1936. ¿Y en la Sevilla de 1931? ¿Es que la reacción española no apuntaba ya a «desestabilizar» la democracia?

Tanto Hermenegildo Casas como Pedro Vargas testimonian que, según las diligencias judiciales, consecuencia de varios centenares de detenciones de obreros practicadas aquellos días en Sevilla, no se ocuparon más que un revólver y dos pistolas. Vargas decía que se oyeron una enormidad de disparos, pero que a él le parecían inadecuados, ante el escaso número de obreros armados, «porque los obreros armados eran muy pocos», insiste en decir el diputado de Valencia.

El fiscal de la Audiencia de Sevilla, don José Silva Gálvez, declaró por su parte que si los comercios no se abrieron fue porque la fuerza pública no dejaba abrirlos, por miedo a que se disparara desde ellos. Declaró, además, que vio circular por una calle de Sevilla (la de la Feria probablemente) un tranvía con tres soldados en la plataforma de delante, tres en la de detrás, uno en cada ventanilla y un oficial en cada estribo, haciendo fuego a diestro y siniestro, como si estuvieran en una guerra.

¿Quién disparó más en Sevilla durante la huelga de julio y por qué? He aquí una incógnita —a medias— que tal vez la consulta de ciertos archivos oficiales y particulares contribuiría a aclarar.

En cuanto a lo del Parque de María Luisa, Azaña, que no tenía ninguna simpatía por las víctimas, anota lo siguiente en su diario del 23 de julio: «Extraña muerte de cuatro pistoleros en Sevilla, que eran conducidos a la cárcel, y que otros han pretendido poner en libertad a la fuerza. Tiene la apariencia de una aplicación de la ley de fugas». (G. Sicilia, hablando por teléfono con M. Barrio, era de la misma opinión.)[32].

La misma fuente (el diario de Azaña) nos informa de una

---

[32] J. Simeón Vidarte en su libro *Las Cortes constituyentes, 1931-1933*, Barcelona, 1976, pp. 75-77, dice así:
«Desde el primer momento se tuvo el convencimiento de que se había aplicado la llamada "ley de fugas" de los funestos tiempos de Martínez Anido en Barcelona. La información que yo recibí de los diputados de Sevilla era exactamente esa».

comunicación confidencial por teletipo (cuya cinta se destruyó) entre Ruiz Trillo y el subsecretario de Guerra. El general hablaba de «responsabilidad de alguna persona conocida y de categoría social que dicen incluso daba dinero a los pistoleros para que hicieran sus faenas. Como esto es de mucha trascendencia, porque implicaría que no sólo es complot de izquierdas, sino de derechas, y pudiera ser que esto fuese mentira y por despistar... [hay una palabra ininteligible]... las responsabilidades en otra dirección». Todo es confuso, pero la confusión no fue la nota menor de aquella situación.

Y vino entonces, el mismo 23 de julio, la parte grotesca de aquellos acontecimientos: el bombardeo de la «Casa de Cornelio» en que estaba el establecimiento llamado «El colmado del Salvador», en el que habitualmente se reunían comunistas (José Díaz entre ellos); pero se bombardeó vacía, después de haberla hecho evacuar por sus moradores. (El propio dueño, Cornelio Mazón, era un conocido militante comunista, pero tan falso era aquello de «centro de los revolucionarios» como pretendía Ruiz Trillo, como que desde allí se hubiera hecho fuego contra la tropa, según afirmaba Maura.)

¿Quién fue el responsable? Azaña asegura en su diario, escrito aquellos mismos días, que Maura está entusiasmado con la idea, «y llega a decirme —añade— que influirá ventajosamente en la cotización de la peseta». Treinta años más tarde, Miguel Maura descarga toda la culpa en Ruiz-Trillo; pero en las memorias del que fue ministro de la Gobernación hay tal género de inexactitudes (campesinos que llegan de los pueblos a reforzar a los revoltosos, la ciudad entera secundando ardientemente a Bastos, justificación de lo del Parque de María Luisa, pero atribuyéndoselo al ejército, etc.) que hay que tomarlas con toda clase de reservas como fuente histórica.

La «Casa de Cornelio» fue deshecha a cañonazos; eso sí, su dueño, tras largo litigio judicial, consiguió ser indemni-

zado. Pero además, a los sombrereros en huelga que habían
ocupado uno de sus lugares de trabajo, Ruiz-Trillo les amenazó con aplicarles el procedimiento de la «Casa de Cornelio»... ¡pero con ellos dentro!

Bastos, que fue llamado por el gobierno a Madrid, redactó un informe «secreto» de tono absolutamente policial:
«el gobernador señor Bastos llega a decir en este informe
—afirmó C. Redondo— y en el que dirige al gobierno, que
el problema social, en Sevilla principalmente y casi en Andalucía, es un problema de policía». Bastos regresó a Sevilla
después de hacer declaraciones en *El Sol* de guerra sin cuartel contra la CNT, acusando a Vallina de manera calumniosa
y dando la impresión de que no era un gobernador, sino el
general de un ejército en guerra. Sin embargo, sus días como
gobernador estaban contados. En el gobierno estaban muy
preocupados, incluso Martínez Barrio, después de hablar por
teléfono con Sevilla. Azaña escribe que don Diego «atribuye
al gobernador actual (Bastos) el pecado de haberse echado
en brazos de los aristócratas y señoritos de Sevilla, lo mismo
que el general, y a sugestiones de estos señoritos achaca
Martínez Barrio la tartarinada de los cañonazos, para poner
en ridículo a la república» [33].

El gobierno pensó en enviar por su cuenta una comisión
de diputados compuesta por Barnés, Rafael Sánchez Guerra
y otro más. Pero no se decidió a ello, por temor a la reacción
de las autoridades sevillanas y, probablemente, porque ya
se había producido el primer incidente parlamentario, la

---

[33] Hermenegildo Casas comentó duramente el informe de Bastos en declaraciones hechas a la prensa el 19 de agosto. «Es la verdad a medias
—dijo—, puesto que habla de la inquietud, de la violencia, de la desesperación, incluso de la barbarie de las izquierdas, y en cambio no habla de
la inquietud, de la violencia, de la desesperación e incluso de la barbarie
de las derechas, que son las más responsables de lo sucedido, ya que sus
componentes son, por egoísmo, y en gran parte por enemigos declarados o
encubiertos de la república, los verdaderos culpables de la quiebra económica del campo, de la industria y el comercio sevillanos» ... «Las aspiraciones de los obreros de este año no han sido una realidad económica mejor
que la de 1919, 1920 y 1921, años en los que se percibieron jornales muy
superiores a los de éste».

tarde del día 24, tras una pregunta de Rodrigo Soriano (que había sido elegido por Málaga) sobre «si se habían producido fusilamientos en Sevilla». El gobierno optó por enviar, disimuladamente y con un pretexto, al jefe superior de policía de Madrid, y confiar la información a Fernández Castillejo (de la alcalá-zamorista Derecha Liberal Republicana), que, como sabemos, había sido elegido por la provincia de Sevilla. Pero el gobierno no pudo eludir que la cuestión del Parque de María Luisa tomase estado parlamentario. El grupo parlamentario socialista propuso el nombramiento de una comisión investigadora de los sucesos de Sevilla. Así se aprobó, designándose a los siguientes diputados: Antonio Jaén (Derecha Liberal Republicana), que presidía; Pedro Armasa (radical), Aurelio Gómez (agrario), González López (ORGA), Grau (Esquerra), Fernández Clérigo (Acción Republicana), Cayetano Redondo (PSOE), Rodrigo Soriano (Federal) y Pedro Vargas (radical-socialista). La comisión salió para Sevilla el 29 de julio y empezó inmediatamente sus investigaciones, abriendo incluso una información pública en el Ayuntamiento de Sevilla. Tuvo, sin embargo, que luchar con grandes dificultades, pues ambos bandos recelaban de ella: en *Solidaridad Obrera* le habían hecho ya un proceso de intenciones, tratándola de impunista y de encubridora; por parte de las clases económicamente dominantes de Sevilla, y de no pocos funcionarios, los recelos eran iguales o mayores, y no había el menor deseo de facilitar su trabajo. No obstante, su trabajo fue esencial, aunque sus conclusiones estuvieron en parte mediatizadas por los intereses políticos de la mayoría parlamentaria.

La comisión regresó a Madrid el 11 de agosto. Mientras tanto, la patronal sevillana se había aprovechado para resolver a su favor una serie de huelgas cuyo planteamiento ya conocemos; así ocurrió con los metalúrgicos, los ladrilleros, la construcción… En el puerto, el sindicato de la Unión Local reaccionó vivamente. En la Azucarera Ibérica fueron despedidos todos los huelguistas.

En Madrid, el Socorro Rojo organizó el 8 de agosto un mitin de protesta, que tuvo lugar en el teatro Maravillas, con intervención de Balbontín, César Falcón, Benlliure Tuero, el escritor Joaquín Arderíus, el capitán Sediles, Etelvino Vega y Bullejos; dicho mitin fue seguido de una importante manifestación que se enfrentó con las fuerzas de orden público. Hubo heridos, sonaron disparos y se detuvo a Balbontín, que fue liberado el 11 de agosto.

También la UGT se creyó obligada a publicar un comunicado, el día 12, muy acusatoria de «la situación de violencia en que los anarcosindicalistas y comunistas, de acuerdo, según todas las apariencias, con elementos reaccionarios enemigos de la república, se han situado frente a nuestra organización...»; y se hablaba de «camaradas nuestros vilmente asesinados por los anarcosindicalistas y los comunistas». La nota caía un poco a destiempo, porque precisamente cuando el regreso de la comisión que había ido a Sevilla confirmaba el asesinato de cuatro comunistas (con autoridades locales «cubiertas» por el gobierno), daba la impresión de que era un poco como el cuento en que se gritaba «¡al ladrón!».

La comisión, por razones políticas, tampoco pudo llegar a la unanimidad; su dictamen decía que en los sucesos del Parque de María Luisa «hay indicios vehementes y tan destacados que hacen llegar las deducciones hasta las zonas de delincuencia». Criticaba también el bombardeo de la Casa de Cornelio.

Un voto particular de Grau, Vargas y Soriano pedía que las responsabilidades fuesen sancionadas por el Parlamento y no pasaran a la autoridad judicial. El ala derecha (Armasa y Gómez) emitió un voto particular diciendo «que no se deducen indicios de responsabilidades determinantes de delito». La comisión se había, pues, fraccionado en tres partes: radical-socialistas, Esquerra y el extremismo del grupo Soriano, querían ir lo más lejos posible en la petición de responsabilidades; republicanos de Azaña, A. Zamora y socialistas prefe-

rían echar agua al fuego, y el centro y la derecha tendían a
cubrir los crímenes. Pero el debate, aunque tuvo lugar ya
tarde en la sesión del 20 de agosto (y Besteiro se negó a pro-
rrogarlo al día siguiente, a pesar de las peticiones de Cayetano Redondo y de Antonio Jaén), mostró de manera inequí-
voca que el crimen se había producido; y es más, que había
dos tipos de responsabilidad política (además de la criminal): la de la derecha, organizando grupos paralelos, con el
nombre de «guardia cívica» y atribuciones de policía del Estado; y la del gobernador civil, autorizando y cubriendo esa
operación. González López (profesor de Derecho Penal) hizo
un informe muy crítico y sereno; Vargas desmontó toda la
leyenda de Bastos, explicando con detalles las responsabilidades habidas, incluso de Nogales, el secretario del gobernador, de Díaz Criado, etc., los testimonios acusadores de
las mujeres de la limpieza, etc., así como la posible provocación de la derecha infiltrada en la guardia cívica; Baeza
Medina, en nombre de la minoría radical-socialista, pidió el
encarcelamiento de quienes formaban la expedición del Parque de María Luisa; Guerra del Río, en nombre de los radicales, pidió la destitución de Bastos.

En el grupo socialista, el conocimiento de lo que de verdad había ocurrido en Sevilla produjo considerable emoción;
se discutió apasionadamente y varios diputados propusieron
un voto de censura a Maura. Intervino Prieto, en contra, ar-
gumentando que el gobierno se encontraba en difícil situación «por las constantes huelgas y provocaciones de los sindicalistas», afirma Vidarte. No dice nada de Caballero, pero
es de suponer que compartiese ese criterio, dadas las severas
declaraciones contra las huelgas que había hecho varios días
antes a los periodistas. No obstante, se decidió que inter-
viniese en el debate Cayetano Redondo, explicando el problema a fondo y en su complejidad, como así lo hizo: «pero
si los obreros sevillanos tuvieran trabajo, si los obreros sevillanos pudieran llevar a sus hogares el pan y lo necesario
para la vida de ellos y de sus familias, entonces serían inúti-

les las propagandas demagógicas y violentas...». Redondo
concluyó así:

... en Andalucía y especialmente en Sevilla, no se pueden aplicar procedimientos puramente policiacos y de represión; hay
que llevar allí medidas de justicia social para que los campesinos se sientan asistidos por el poder público y con el fin de
que esas predicaciones de la gente de derecha, que les dice
que con la república no se puede vivir y que los mantenga la
república, no surtan efecto. La república no tiene que mantener
a nadie; debe, sí, dar trabajo abundante a todos; trabajo bien
retribuido; acabar con esos restos de feudalismo que representa en la propiedad la existencia de los enormes latifundios
y, además, racionalizar los cultivos de la tierra para que no
existan esas grandes temporadas de paro, que son consecuencia de que la tierra no se cultiva como debiera.

Cuando la sesión iba a terminar, casi a las once de la
noche, unas breves palabras de Hermenegildo Casas insis-
tieron en el tema:

La cuestión de Sevilla —dijo— es algo más grave, más profundo que lo que aquí se ha tratado de demostrar por la comisión,
que es sencillamente la aplicación de la ley de fugas. Hay otra
cuestión más fundamental, que es el problema social, al que
la Cámara debe dedicar una atención especialísima...

Pero nada se hizo, ni por el gobierno, ni por la mayoría
parlamentaria, aunque el crimen del Parque fuese un crimen
social, de clase, y aunque las decenas de millares de huelguistas no fuesen pistoleros. Uno de los juicios más duros
y probablemente más atinados sobre todo aquello ha sido
escrito muchos años después por quien entonces era uno de
los dirigentes —y de los más jóvenes— del PSOE: Juan
Simeón Vidarte:

Los nombres de los asesinos habían quedado flotando en ella
[en la Cámara] y se esperaba una determinación inmediata del
gobierno. Todo quedó reducido a que Maura destituyó al gobernador Bastos, que nada había tenido que ver en el asunto
[según Vidarte, claro], y lo sustituyó por Vicente Sol, diputado
radical-socialista... El fiscal de la República, Angel Galarza,
uno de los prohombres del partido radical-socialista, a quien
correspondía haber iniciado la acción judicial, no adoptó reso-

lución alguna. Ni él ni los tribunales ordinarios de justicia. Los asesinos continuaron paseando su impunidad, jactanciosos de ella, por los cabarets y colmados de Sevilla [34].

Era cierto que reducir el alcance de lo sucedido en Sevilla al crimen del Parque de María Luisa equivalía a realizar la política del avestruz, a ocultarse que la coyuntura económica crítica y la crudeza de los antagonismos sociales en ciertas zonas del país iban a exigir una política diferente desde el poder, sobre todo cuando en el poder había representantes de la clase obrera; la tradicional división del proletariado de España se agrandaba y ahondaba, y los impacientes, los partidarios de esquemas simplistas, los voluntaristas de todo género encontraban terreno abonado para arrastrar a un sector importante de masas.

Ciertamente, cuando se produce la huelga de Sevilla hay todavía un ministro de la Gobernación que, social y políticamente, pertenece a la gran burguesía, aunque haya entrado en contradicción personal con la oligarquía; y un presidente vinculado a la burguesía; republicanos que buscan ser portavoces de la burguesía media como Lerroux. En el caso concreto de Sevilla, los radicales pueden representar, junto a la pequeña burguesía, cierto sector de burguesía media. Es decir, que «no se podía hacer lo que se quería»; sin embargo, la huelga de Sevilla era de lo más aleccionador. El estudio de la política gubernamental del bienio da la impresión de que no se había obtenido fruto de las enseñanzas de julio de 1931.

LAS ELECCIONES DE OCTUBRE

Siguieron las huelgas reivindicativas, siguió o aumentó el paro y siguieron las manifestaciones de parados. En septiembre doce fábricas de tejidos estaban en huelga. El sindicato

[34] *Op. cit.*, pp. 118-119.

de parados enviaba delegaciones al Gobierno Civil y al Ayuntamiento y organizaba manifestaciones reclamando trabajo. Empleó el Ayuntamiento a un centenar, cosa equivalente a una gota de agua en un océano. Vicente Sol habló de la promesa de Obras Públicas consistente en emplear dos mil obreros en trabajos de la dársena; pero los créditos para ello no acababan de ser liberados. Y Vicente Sol comenzaba a amostazarse de lo que él llamaba «actitud tumultuaria» de las representaciones obreras enviadas al Gobierno Civil.

La huelga de julio, lejos de limar asperezas entre CNT y PCE, agrió todavía más sus relaciones, y en cada oficio se produjo una competencia, no siempre pacífica, por ganar a los obreros para sus respectivos sindicatos: CNT unos, Unión Local otros, que todavía continuaban llamándose Comité de Reconstrucción de la CNT, aunque la Internacional había reconocido (carta de Manuilski del mes de mayo) que esa táctica «ya no corresponde a la situación general de la clase obrera, ni a la situación particular de la CNT... ya no es susceptible de conquistar a las masas organizadas en la CNT y UGT» (lo que no reconocía la IC es que esa táctica había sido siempre disparatada y producto de su ignorancia, en 1930, sobre el movimiento sindical español).

El caso es que las cuestiones se envenenaron, sobre todo por el intento cenetista de querer crear un sindicato suyo en el puerto, enteramente controlado (con 1.200 afiliados) por la Unión Local. Un grupo cenetista tiró el 28 de septiembre sobre obreros del sindicato del puerto cuando iba a empezar el trabajo. Salieron en su persecución numerosos obreros y tres guardias municipales, uno de los cuales tiró sobre el obrero cenetista José Castro, que resultó muerto. Los sindicatos únicos (CNT) echaron la culpa a los sindicatos del Comité de Reconstrucción (Unión Local); éstos respondieron acusando a la CNT de organizar para exigir su carnet un grupo de pistoleros, dirigido por Manuel Lora, antiguo presidente del Comité Paritario de la dictadura. Este hecho no hizo sino agravar más la extrema división de los trabajadores sevillanos.

En el campo continuaba también la agitación, no sólo en el de Sevilla, sino en toda Andalucía: en Bujalance, en Villa del Río, en Villanueva de Córdoba, las huelgas se generalizaban; también en toda la región del Condado de Huelva, con motivo de la discusión de jornales y faenas de la vendimia. En Sevilla las huelgas pidiendo ocho horas de trabajo (acabar con «la jornada de sol a sol») y rechazando las bases propuestas por los patronos, se extendieron en agosto y septiembre: primero en Estepa y Sanlúcar, luego en Ecija, Utrera, Herrera, Burguillos, Dos Hermanas, Alcalá del Río, Lora del Río, Puebla del Río, etc.

En esas circunstancias se convoca la elección complementaria para el puesto de diputado por Sevilla-capital que había dejado vacante Ramón Franco, al optar por Barcelona entre las dos ciudades que lo habían elegido. Se estaba ante lo que puede llamarse una elección-testigo, tras la huelga de julio, la represión y la persistencia de la tensión social. A nivel de todo el país se avanzaba lentamente en la elaboración de la Constitución; todavía no se había empezado nada de reforma agraria, pero un aspecto importante de la acción social estribaba en la aplicación de los decretos dados por Caballero en la primavera, que la patronal se resistía con frecuencia a cumplir. Sin embargo, el anarcosindicalismo consideraba todo esto como reformismo, y el sector Pestaña-Peiró empezaba a ser netamente desbancado por el «faísta». El PCE consideraba también reformista la simple defensa de los decretos gubernamentales.

Para dar más valor testimonial a esta elección coincide el hecho de que la Conjunción no funcionó; cada formación presentó su candidato. Estos eran los siguientes:

Partido Radical: Antonio Montaner (el antiguo gobernador).

Partido Socialista: Manuel Pedroso (catedrático).

Acción Nacional: José Huesca (propietario agrario, de la Cámara agrícola).

Partido Radical-Socialista Revolucionario: José Antonio Balbontín.

Partido Comunsita: José Bullejos.

Acción Republicana: Ricardo Majo (presidente de la agrupación de Sevilla).

También se presentaron el sacerdote Barba Rebollo y el señor Aguado. La Agrupación Socialista Independiente, que había presentado a Cuerda, acordó ahora sostener a Balbontín.

La elección fue convocada para el 4 de octubre y la propaganda electoral comenzó unos diez antes. Los radicales organizaron varias conferencias de su candidato, los «revolucionarios» un mitin en que Rodrigo Soriano y Sediles vinieron a sostener a Balbontín; el PCE un mitin en que, además de Bullejos, hablaron Mije, Daniel Ortega y Miguel Caballero. Bullejos pronunció una conferencia sobre «Los problemas fundamentales de la revolución española».

La unidad de los revolucionarios brillaba por su ausencia, y pronto comenzó en la prensa y la tribuna la polémica entre Balbontín y el PC. El punto de vista de Balbontín y sus amigos era: «nosotros somos comunistas, pero, a diferencia de los comunistas «oficiales», no aceptamos la dictadura del proletariado, porque ésta iría contra las masas libertarias de la CNT».

El Comité del PC de Sevilla trató al partido radical-socialista revolucionario de «partido de la burguesía». Respondió Balbontín que la mayoría de su partido lo formaban trabajadores manuales y que querían igualmente la revolución. Contrarreplicó el PC afirmando que la revolución democrática sólo «puede cumplirse con una base obrera, poseyendo en el proletariado y en los campesinos sus fuerzas motrices, y por lo tanto, teniendo su partido director» que no podía ser «un partido de la pequeña burguesía como es el radical-socialista revolucionario». Y así continuó la polémica.

Ambos partidos fueron los más activos en la campaña electoral. Todo lo contrario del socialista, cuyo candidato, Pedroso, se hallaba ausente de Sevilla. La propaganda «revolucionaria», que fue apoyada en mítines por el doctor Vallina, por la IRIA (Izquierda Revolucionaria y Antiimperialista) que entonces dirigía César Falcón, por los socialistas disidentes del capitán Cuerda, etc., centró su campaña sobre la represión de julio y la impunidad de que gozaban sus directores y ejecutores, utilizando todos los recursos de tipo anticlerical, de acusación al gobierno de «ser los mismos de siempre», «estar contra los obreros», etc.

Los comunistas recordaron también los sucesos del Parque de María Luisa, y en la presidencia de algunos de sus mítines se sentaron los familiares de José Parra y Francisco Navarro, asesinados el 23 de julio. José Díaz, que era secretario general del PC de Sevilla, criticó duramente a Ramón Franco: «se presentó en las elecciones pasadas como un revolucionario, y ha bastado una sola intervención de Maura en las Cortes para que quedase aniquilado para siempre».

Antonio Sánchez, ferroviario comunista de Málaga, dijo también: «No propugnamos la violencia por sí misma, sino en sentido proporcional a la resistencia que se nos haga», y criticó duramente a los abstencionistas. Bullejos, Mije y otros oradores atacaron a Balbontín y a Montaner, también al gobierno diciendo que privaba de libertades a los trabajadores. Bullejos afirmó que la revolución no se podía hacer en el Parlamento: «No obstante, la clase trabajadora debe ir a las Cortes, para evitar que se cometan abusos con los obreros y orientar a la clase obrera».

El 4 de octubre votaron más sevillanos que el 12 de julio, pero menos que el 28 de junio: 34.033 votos, representando el 33,6 por 100 del censo, de ellos 25.000 en la capital y 8.963 en los pueblos de la periferia o partido judicial. Se observará que en éstos continuó el mismo nivel de abstención, muy acentuada, que el 12 de julio.

En la ciudad acudieron a las urnas casi diez mil electores

más, es decir, más del 16 por 100 de aumento en porcentaje; en los distritos 2, 4, 9 y 10, es decir los más populares, la participación electoral sobrepasó ese nivel. En cambio, en ningún distrito se llegó a la participación electoral del 28 de junio. En números absolutos en la ciudad votaron 12.700 personas menos que el 28 de junio; en la periferia unas 4.000.

El examen comparado de las tres elecciones puede permitirnos algunas hipótesis fundadas sobre la incidencia de los acontecimientos sociopolíticos en el estado de opinión y en las reacciones del cuerpo electoral.

Demos, para empezar, algunas cifras globales: Balbontín salió elegido diputado con 10.942 votos (de ellos 1.512 de los pueblos), lo que suponía el 32 por 100 de votos expresados. En segundo lugar el representante de la patronal agraria, con etiqueta de «Acción Nacional», Huesca, que consiguió 9.623 votos (de ellos 2.107 en los pueblos), 28,3 por 100 de porcentaje. En tercer lugar el ex gobernador radical Antonio Montaner, con 4.153 votos en la ciudad y 2.897 en los pueblos, 7.050 en total (20 por 100). En cuarto lugar, Bullejos, con 2.799 votos en Sevilla y 660 en los pueblos, sumando 3.459 (10,1 por 100)[35]. Quinto llegaba Martínez Pedroso, con 2.417 votos (7,1 por 100), que provenían 1.594 de los pueblos y 818 de Sevilla. En fin, el presidente de Acción Republicana, Majó, sólo reunió 119 votos.

La polarización de fuerzas resulta evidente; la izquierda auténtica (sin los radicales) roza el 50 por 100 y en la ciudad pasa del 52 por 100. Pero la derecha oligárquica, recobrada tras un afrontamiento de clase en el que contó con los aparatos del Estado, llega al 28,3 por 100 (en junio, sumando los votos de Acción Nacional a los de Borbolla sólo llegaban al 16,6 por 100). Al no existir la candidatura de la Conjunción, la opción por Montaner tomaba un matiz netamente centrista; el descenso de porcentaje, 49 por 100 en junio, 20 por 100 en octubre, acusa en parte ese hecho, pero también que

---

[35] No se comprende cómo Bullejos puede decir en sus memorias (p. 142) que obtuvo 20.000 votos en Sevilla.

parte de los abstencionistas vinieron del sector gubernamental, como en todas las elecciones parciales que hubo entonces en España. No obstante, el hecho de que la oposición de izquierda al sistema pasase del 43 por 100 (y del 52 por 100 en la ciudad de Sevilla) es signo evidente de que la credibilidad del gobierno provisional de la república se hallaba muy quebrantada en Sevilla; en ello influyó, sin duda y en primer lugar, la huelga de julio, pero también la agravación de la condición de vida obrera y el manifiesto poder de hecho que siguieron ejerciendo algunas personas vinculadas al antiguo régimen. Si a esos datos electorales añadimos las corrientes de opinión anarcosindicalistas —mucho más ausentes de la consulta electoral que en junio—, nos damos cuenta de que Sevilla estaba «lanzada en flecha» hacia la extrema izquierda en aquel primer año de la república. En este sentido Sevilla era un «test» para la II República; más que Barcelona, cuya problemática estaba sobredeterminada por la cuestión nacional.

Si pormenorizamos el examen de los resultados electorales observamos que Balbontín no sólo superó en porcentaje, sino también en números absolutos, sus propios resultados y los de Franco, tanto en Sevilla como en los pueblos.

Bullejos conserva o supera sus porcentajes en todas partes, excepto en el distrito 1, pero no los números absolutos. No parece que haya transferencia de votos del PC al PRSR de Balbontín; éste, en cambio, debió reunir la mayoría de votos radical-socialistas que en junio obtuvo Albornoz y en julio Sánchez Suárez; su partido era una escisión por la izquierda de aquél, y ambos compartían una tradición de jacobinismo (que pronto abandonaría en toda España la mayoría radical-socialista dirigida por Gordón Ordax y Valera).

El «voto de clase» según las barriadas se hace mucho más neto; la derecha obtiene el 55 por 100 de votos en el distrito 5; 42,3 por 100 en el 7; 37,7 por 100 en el 6; 46,1 por 100 en el 1; pero 15,6 en el 4; 15,2 en el 9; 17,3 en el 10. Entre Balbontín y Bullejos obtiene 49 por 100 en el distrito 3; 60

por 100 en el 4, 56,4 por 100 en el 8, 69 por 100 en el 9 y 58,7 por 100 en el 10.

El voto de Pedroso, nulo prácticamente en los barrios populares, confirma la implantación muy débil en la ciudad del PSOE y de la UGT (aunque no cabe duda que también hubo algunos abstencionistas de esta corriente); en cambio, el vigoroso empuje de los votos por Pedroso en los pueblos es claro indicio de la progresiva implantación de la Federación Nacional de Trabajadores de la Tierra (UGT) en el sector agrario (obtiene 17,7 por 100 en los pueblos). Pero es, sobre todo el 32,2 por 100 de Montaner en los pueblos lo que hace pensar en una implantación del partido radical en la que, sin duda alguna, ciertos propietarios debían desempeñar también su papel. No obstante, hay razones para creer que el neto avance de la derecha en los pueblos (del 6,5 por 100 en junio al 23 por 100 en octubre, casi triplicando el número absoluto de votos) representa un desplazamiento de los votos que, bajo el temor de las primeras semanas de la repúca, habían votado Conjunción por votar radical y Martínez Barrio.

En resumen, la Sevilla de octubre del 31 estaba repartida en sectores políticos sobre los que se recortaban, con bastante claridad, los contrastes de clase social. Los votos de la derecha significaban que la oligarquía había conservado una base de masa en las clases medias; y que las huelgas de mayo y, sobre todo la de julio, la agitación social creciente, la extensión de la propaganda extremista, etc., habían devuelto a la oligarquía esa masa que, probablemente, y no sin vacilaciones, se resignaba a aceptar el patronato político de M. Barrio, Sicilia, etc., durante las primeras semanas de la república, pero que volvió prestamente al redil.

Paradójicamente, y en contraposición con la mayoría del país, las fuerzas políticas representadas en el gobierno provisional de la república no puede decirse que tuvieran la mayoría en la capital andaluza. Su influencia se reducirá mucho más a partir de diciembre de 1931, cuando se forme el gobierno Azaña sólo con republicanos de izquierda y socialistas. No hay más que pensar que el representante de Azaña en Sevilla había tenido el 12 de octubre 119 votos.

CONFLICTIVIDAD SOCIAL DURANTE EL OTOÑO. CONGRESO
DE LA CNT. NIVELES DE VIDA

La tensión social no disminuyó tras la elección del 4 de octubre; al contrario, podría decirse que las tensiones se exasperaban. Una reivindicación salarial de los obreros, panaderos (los oficiales ganaban 8 pesetas diarias, jornal de los más bajos en el país en ese oficio y calificación) se tradujo en huelga total de panadería; los patronos reaccionaron pretendiendo indisponer a los huelguistas con la opinión, acusándoles de baja productividad. A la vez que esto sucedía, se produjeron varios asaltos de tiendas por jóvenes parados; el PRSR (Balbontín) y el PCE desautorizaron dichas acciones, pero el gobernador, Vicente Sol, tomó pretexto de la situación para disolver el sindicato de parados.

Los patronos pasaban a la contraofensiva y celebraron una reunión en la Cámara de Comercio, el 15 de octubre, en la que participaron delegaciones de la misma, de la Cámara Agrícola y Minera, de la Cámara de la Propiedad, del Casino de Labradores, de la Asociación de Ganaderos, del Centro Mercantil, de la Unión Gremial, de la Cámara Oficial Hotelera, consignatarios de buques, etc., que, como era costumbre, se autotitulaban *clases productoras*. Y entendiendo hacer frente a lo que calificaban de «repetidos ataques de que vienen siendo víctimas», reseñaban en un largo escrito al gobierno los asaltos a tiendas y panaderías, rotura de lunas, etc., y «la inseguridad de la vida en el campo... ataques sufridos por la propiedad rústica y por la ganadería», atribuyéndolo todo a una diabólica confabulación. Se quejaban también de que los desahucios no se podían hacer efectivos, e incluso «del proceso por tenencia ilícita de armas contra algún comerciante asaltado que ha buscado tal vez en un inocente disparo al aire (*sic*) la defensa del honrado producto de una vida de trabajo...».

Los obreros no parecían ser del mismo criterio, y constantemente llegaban quejas contra el comportamiento de los propietarios (que solían apoyarse en las fuerzas locales de Guardia Civil), llegando a producir sucesos sangrientos en Gerena, Olivares y otras localidades.

En el nivel de conflictividad intervienen, en cada momento, factores de orden *subjetivo-orgánico* (estrategia y táctica que las organizaciones obreras y patronales ponen respectivamente en aplicación), contexto de la situación política española y sevillana y, naturalmente, las diferentes oscilaciones y zigzags que pueden producirse en el nivel de vida obrero, en las condiciones de trabajo —o de falta de trabajo—, etc.

Ya hemos visto que en junio se estableció el jornal de 8 pesetas para la siega y de 6,50 para los ereros. Se establecieron también entre 8 y 9 pesetas para los trabajos de máquina, pero dado el extenso paro forzoso y la animadversión en los medios obreros al empleo de máquinas agrícolas éstas no se empleaban apenas. Antonio Miguel Bernal ha escrito sobre el particular:

La misma autoridad republicana tuvo que prohibir el empleo de las máquinas ante la situación alarmante de paro. En junio de 1931, el gobernador civil de Sevilla [se entiende, pues, que es Montaner. T. de L.] dirigía una circular a los alcaldes de los pueblos indicándoles que no tolerasen el empleo de las máquinas agrícolas para las faenas de recolección. El incendio y la destrucción de máquinas a manos de los trabajadores tuvo lugar sobre todo en los pueblos donde el latifundio predomina [36].

Los ladrilleros, que sostuvieron una dura huelga, obtuvieron 8 pesetas de jornal para los faeneros mayores de veinte años, lo que les supuso un aumento de una peseta al día.

---

[36] A. M. Bernal: *op. cit.*, pp. 171-172.

Pero aquellos que tenían de 16 a 19 años quedaban con un salario de 4 pesetas (bases de trabajo del 7 de agosto de 1931).

Los metalúrgicos consiguieron un aumento para los oficiales de 6,40 que tenían, a 7,30 diarias; los ayudantes pasaron de 5 pesetas a 6,39; las tarifas a destajo fueron aumentadas en un 10 por 100. El acuerdo fue, sin embargo, muy ambiguo; la obligación de que en cada taller hubiese por lo menos un oficial con 11 pesetas de jornal quería decir poco. Hay que tener en cuenta que los oficiales ajustadores, torneros y cerrajeros ya tenían en 1930 un salario ligeramente superior a las 9 pesetas. El acuerdo metalúrgico fue, pues, favorable a los bajos salarios, pues se «cerró el abanico» o ángulo de apertura de salarios.

También para los bajos salarios pedían los huelguistas de la construcción 8,50 pesetas para los peones, que hasta entonces habían estado ganando 7 pesetas e incluso menos. No he podido comprobar si esta reivindicación fue conseguida para todo el oficio. En cuanto a los obreros del puerto, toda la cuestión residía para ellos en defender las bases anteriores a 1923.

El litigio de los panaderos fue uno de los más enconados. Había un acuerdo de 1930 que no se aprobó hasta julio de 1931, ya con la república y, dada la situación de Sevilla, no entró en vigor hasta el 1 de septiembre. Aun así, y por una estipulación sobre el número de kilogramos producidos, que equivalía al destajo, los oficiales venían a ganar 8 pesetas diarias; representaba algo más de una peseta que en 1929, pero menos que en el resto de grandes ciudades. Además, los patronos pretendían que entrasen a trabajar a la una de la madrugada, y no a las dos. Los obreros fueron a la huelga el 12 de octubre; la situación se endureció más y más durante largas semanas; los sindicatos, sobre todo los de la Unión Local, consiguieron extender el paro a las panaderías de los pueblos de la provincia, y formaron un comité de huelga con carácter de unidad de acción (CNT-ULS-UGT). Al cabo de dieciocho días, los patronos cedían; los obreros panaderos

consiguieron un aumento del 18 por 100, el pago de levadu-
ras hechas fuera de las horas de trabajo (es decir, cuando
entraban antes los oficiales y ayudantes de masa) y el reconocimiento de los delegados de taller.

Aquel verano hubo también nuevas bases de trabajo en la
sastrería (sin embargo, las modistas no consiguieron que el
Ministerio aprobase su acuerdo hasta dos años después),
ciertos sectores de hostelería, del comercio, etc. El problema
más acuciante para los asalariados seguía siendo el paro
forzoso, más que el nivel salarial. Ese paro, al producir una
baja del poder adquisitivo de un vasto sector de la población, no podía menor de repercutir en los ingresos de los
pequeños comerciantes, sector importante de la ciudad.

Pero además, si los precios habían tenido relativa estabilidad durante el verano, sufrieron cierta elevación en otoño
e invierno de 1931-1932, sobre todo el aceite y las leguminosas; el pan, sin embargo, se mantendría estos meses es-
table, a 0,60 pesetas.

Coincidiendo con los hechos señalados se celebró en Sevilla el congreso de la Confederación Regional del Trabajo
(CNT) de Andalucía y Extremadura. Esta asamblea discutió
sobre la reforma agraria, considerada como un paliativo,
pero no como una solución; a propuesta del delegado del
sindicato único de agricultores de Ecija se decidió rechazar
la parcelación de tierras; tras una discusión que duró dos
sesiones se acordó propugnar que los latifundios fuesen entregados a los municipios y que éstos confiasen su control a
los sindicatos. En el mitin de clausura hablaron Miguel
Mendiola, secretario del Comité Regional; José Ballesteros,
por el Comité Nacional de relaciones de campesinos; Carlos
Zimmerman, por la Comarcal de campo de Gibraltar y, por
último, el representante de la FAI, Domingo Germinal, que ya
había intervenido varias veces en las sesiones del Congreso;
Eugenio Benedito, por el Comité Nacional de la CNT; Luis Pa-
nuero, por la comisión organizadora del sindicato de profesiones liberales, y Miguel Mendiola, que presidió, y concluyó

declarándose opuesto al proyecto de reforma agraria. Todos ellos se mostraron solidarios con los presos, por la «unión de la clase proletaria» (lo que no impidió los ataques a comunistas y, sobre todo, a socialistas) y netamente opuestos al régimen republicano. Benedito afirmó que Andalucía debía iniciar la acción revolucionaria según las características (*sic*) de la CNT. Refiriéndose al paro dijo: «el paro forzoso supone la bancarrota del capitalismo y no tiene más solución que la expropiación de las tierras y la incautación de las fábricas».

El mes de noviembre empezó con otros conflictos sociales, los más destacados la huelga corchotaponera y la de tranviarios. La primera es característica de las épocas de crisis, pues se trataba de una «huelga preventiva contra el paro»; los obreros pedían unas bases de trabajo en las que figurase una cláusula impidiendo los despidos. Los patronos, que desde hacía tiempo exportaban el corcho en bruto y sin elaborar, no aceptaban dicha condición.

La huelga de los tranviarios se saldó por un compromiso, obteniendo un promedio de 0,50 pesetas como aumento, que no era mucho, y la readmisión de todo el personal, sin represalias.

CONFLICTO DEL PUERTO Y CONGRESO DE SINDICATOS
DE LA ISR

Sobre esa tela de fondo fue creciendo el conflicto del puerto; la hegemonía del sindicato de la Unión Local afectaba tanto a la CNT como al gobernador. Recuérdese la política de Montaner, de animar la formación de nuevos sindicatos cenetistas (subrayada por Antonio Jaén, presidente de la comisión parlamentaria) que si bien podía perjudicar a los «ugetistas» —como éstos creían y también lo creía Maura— estaba sobre todo encaminada a estimular la formación de sindicatos en aquellos oficios en que el antiguo sindicato CNT había pasado a control de los comunistas en el marco del «comité de reconstrucción» y de la Unión Local. En el puerto, los intentos de penetración de la CNT dieron lugar a graves incidentes como el ya reseñado.

Se inició una política de boicot al Sindicato del Transporte (Unión Local) para negar trabajo a sus afiliados; los consignatarios y sus capataces favorecían esa política, y la Unión Local acusaba a la CNT de beneficiarse de ella. En esas condiciones, los afiliados al Sindicato del Transporte cesaron de trabajar y empezaron a trabajar algunos grupos de cenetistas considerados por los comunistas como esquiroles. El 21 de noviembre, el Sindicato del Transporte celebró una asamblea multitudinaria (5.000 personas o 3.000 según las fuentes; cabe estimar ambas cifras como exageradas, aunque desde luego, asistieron otros muchos afiliados a la Unión Local, miembros de las Juventudes Comunistas, etc., que no trabajaban en el puerto). Esta asamblea estuvo presidida por Carlos Núñez, secretario del sindicato, que hizo el informe; hablaron también obreros del puerto, representantes del Sindicato de Marineros, Antonio Mije y, por último, José Díaz, secretario general del PC de Sevilla.

El 23 de noviembre la huelga se extendió a las obras de desviación del Guadalquivir. Ese día hubo algunos tiroteos; los comunistas acusaron a la patronal de armar patrullas para proteger a los esquiroles. El día 24, Carlos Núñez por un lado y patronal por otro, celebraron reuniones en la Delegación Regional del Trabajo. A las ocho de la noche, Núñez informaba ante millares de obreros reunidos en la sede de la Unión Local, instalada en un caserón de la calle del Arenal. Se acordó continuar la huelga (porque la patronal no aceptaba el turno propuesto por el sindicato para las faenas de carga y descarga); los delegados de carreros y chóferes se ofrecieron para secundar la huelga por solidaridad. Aquel mismo día dos huelguistas más fueron heridos por disparos de bala atribuibles a los grupos de protección de esquiroles.

No obstante, en una nueva reunión se llegó a un acuerdo transaccional para reanudar el trabajo. Eso no solucionó, sin embargo, el boicot declarado por la CNT si seguía siendo el sindicato de la Unión Local quien proporcionaba la mano de obra en el puerto. Por su parte, el sindicato de la Unión Local había declarado el boicot a las casas Sota e Ibarra, porque éstas habían utilizado a unos capataces boicoteados por el sindicato. En ese engranaje se insertó una nueva intervención de la CNT dispuesta a utilizar la oportunidad para hacer que sus afiliados trabajasen. Pero el sindicato «rojo» consiguió conservar el control del puerto.

Mientras esa situación se prolongaba indefinidamente, la Unión Local lanzó huelgas en los sindicatos de dependientes de bebidas, afiliados a ella, y en la casa Torras. En aquel momento la Unión Local tenía los siguientes sindicatos [37]: Transporte (puesto-cargadores y descargadores-chóferes-carreros), Metalúrgicos, Dársena, Cerámica, Vías y Riegos, Electromecánicos, Cocheros, Productos Químicos, Dependientes de Bebidas, Gasistas, Panaderos, Confiteros, Piel, Marineros y una serie de sindicatos de los pueblos cercanos: aceituneras de Dos Hermanas; toneleros y faeneros de la misma localidad, cerámica de San Juan de Aznalfarache, oficios varios de Camas (donde había una activa organización del PCE), etc.

La política sindical que la IC preconizaba para el PCE había abandonado la idea del «Comité de Reconstrucción» (aunque esta denominación seguía usándose por los comunistas andaluces), planteando que era necesario echar las bases de una sola central sindical; para esto, empezaban por intentar crearla a base de los sindicatos más afines, de tal manera que, en realidad, viniese a ser una central más adherida a la Internacional Sindical Roja, como era el caso de la CGTU de Francia (sin embargo, más importante de lo que nunca fue su homónima española).

A esa idea responde la convocatoria de una «Conferencia Nacional de Unidad Sindical» que hace la Unión Local de

---

[37] Fuente: *Mundo Obrero* del 23 de noviembre de 1931.

San Sebastián el 10 de noviembre[38]. El extenso documento reproduce las apreciaciones del PCE sobre la coyuntura política española, lamentando a la vez la desunión entre UGT y CNT, pero atacando ya a «los jefes sindicales», con lo cual la unión corría el riesgo de quedarse limitada al repetido «frente único por la base». Las reivindicaciones finales, además de «Unidad sindical para la lucha», iban desde la jornada de siete horas y el subsidio del 75 por 100 del jornal para los parados, hasta la expropiación de los latifundios, el reparto (*sic*) de la tierra entre quienes la trabajan, la disolución de la Guardia Civil, de seguridad y cívica, y el armamento de los trabajadores. Este programa maximalista no podía convencer más que a los convencidos; pero los sindicatos «rojos» (afiliados a la ISR) de Andalucía serían los primeros en adherirse; y también otros más; en el mismo San Sebastián se adhirieron al día siguiente los descargadores de Pasajes y los metalúrgicos (de UGT); en Bilbao todos los sindicatos autónomos (controlados por el PC), que reunían 4.555 afiliados, decidieron inmediatamente adherirse a la propuesta de la Federación Local de San Sebastián. Pronto se sumaron la Federación Local de Villanueva de Córdoba, varios sindicatos «ugetistas» de Aranjuez; en Málaga, el «Comité de Reconstrucción», los sindicatos de panaderos, piel, estuchistas y profesiones liberales, el de obreros y empleados municipales de San Sebastián, incluso el de Dependientes de Comercio (que estaba en la UGT).

Se pensó en lanzar con fuerza la campaña desde Sevilla,

---

[38] La Federación Local de Sociedades Obreras de San Sebastián estaba formada por un grupo de sindicatos autónomos que habían empezado a constituirse a primeros de siglo, y que participaron luego en la huelga de 1917. Hacia 1930 y 1931 tenía su local en la calle del Puerto, núm. 7; formaba parte de ella el Sindicato de la Madera, que era el más importante y estaba nutrido en gran parte por obreros de los talleres de Herederos de Ramón Múgica. Su principal dirigente era Jesús Miguel, militante del PC desde los años fundacionales. Otros sindicatos eran los de dependientes de comercio, artes gráficas, músicos (ambos dirigidos por Ricardo Urondo), obreros y empleados municipales, cargadores y descargadores del puerto, hojalateros y similares, pintores, etc. En 1931 el presidente de la Federación Local era Jesús Miguel.

celebrando allí un llamado «Congreso Regional de los Sindicatos Revolucionarios de Andalucía», seguido de un congreso de obreros agrícolas.

Desde el primer momento no se hace misterio del «propósito de la Unión Regional de Sindicatos de Andalucía de adherir todas sus fuerzas a la Conferencia Nacional de Unidad Sindical» [39]. No deja de ser curioso que en los documentos previos al Congreso Regional se siga hablando de «las directivas del Comité Nacional de Reconstrucción de la CNT revolucionaria», a pesar de que seis meses atrás ya había dado la Internacional instrucciones para liquidarlo. Aunque es aventurado lanzar hipótesis sobre el particular, cabe pensar que los «cuadros» sindicales del PCE de la época (Adame, Silva, Núñez, etc.) tenían cierto apego a esa entelequia de «Comité Nacional» donde ellos habían actuado como dirigentes, mucho más que los de otros sindicatos «rojos» de Vizcaya, Asturias y Guipúzcoa.

El congreso fue convocado para los días 10 al 13 de diciembre; las circulares de convocatoria eran muy prolijas, pidiendo que constase en las delegaciones o adhesiones no sólo el número de afiliados al sindicato, sino toda una información sobre obreros en paro total y en paro parcial de la localidad u oficio, las huelgas realizadas, su duración, sus resultados, incidentes y presos político-sociales del sindicato.

Al empezar diciembre, parecía que se iniciaba otra oleada de huelgas dirigida por la Unión Local; la subida de precio de algunos artículos y las mayores dificultades del invierno (necesidad de leña o carbón, de abrigo para los niños, etc.) contribuían a crear un clima tenso. Ya el 2 de diciembre, la asamblea del Sindicato de Dependientes de Bebidas decidió ir a la huelga si los patronos no aceptaban las bases. Al día siguiente los trabajadores de Torras (también de la Unión Local) iniciaban otra huelga. Los patronos también actuaban, y la importante empresa metalúrgica «Hijos de Cobián»

---

[39] *Mundo Obrero*, 19 de noviembre de 1931.

anunciaba su cierre para el 31 de diciembre, con el consiguiente despido de los 500 obreros que allí trabajaban. El Sindicato de Metalurgia (Unión Local) llevaba de frente este conflicto y el de Torras, donde se produjo una segunda huelga porque la dirección quiso hacer despidos tras la primera.

El comienzo de la recolección de la aceituna engendraba también otra serie de conflictos; en Camas los aceituneros fueron a la huelga contra el destajo y los muleros porque les obligaban a hacer jornada superior a las seis horas. En Santiponce hubo conflictos análogos. En La Rinconada hubo también huelga de aceituneras. En Sevilla misma, las obreras aceituneras (tratamiento y envase) de la casa Barea, en número de 500, entraron colectivamente en la Unión Local.

Las fuerzas de la oligarquía económica se reorganizaban y crearon la Federación Económica de Andalucía, encabezada por Ibarra y por Huesca, que pronto se adherirá al gran consorcio patronal «Unión Económica», presidido a nivel nacional por Ramón Bergé, capitalista del norte, emparentado con los Ibarra y vinculado a «Acción Nacional».

Los patronos respondían duramente, y el gobernador Vicente Sol, temeroso de la «subversión social», los estimuló en una conferencia que pronunció en el Círculo Mercantil. En realidad, la policía a sus órdenes también pasaba a la acción: fue detenido el comunista Manuel Romero, y también el presidente del Sindicato de Cerámica «La Cartuja»; dos días después le tocó la vez a uno de los dirigentes locales, Miguel Núñez, al que aprehendieron mientras repartía octavillas; al día siguiente (7 de diciembre) fue detenido Nieva, presidente de los Dependientes de Bebidas, como medida preventiva contra la anunciada huelga.

En la cárcel había numerosos presos político-sociales, comunistas y cenetistas, que organizaron un plante el 7 de diciembre.

Eran los días —recordémoslo— en que se aprobaba definitivamente la Constitución y se elegía a Alcalá Zamora presidente de la república; y el 15 de diciembre presentó Azaña su segundo gobierno, esta vez sin radicales.

Comunistas y cenetistas manifestaban su oposición; el PC reunió cerca de 4.000 personas en el cine Universidad de Sevilla, el 5 de diciembre; hablaron José Díaz, Adriano Romero (campesino cordobés, del CC desde 1927), Antonio Mije (cooptado ese mismo mes para el CE [40]) y Manuel Adame. Mije insistió principalmente sobre las grandes huelgas (había terminado la de Alto Hornos de Vizcaya y empezaba la de Gijón) y Adame sobre la función de la clase obrera en la revolución democrática, «ya que la burguesía va entregándose, impotente para continuar, en los brazos de los mismos intereses que intentó abolir».

CONGRESO DE LOS SINDICATOS ANDALUCES

Llegó, por fin, el Congreso Regional de los Sindicatos de Andalucía adheridos a la ISR, que iba a dar la medida de la influencia sindical de los comunistas en la región donde estaban más sólidamente implantados.

Se abrió el 10 de diciembre en la sala de la Sociedad Económica de Amigos del País, en presencia de 95 delegados que representaban a 75 sindicatos, además de todos los pertenecientes a la Unión Local de Sevilla; representaban, según la mesa del congreso, «más de 80.000 trabajadores». Hay que pensar que la CNT y la UGT ya habían pasado la cota de los 100.000 afiliados en Andalucía (la CNT tenía el 45 por 100 de sus efectivos en Sevilla; la UGT sólo 19.800 de sus 124.387 afiliados andaluces). Si sumamos los posibles afiliados de las tres sindicales en 1931 nos da algo más de 300.000 trabajadores, lo que no significaba más que el 23 por 100 aproximadamente de la población activa de Andalucía, pero sin duda más del 35 por 100 de la población asalariada, lo

---

[40] Tomado de la breve autobiografía redactada por él mismo para el autor.

que representaba un elevado coeficiente de afiliación sindical. Además, la CNT aumentaría sus efectivos durante el año 1932, así como la Federación de Trabajadores de la Tierra (UGT).

El congreso tenía un extenso orden del día, que constaba de los doce siguientes puntos:

1. Constitución del congreso y nombramiento de la mesa de discusión.
2. Informes de los delegados sobre la situación general de Andalucía.
3. Nombramiento de ponencias y resoluciones.
4. Plan de reivindicaciones parciales y generales de los obreros industriales, mineros y agrícolas.
5. Métodos de organización:
   a) Federaciones de industria.
   b) Sindicatos de empresa [41].
   c) Secciones femeninas y de jóvenes en los sindicatos.
   d) Comités de obreros agrícolas y su ligazón con los campesinos.
6. Plan de reivindicaciones para los parados y métodos de organización.
7. Organización de la autodefensa. Tratar sobre la cuestión de una organización de defensa proletaria.
8. Tratar sobre la necesidad del envío de una delegación obrera y campesina a Rusia. Nombramiento de una comisión que realice los trabajos preparatorios.
9. Prensa y publicaciones de los sindicatos. Tratar sobre la formación de los militantes.
10. Resoluciones sobre el frente único y la unidad sindical. Lectura de un carta de la Federación Local de Sociedades Obreras de San Sebastián y resolución sobre ella.

---

[41] Hay que señalar que la Unión Local estaba realizando la experiencia de tener «sindicatos de empresa», como el de cerámica «La Cartuja», el de «Torras», S. A., y algunos más.

11. Nombramiento del Comité Regional. Residencia del mismo, previa aprobación del reglamento.
12. Proposiciones generales de los sindicatos y delegados y asuntos varios.

No cabía duda. Se trataba de sentar las bases de la nueva central sindical prevista, partiendo de la región que ofrecía más posibilidades: Andalucía. El orden del día tenía un carácter *orgánico* que iba mucho más lejos que el de un encuentro por la unidad.

Tras la constitución de la mesa y lectura de credenciales, se pasó a los informes. Aunque en principio se trataba de un informe por provincia (Mije por Sevilla, Caballero por Córdoba, Ochoa por Málaga, Delicado por Granada), en realidad se multiplicaron las intervenciones, sobre todo en las sesiones del primer día: los delegados de panaderos, de electromecánicos, de albañiles, etc., de Sevilla, así como Carlos Núñez; el delegado de Ríotinto, los de numerosos pueblos de la provincia (Camas, Dos Hermanas, Tomares, Peñaflor), etc. Los informes fundamentales, de Mije y Núñez, fueron muy críticos para la CNT y UGT. En cuanto a Adame, en una extensa intervención durante la tercera sesión, trazó la historia del «Comité de Reconstrucción», manifestando

cuál fue la jugada de oportunismo llevada a cabo por los actuales dirigentes de la CNT, que sometieron a Berenguer el organismo obrero... La labor del CN de R no fue inspirada por espíritu de escisión, sino que, por el contrario, perseguía reconstruir revolucionariamente una central sindical purgada ya de antiguos errores.

Hasta ahí, los argumentos tenían una credibilidad muy relativa. Luego llegó lo que se esperaba; autodisolución y paso a la táctica de una nueva central sindical a través de la proyectada conferencia de unidad:

los comunistas no pretenden asaltar la dirección del organismo obrero, como se ha dicho por los anarquistas, puesto que empiezan por retirar la consigna de reconstrucción poniendo todos los efectivos del CN de R a disposición de la conferencia que se ha de celebrar en San Sebastián.

Durante las sesiones del segundo día se presentaron las ponencias de reinvidicaciones elaboradas por las comisiones, discutiéndose y aprobándose. Señalemos, entre otras, la petición de un aumento lineal de salarios de 10 pesetas, el salario mínimo de 10 pesetas en la industria, jornada de ocho horas, retiro obrero a los cincuenta años con un 75 por 100 del salario; un mes de vacaciones al año pagadas en la industria, etc. En la sesión de la noche intervino Angeles Montesinos, que había sido candidato a Cortes, en nombre de las mujeres comunistas. También se debatió el problema del temido aumento del paro, para fines de enero, cuando terminase la recolección de la aceituna.

Como era de suponer, el congreso se adhirió a la propuesta de la Federación Local de San Sebastián. Por añadidura, en el punto de «métodos de organización» se dio priodidad a «los comités de fábrica como forma práctica del frente único en la base, constituidos en los lugares de trabajo, con una dirección nombrada por los propios obreros de la empresa». Se habló, naturalmente, de la necesidad de unificar las dos centrales sindicales, pero «saltando por encima de la voluntad de los líderes traidores», lo que implicaba, para empezar, la adhesión a la futura Conferencia de Unidad Sindical.

El congreso nombró un Comité Regional en el que figuraban fundamentalmente Mije, Ochoa, Adrián Romero, Caballero y Delicado, y dio fin a sus tareas con un mitin ante varios millares de personas (los 8.000 obreros que cita *Mundo Obrero* parecen una estimación exagerada, ya que no podían caber en el cine Universidad), con participación de los principales dirigentes tantas veces citados [42].

---

[42] Véase en el apéndice la información sobre quienes fueron los miembros de la mesa y los sindicatos allí representados. Secretario general del Comité Regional fue nombrado Antonio Mije (nombre que en todos los documentos de la época aparece escrito *Mitje*).

Empezó el año 1932 y cada organización obrera hizo un esfuerzo más por ser ella quien dominase la situación. La CNT celebró un acto público el 4 de enero, con intervención de representantes catalanes (del sindicato fabril y textil de Barcelona) de la corriente «faísta». Amenazó con la revolución que haría la CNT si Lerroux tomaba el poder Joaquín Cortés, de dicho sindicato. El tono general, según todas las reseñas, fue de virulentos ataques a los comunistas.

Los socialistas sevillanos celebraron, por su parte, el congreso provincial de agrupaciones socialistas durante la tercera semana de enero. Destacaron, entre las intervenciones, un extenso discurso de Cordero, que participó en nombre de la CE del PSOE, y otras intervenciones de Hermenegildo Casas, Alvarez Angulo, Adolfo Moreno y Manuel Barrio. Fueron unánimes las críticas contra el gobernador civil, a quien se acusó de favorecer a los patronos en todos los conflictos sociales. Igualmente se adoptaron resoluciones contra los desahucios de obreros y contra la actitud de los patronos agrícolas, que agravaban el paro al negarse a realizar labores necesarias.

Cordero hizo un discurso de circunstancias, aconsejando prudencia y ecuanimidad; marcó distancias con los republicanos, agregando que los socialistas no se conformarían con una república burguesa. Se refirió al problema agrario en Andalucía, al hambre secular del campesino, etc., como problemas de solución a largo plazo. Y llegó a afirmar que «era necesario ir eliminando poco a poco de la ciudad a los obreros que durante la Exposición habían venido del campo a trabajar en ella». La reforma agraria, no creía que resolviese el problema de la tierra, «pero podrá remediar en parte los abusos de la propiedad». «Combatió las excitaciones extremistas —decía la prensa— y aconsejó a las masas obreras que estudien a fondo la legislación oficial, para hacer cumplir, y no se ilusionen demasiado con una democracia como la actual influenciada todavía por el capitalismo.»

Probablemente, el fenómeno que se daba en Sevilla es

que la masa obrera no se ilusionaba ni poco ni mucho con la situación reinante, menos sin duda que Cordero.

El congreso socialista aprobó la propuesta de Comité Provincial hecha por la ponencia designada al efecto, que fue la siguiente: presidente, Hermenegildo Casas; vicepresidente, Adolfo Carretero; secretario general, Adolfo Moreno; secretario contador, Enrique Salcedo; tesorero, Jesús Crespo; vocal 1.º, Manuel Barrio; vocal 2.º, José Vargas; delegado en el C. Nacional, Adolfo Carretero.

Las relaciones entre PSOE y gobernador civil se habían ido agriando cada vez más. Sol había elevado al gobierno una memoria con «soluciones al problema social» de Sevilla, que fue duramente combatida por una nota que firmaron conjuntamente el Consejo Provincial de Agrupaciones Socialistas y la CE de la Federación Provincial Obrera (UGT). La proclividad del gobernador por las patronales y el hecho de que hubiese apoyado sin rebozo los destajos en la recogida de aceituna, ofrecieron amplio blanco a la crítica. El PSOE y la UGT necesitaban mostrar que, aunque formaban parte de la mayoría gubernamental, no estaban de acuerdo con la política social que aplicaba el gobernador. De ahí cierta ambigüedad en estos documentos, donde se insiste, como Cordero había hecho, en que «se aplique la legislación social de la república», en que «se apruebe la reforma agraria, cuanto antes mejor» (que no era asunto del gobernador, sino del gobierno y del Parlamento), y en que «se obligue a labrar las tierras, evitando la simulación de arriendos...». En lo último coincidían curiosamente con el denostado gobernador, en la interviú que éste concedió a *El Sol* del 23 de enero: «exigir rigurosamente que se realicen las labores pertinentes, sin excusa ni pretexto alguno». Por razones de propaganda, la UGT acusaba a Sol de decir que los cenetistas y comunistas eran mayoritarios y llegaba a afirmar que «el predominio corresponde en casi todos los pueblos de la provincia al Partido Socialista y a la UGT», afirmando que la UGT tenía en Sevilla y su provincia «más de 50.000 afiliados» (*sic*). La historia ha podido comprobar la inexactitud de ambas afirmaciones; basta con los propios datos estadísticos de la UGT y de la FNTT.

No es menos cierto que V. Sol, por los condicionamientos que fuese, parecía jugar el juego de la patronal sevillana, aunque trataba a las derechas de «padecer una ceguera suicida». Llegó a decir que «la situación actual de Sevilla es, a la vez, un problema social y un problema de policía», tratando de asustar a la opinión con el «coco» de «las organizaciones subversivas». Sol trataba de defenderse en Madrid de la ofensiva socialista a nivel provincial, pero algunos hechos eran incontrovertibles; el ya citado del trabajo a destajo, y la documentación recogida por el ingeniero-jefe de Acción Agronómica de la provincia, probando que en muchas fincas de Alcalá de Guadaira, Carmona, el Arahal y Huévar no se trabajaba desde hacía años y que en otras los propietarios (grandes terratenientes) no habían hecho ninguna de las labores necesarias tras la recogida de la aceituna.

LA HUELGA DEL 25 Y 26 DE ENERO. ELEVACION DEL NIVEL DE CONFLICTOS EN 1932

La matanza de guardias civiles de Castillblanco (Extremadura), el 31 de diciembre, había puesto las cosas al rojo vivo [43]. La fuerza pública en cuestión empezaba a manifestar un comportamiento autónomo con respecto a los centros de decisión del Estado, y su propio jefe, el general Sanjurjo, parecía incitarle a ello. La primitiva ley del Talión y el no menos primitivo «tomarse la justicia por su mano», sobre-

---

[43] Conviene recordar, para situar los hechos de Castillblanco en su contexto histórico, que tan sólo en aquel mes de diciembre la Guardia Civil había causado la muerte de cuatro obreros durante la huelga de Gijón; de uno, cuando la huelga que la CNT organizó en Zaragoza contra el seguro obligatorio; de otro, también cenetista, en la manifestación que hubo en Huesca por el aniversario del fusilamiento de Galán y García Hernández, y, en fin, todavía de dos campesinos más en La Almarcha el 27 de diciembre.

pasando en la agresión las ofensas recibidas, tuvo lugar en Arnedo, provincia de Logroño: seis obreros —cuatro mujeres y dos hombres— muertos por la Guardia Civil tirándoles a bocajarro y treinta heridos más en una manifestación pacífica. La derecha más extrema empieza ya lisonjear a Sanjurjo y a la Guardia Civil. Azaña, que piensa destituir a Sanjurjo, comete la torpeza de decírselo; le va a pasar a la Dirección General de Carabineros. Al marqués del Rif (pues ese era el título con que le ennobleció Alfonso XII) le cayó muy mal aquello. El traslado o destitución no sería firmado hasta el 4 de febrero. Era igual; las cartas estaban ya echadas.

En este clima, el sector «faísta» cada vez más pujante dentro de la CNT consigue desatar una insurrección local en la cuenca del alto Llobregat; los grupos anarquistas se apoderaron el 18 de enero de los Ayuntamientos de Berga, Sallent, Figols, Cardona y Suria, y proclamaban «el comunismo libertario». La rebelión se extendió a Manresa. Azaña se creyó ante una insurrección «anarquista-comunista» (!!!) movida por «delegados rusos», según los desdichados servicios de información que tenía el gobierno de la república (los mismos que, naturalmente, no le decían que desde la propia Dirección General de Seguridad y el propio Ministerio de la Guerra se conspiraba contra la seguridad del Estado), y envió fuerzas del ejército y hasta habló de fusilamientos en el Consejo de Ministros. Vicente Sol se puso inmediatamente en ambiente y aseguró (según escribe Azaña en su diario) que él mismo había intervenido las comunicaciones telefónicas de la CNT y había oído a Pestaña dar por teléfono la orden de huelga para Sevilla. No se sabe qué admirar más, si el gesto de «predecesor» de Sol con sus escuchas telefónicas o el dislate que suponía su información confidencial al gobierno (que estuvo a punto de ordenar la detención de Pestaña); es bien sabido que Pestaña era opuesto al alzamiento, y que su negativa a declarar una huelga general, cuando en febrero fueron deportados 104 anarquistas complicados por la intentona del alto Llobregat, le costó el puesto de secretario general de la CNT.

El alzamiento estaba liquidado el día 21, sin que hubiese que lamentar víctimas. Pero la huelga general subsiguiente se prolongó dos días en la provincia de Barcelona y en varias de Andalucía: Málaga, Córdoba parcialmente... (Probablemente, lo que había oído Sol a Pestaña eran instrucciones para la huelga de solidaridad.)

A todo esto el PC venía desarrollando una campaña porque, según sus análisis —si análisis había— se había agudizado la lucha revolucionaria, a la vez que una ofensiva de la contrarrevolución [44]. Se trataba de ir a una huelga general de protesta, y aprovechó la coyuntura para lanzar esa consigna: huelga general de cuarenta y ocho horas ya planteada en una «Carta abierta a los obreros y campesinos de toda España», pensada para mediados de enero y que no pudo poner en práctica por las medidas generales represivas tras el alzamiento del norte de Cataluña.

En Sevilla fueron clausurados gubernativamente locales sindicales de la CNT y de los sindicatos «rojos» de la ISR, hubo movilización policial, incluso medidas efectistas, como el vuelo de aviones militares sobre la ciudad, el funcionamiento de los reflectores de la Giralda, la llegada de un barco de guerra, etc. Cuando los sindicatos fueron a pedirle a Vicente Sol que abriese sus locales, les recibió el secretario del gobernador, quien les dijo: «Esta vez nos hemos adelantado nosotros. Porque no nos la van a dar con queso» (*sic*).

La conjunción de hecho del estado de ánimo de los militantes cenetistas y comunistas hacía realizable el proyecto de huelga. Y así fue.

---

[44] Lo que sí había de cierto era una especie de obsesión anticomunista que se apoderó del gobierno, quien encargó a Valdivia, secretario de la Dirección General de Seguridad, de un servicio informativo anticomunista (centrado en el ejército, pero al que no hay que confundir con el organizado por el general Franco cuando fue jefe del Estado Mayor) del que salieron numerosas fantasías. Sabido es que Valdivia llegó a director general de Seguridad en el bienio radical-cedista y estuvo implicado en el «affaire» del estraperlo.

El 25 y 26 de enero lograron la paralización de la ciudad y hasta los sindicatos UGT fueron a la huelga, aunque sin consignas para ello: metalurgia, construcción, cerámica, tranvías, puerto, tabernas y establecimientos similares, obreras de fibra de coco, «La Cartuja», los chóferes, los marineros... todo fue a la huelga. Esta tuvo también importancia en Málaga, donde los comunistas «tomaron el relevo» de la ya iniciada por los anarquistas con dos días de antelación.

La coincidencia en la acción de la Federación Local de CNT y de la Unión Local de Sindicatos no facilitó el menor acercamiento entre ellas, bien al contrario. La CNT siguió utilizando el método del «boicot» a ciertos patronos, y la Unión Local terminó aboliendo ese método. Al mismo tiempo menudearon los recíprocos ataques de ambas organizaciones, llegándose, a veces, a enfrentamientos violentos de hecho.

SEVILLA Y EL IV CONGRESO DEL PCE

Sevilla no era tan sólo el bastión numérico del PC y donde estaba mejor implantado (seguido por la Vizcaya industrial, la zona minera de Asturias y los focos cordobés y malagueño), sino también algo modélico a lo que se referían inevitablemente los documentos comunistas, los de la Internacional, etc. Por eso, cuando se trató de hacer un congreso legal (el IV) fue elegida Sevilla. El mismo PC afirmaba que sólo en Sevilla, «protegido por las masas», podía celebrarse el congreso con garantías de seguridad. Desde luego, sólo en Sevilla podía presentarse como sostenido multitudinariamente. Este congreso, que ya debía haberse celebrado a fines de 1931, era deseado por la IC, que tenía la impresión de que el equipo de dirección del PC hacía y deshacía por su cuenta, sin que existiese una auténtica vida de organización. La carta del Secretariado de la IC de mayo de 1931 no había sido comunicada a la base; otra nueva carta (del Secretariado occidental de la IC), con vistas al IV Congreso, fue esta vez dirigida «A todos los miembros del Partido Comunista de España» y no a la dirección. Las acusaciones de orden político y de orden organizativo (sectarismo, ausencia de vinculación a las masas, no funcionamiento del CC, falta de ayuda a las organizaciones regionales, etc.) denotaban la incómoda situación de los dirigentes del PC. No obstante, aceptaron los argumentos de la IC como base del congreso y se dispusieron a la celebración de éste. Frente al gobierno tampoco era cómoda su situación, que podía calificarse de legalidad precaria; y *Mundo Obrero* había sido suspendido una vez más, tras la huelga del 25 y 26 de enero.

Desde primeros de marzo se celebraron, por vez primera, conferencias regionales del PC en todas partes. La de la Federación Andaluza abrió sus sesiones en la mañana del 9 de marzo. Estaban presentes 152 delegados, cuya naturaleza era diferente, a saber: 75 representaban a la organización comunista de Sevilla, la más fuerte del país, con 1.600 afiliados; ocho procedían de los «radios» de la provincia de Sevilla, es decir, la organización de los pueblos de la provincia, sin que las fuentes precisen si los de la periferia (Camas, Burguillos, etc.) del mismo partido judicial están con los primeros delegados o con éstos; siete representaban a la organización de Córdoba y su provincia, dos a la de Málaga, dos a la de Jaén y dos a la de Granada. La Federación de Almería excusaba su ausencia por falta de medios económicos para enviar delegados. En total eran 98 delegados, que representaban a los 5.600 militantes del PC en Andalucía (Hurtado, elegido secretario de organización en el IV Congreso, señala sólo 5.750 afiliados en Andalucía, de los cuales Córdoba y provincia tienen 1.800 y Sevilla 1.600; las «organizaciones de Huelva y Granada son raquíticas y los efectivos escasísimos» [45]), la mitad aproximadamente de los efectivos totales del PCE. Los restantes delegados eran: 10 de la Fede-

---

[45] *Bolchevismo* (revista teórica del PC de E), 3, 1932, Manuel Hurtado: «Estado actual de la organización del partido y tareas urgentes a realizar», páginas 16-19.

ración Regional de Juventudes Comunistas, en nombre de 2.000 afiliados. (Sin embargo, Vicente Olmos, secretario general de la JC de España, escribía en el número 3 de *Bolchevismo:* «de 1.500 militantes que teníamos en febrero de este año, hemos pasado a la cifra de 3.600, según las cifras del congreso regional juvenil de Andalucía».) Había también 20 delegados de los comités de parados de Sevilla y 10 de los comités de fábricas metalúrgicas de Sevilla; dos de los obreros de dos fábricas de productos químicos; una delegada del comité de huelga de las obreras del chocolate, un delegado de la fundición «La Tortilla», de Linares, y una delegada en nombre de mil compañeras suyas obreras de la fibra de coco.

El resto de los delegados, hasta completar la cifra de 152, estaba formado por delegados de los obreros de las minas de Arrayanes, Las Llaves y Cía. La Minera, y por representantes de los siguientes sindicatos: transporte de Sevilla; metalúrgicos de Sevilla; obreros agrícolas de Antequera; obreros agrícolas de Málaga, Teba y Mairena.

Se entiende que sólo los 98 delegados primeros (y tal vez los diez de las Juventudes) tenían voz y voto. La participación de los restantes parecía ser una especie de adhesión de simpatía o con fines informativos; los delegados de los comités de fábrica decían que «iban a dar su opinión sobre los importantes problemas planteados al IV Congreso del PC de España. La realidad es que no se llegaba a votar; la problemática más dura quedaba a nivel de las comisiones (restringidas) elegidas para elaborar las resoluciones o para proponer candidaturas de nuevo Comité.

El congreso regional discutió sobre las «tesis políticas» del IV Congreso tomando como base la carta de la IC; luego discutió específicamente sobre las cuestiones agrarias, de organización, etc., y desde luego sobre la carta de la Internacional.

Por fin, el 17 de marzo, en el pabellón de los Estados Unidos del Parque de María Luisa, abría sus sesiones el IV Congreso del PC de E. Presidía José Díaz, entonces secretario general de la organización de Sevilla; había en la sala 208 delegados que habían sido elegidos por los congresos de las federaciones regionales, 20 de las Juventudes Comunistas, 20 por el Comité Central, cuatro por el Comité Ejecutivo (que entonces empieza a llamarse con el barbarismo de «Buró» Político), cinco del cc de las Juventudes y 55 delegados de fábricas y sindicatos (de nuevo no está claro si estos delegados tenían voz consultiva o si solamente asistían y pronunciaban algunas palabras de saludo). El número total de representados orgánicamente no es fácil precisarlo a la unidad, dadas las diferencias entre las fuentes, pero puede situarse alrededor de los 10.000, además de los cuatro o cinco millares de afiliados que tendrían las Juventudes [46].

En cuanto a los 55 delegados sin otra función que la de propaganda, se da, en general, la cifra de 90.000 obreros representados; está en relación con la influencia del antiguo cn de Reconstrucción transformado en Comité pro Unidad Sindical. Desde la óptica específica de nuestro trabajo

[46] Para *El Liberal* (19 de marzo) los afiliados son 8.547 más 3.570 de Juventudes, representados en el congreso por 201 y 28 delegados, respectivamente.

Para *La Correspondance Internationale* (31 de marzo) hay 10.000 afiliados más 3.570 de jóvenes, con 226 y 24 delegados, respectivamente (además de los miembros del Comité Central).

Bullejos habla en sus memorias de «257 delegados que representaban a 12.000 afiliados».

Un estudio de los datos facilitados por los congresos regionales que precedieron al IV Congreso (consultados en *La Palabra*, que sustituía a *Mundo Obrero*, suspendido gubernativamente desde fines de enero) ofrece 8.751 afiliados al PC, faltando los datos de Catalunya, Levante y Extremadura, que, pese a su debilidad, debían alcanzar un millar más. A ello hay que añadir los 5.150 afiliados de las Juventudes, según los citados congresos regionales.

En cuanto a los datos de Hurtado (elaborados sin duda con los informes regionales que se habían aportado al congreso y al BP y publicados en mayo) ofrecen la suma de 11.874 afiliados al partido sin contar los de las Juventudes.

En la tesis de organización para el IV Congreso se habla de 12.000 militantes en marzo de 1932 (pero no se sabe si están ahí incluidos los de las Juventudes). Pero también se dice que había 1.500 afiliados en abril de 1931, cuando la mayoría de las fuentes coinciden en que no llegaban a un millar. Sólo Humbert-Droz, seguramente mal informado, habla de 1.200.

De todos modos, resulta evidente que casi la mitad de aquellos afiliados pertenecían a Andalucía.

es interesante señalar que sólo gracias a su implantación en Sevilla (sindical, sobre todo) podía el PC organizar aquel Congreso con un carácter de masas, sostenido por un sector importante de trabajadores.

El orden del día, cuya discusión duró nada menos que una semana, fue el siguiente:

1. Situación política de España y tareas inmediatas del partido.
2. Tareas de organización para la transformación del partido en un partido de masas.
3. La revolución agraria y las tareas del partido.
4. Las luchas económicas del proletariado, el paro forzoso y la política del partido.
5. El partido y las Juventudes.
6. Elección del Comité Central.
7. Asuntos varios y proposiciones generales.

La presidencia elegida estuvo formada por José Díaz (Sevilla), Caballero (Córdoba), Dolores Ibárruri (Vizcaya), L. Zapirain (Guipúzcoa), Carpintero (Toledo), Gonzalo López (Asturias) y Arquer (Barcelona).

No es nuestro objeto examinar a fondo el IV Congreso del PCE, sino insertarlo en el conjunto de nuestro estudio con una modesta aportación de elementos para su comprensión y su ubicación en el marco andaluz y sevillano.

El informe de Bullejos fue larguísimo; duró hasta la tercera sesión, es decir la de la mañana del día 18. Repitió todos los análisis de la Internacional Comunista y glosó su repetida carta: sus análisis sobre la revolución democrático-burguesa como etapa que atravesaba España, era también una reiteración de apreciaciones de la IC, por lo general poco precisas, de modo que no se llegaba a una completa definición de aquélla. No obstante, Bullejos señaló que sus problemas fundamentales eran, en aquella coyuntura, el del campo y el de las nacionalidades. En todos aquellos enfoques parecía que, por un lado, quería apoyarse sobre la importancia de los vestigios «feudales» (sin lo cual hablar de revolución burguesa carecía aún más de sentido) y por otro añadía, y eso con carácter más personal, que había una «hegemonía del capital financiero». En el fondo, esa había sido su apreciación en 1929-30, copiada probablemente de análisis hechos para Alemania, Inglaterra, etc., que había sido combatida por la IC. No estaba muy claro si habiéndose llegado a esa situación hegemónica, como Bullejos pretendía (sin presentar, desde luego, la menor prueba documental ni cifrada de sus juicios), seguía estando en primer plano la cuestión de la revolución agraria (lo cual saltaba a la vista del más sencillo observador de la España de entonces).

Bullejos insistió en calificar de contrarrevolucionario el gobierno Azaña, agregando que los socialistas participando en el poder eran «la avanzada de la contrarrevolución». Tanto ellos como los anarquistas fueron tratados de colaboradores de la contrarrevolución, «amarrando la fuerza proletaria al carro del capitalismo, etc.». «Los dirigentes de la CNT —dijo— son aliados de los partidos políticos sedicentes de extrema izquierda (clara alusión a los social-revolucionarios de Balbontín, a los federales de extrema-izquierda como Barriobero, y a los Franco, Sediles, etc.). «Los dirigentes de la CNT —continuaba— han estado en connivencia con la burguesía, por el pacto de San Sebastián, que entregó el proletariado a la dirección de sus más encarnizados enemigos. Durante horas y horas acusó a parte de la organización de Madrid de relaciones con el trotskismo y mantuvo una viva polémica con Helios Gómez, delegado del radio-este de Madrid y acusado de tal; polemizó con Milla, fundador del PC en 1920, acusado de oportunismo; y, naturalmente, también hizo una severa crítica de Maurin, al que trató de «oportunista, que utiliza algunas consignas del PC al lado de otras opuestas».

En cuanto a las perspectivas de trabajo, Bullejos puso el acento en la necesidad de formar comités de huelga, de fábrica, de parados, etc., «haciendo participar a las masas».

Sobre la coyuntura política afirmó que el movimiento revolucionario de obreros y campesinos había pasado de la defensiva a la ofensiva a partir de septiembre de 1931.

Adame hizo otro discurso-río. Dijo que «la UGT tiene un millón de obreros puesto al servicio del capitalismo, y el sometimiento de sus jefes al capital impide que las masas se pongan enfrente de toda contrarrevolución». (El mismo Adame, expulsado del PC en octubre de 1932, entraría al año siguiente en el PSOE y la UGT, organizaría sus sindicatos en Sevilla y sería miembro del Comité Nacional de la FNTT.)

Las conclusiones de este informe sindical condujeron a justificar la labor del Comité pro Unidad Sindical, así como la formación de comités de fábrica, etc., y la preparación de la Conferencia de Unidad Sindical.

En ambos informes Sevilla es siempre puesta de ejemplo: Bullejos, al referirse a la huelga del 25 de enero, citando también a la Unión Local y al Sindicato del Puerto.

Adame se sirve también en su informe del ejemplo dado por Sevilla: «Si en Sevilla —dice— no se hubiese luchado por sus intereses inmediatos [de los obreros], no estarían hoy aquí interesándose por los problemas de la revolución; si los comunistas no los hubieran dirigido en las luchas por sus reivindicaciones inmediatas, no les interesaría hoy nuestro congreso».

Y varias veces afirma que los sindicatos de Andalucía y, sobre todo, la Unión Local de Sevilla, constituyen la única excepción del mal trabajo sindical.

El protagonismo sevillano se manifiesta igualmente a través de las intervenciones de José Díaz, Barneto, Mije, Roldán, Delicado, este último cuando es liberado después de su detención en Carmona. Porque la Guardia Civil detuvo en Carmona a la delegación de Cataluña (y a Delicado que venía con ella). En cambio, otro catalán, Hilario Arlandis, que venía por la oposición en el interior del Bloque de Maurin, llegó tranquilamente. En realidad, la policía buscaba a Ramón Casanellas, que venía como delegado catalán. Considerado como súbdito soviético (pues había adquirido tal nacionalidad en los diez años que vivió allí tras su atentado contra Dato) fue expulsado del país. No obstante, consiguió evadirse durante el traslado y regresó clandestinamente a Cataluña.

La noticia de estas detenciones conmovió a los congresistas en la tarde del segundo día. Se nombró entonces una comisión, presidida por Barneto, para que hiciese gestiones por la liberación de los delegados detenidos; la comisión se entrevistó con el gobernador civil, quien accedió a la liberación de los detenidos, con excepción de Casanellas. Cuando los otros delegados llegaron al congreso, el tercer día, fueron recibidos con una delirante ovación.

En la discusión de los grandes informes intervinieron, entre otros, Sánchez, por Málaga; Barrado y Rodríguez, por Asturias; Ramírez y Serrano, por Madrid; Caballero, por Córdoba; Garrote, por el Comité Regional de Galicia; Hilario Arlandis, por la oposición del BOC; Cicuéndez, por Villa de don Fadrique; Bravo y Molero, por Almería; Villar, por la región de Levante; Montero, por La Coruña; Roque García, antiguo militante de la CNT. Por las Juventudes intervinieron Olmos y S. Arévalo; Del CC Hurtado, para la organización, Silva, Mije... Por Vizcaya hablaron Casado (de Sestao), Astigarrabía y Dolores Ibárruri, esto es, «Pasionaria», como todos la llamaban. Esta comenzó su discurso recordando a los compañeros deportados y a los que cayeron en la lucha: «Yo os aseguro —dijo— que la sangre derramada no será estéril; de ella brotarán nuevas flores de rebeldía contra los tiranos». Hizo un canto a la unidad, subrayando que «por encima de las diferencias ideológicas o tácticas está el interés común de los obreros y campesinos».

A continuación criticó a los dirigentes socialistas por no haber preparado políticamente a las masas trabajadoras y no haber aprovechado la situación creada en 1931. La última parte de su discurso la dedicó a los problemas específicos de la mujer trabajadora, exhortando a sus camaradas a que interesasen a la mujer en la lucha por sus propias reivindicaciones.

Este congreso significa un paso importante para la transferencia de dirigentes sevillanos y andaluces a la dirección central del PCE, que se ampliaría y confirmaría en el otoño de 1932 tras la expulsión por la IC de Bullejos y sus tres próximos colaboradores (Adame, Trilla y Vega).

El nuevo «Buró» Político quedó constituido por José Bullejos, Manuel Adame, Manuel Hurtado, José Silva, Dolores Ibárruri, Antonio Barbado, José Díaz, Ramón Casanellas y, como delegado en la IC, Gabriel L. Trilla. Los cinco primeros formaban el secretariado, donde Bullejos contaba aún con mayoría. Por presión de los delegados de la IC frente al criterio de Bullejos y Adame, se pusieron como adjuntos al BP a Antonio Mije y Juan Astigarrabía, pertenecientes a la corriente opuesta a Bullejos. Esta era la corriente dominante en Sevilla, a pesar de la poderosa excepción de Adame y de algunos amigos suyos. Etelvino Vega era reelegido, pero marchaba a un sanatorio de la URSS.

Fueron elegidos para el Comité Central —además de los ya citados—, Manuel Roldán y Saturnino Barneto (ambos obreros del puerto de Sevilla), Miguel Caballero y Adriano Romero, los dos de Córdoba (Manuel Hurtado era también obrero metalúrgico cordobés), Daniel Ortega (médico de Cádiz), Nemesio Pozuelo (albañil de Jaén), Justiniano Bravo (empleado de Almería), Rodrigo Lara (trabajador del campo de Málaga), Manuel Delicado (obrero de Sevilla), Enrique Sánchez (de Málaga), Cristóbal Valenzuela (Córdoba); de Euzkadi fueron elegidos (además de Dolores Ibárruri y Astigarrabía), Vicente Uribe (metalúrgico), Luis Zapirain (carpintero), Jesús Hernández, Leandro Carro, Jesús Larrañaga, Ambrosio Arrarás; de Madrid, Vicente Arroyo (ebanista, «liberado» hacía muchos años), Pedro Checa (empleado); de Asturias, Carlos Vega y Críspulo Gutiérrez; Silva y Garrote de Galicia; Félix Domínguez de Valladolid; Pablo Carpintero de Toledo; Arroyo Molinero de Barcelona; Hilario

Arlandis (Valencia, pero de origen catalán), Rafael Millá (tipógrafo de Alicante), Vicente Olmos (por las Juventudes) y algún otro más que no hemos podido localizar.

Llama la atención la presencia de 15 andaluces (37,5 por 100), aunque su porcentaje en la dirección es algo menor que en la militancia de base. De esos andaluces seis son sevillanos, cuatro cordobeses, dos de Málaga, uno de Cádiz, uno de Jaén y uno de Almería. Llaman también la atención los ocho vascos (20 por 100 del cc y 12 por 100 de militantes de base).

También es digno de ser observado el carácter netamente proletario de la representación sevillana y andaluza. El único intelectual es el doctor Ortega; hay un empleado (Bravo), ocho obreros de industria o transporte, un albañil y cuatro obreros agrícolas.

El congreso fue clausurado por un mitin que reunió cerca de 5.000 personas. No es aventurado decir que si en el orden general el IV Congreso del PCE no contribuía a aclarar su análisis de la coyuntura ni, por consiguiente, su estrategia y su táctica, constituyó en cambio un fuerte estímulo para la organización sevillana, y una razón de agitación más para los medios obreros de la capital y sus contornos. A corto plazo la organización se había reforzado; para hacerlo a largo plazo faltaba entonces una perspectiva política. En aquellos mismos días una llamada «Alianza de Izquierdas» celebró un acto político en el stadium, en el que intervinieron el capitán Cuerda, el comandante Franco, los capitanes Sediles, Rexach y Jiménez y el periodista Augusto Vivero.

EL 1 DE MAYO

Era la segunda vez que el régimen republicano festejaba el 1 de mayo. El partido socialista y la UGT, temiendo desbordamientos por su izquierda, e incluso provocaciones por la derecha, optaron por renunciar a la tradicional manifestación y convertir la jornada en un día de fiesta y merienda campestres. Por su parte, la CNT no concedía importancia al día. Pero el PC cursó instrucciones para dar realce a las manifestaciones (a pesar de que habían sido prohibidas) y para prolongar el paro toda la jornada del 2 de mayo.

En ciudades como Madrid la consigna socialista fue seguida sin dificutades de mayor monta; la manifestación comunista, que salió de Cibeles, no reuniría más de dos millares de personas y fue disuelta por las fuerzas de asalto a la altura de la intersección de la Gran Vía con Alcalá (sin llegar a Puerta del Sol como afirma Bullejos en sus memorias), aunque sí es cierto que a lo largo de aquel día se reprodujeron pequeñas manifestaciones en diversos barrios populares de la capital.

Pero en otros lugares la coyuntura sociopolítica era muy distinta, y así se reflejó el 1 de mayo; en Bilbao, por ejemplo, pero sobre todo en Sevilla. Sevilla seguía siendo un caso específico y distinto en cuanto a correlación de fuerzas y organización de las mismas.

Hemos visto que en marzo se habían creado comités de fábricas por lo menos en diez empresas; pero, impulsados por la Unión Local, cada día surgían más. Por añadidura, los metalúrgicos habían conseguido, durante la huelga del año precedente, que los patronos admitiesen la existencia de dichos comités de fábrica. La organización de Sevilla y su personal de dirección (José Díaz, Antonio Mije, Saturnino Barneto, Manuel Roldán, Delicado, Núñez, Bulnes, etc.) se puso en acción e incluso «bajó» Bullejos desde Madrid para ayudarles (pero no Adame).

Se convocó un congreso de comités de fábrica, comités de parados y comités de campesinos, fase preparatoria de la jornada del 1 de mayo. Reunido los días 27 y 28 de abril, decidió crear el Consejo Central de Comités de Fábricas y Campesinos. Allí estuvieron representados los trabajadores de un centenar de empresas, estimando los organizadores que representaban a unos veinte mil aproximadamente. En realidad, la Unión Local de Sindicatos tenía un número igual de afiliados. ¿Eran los mismos? El Congreso de los Comités se centró mucho (además de en la preparación del 1 de mayo) en un tema que se había convertido en vital para los obreros sevillanos: la vivienda. Los alquileres eran elevadísimos, las viviendas de pésimas condiciones y los propietarios desahuciaban sin cesar a más y más familias que no podían pagar las mensualidades. En los casos de parados, la situación se hacía pronto dramática. El congreso obrero decidió, de una manera bastante original —una especie de «decreto revolucionario» en cuatro artículos—, que a partir del 15 de junio los obreros parados no pagarían alquileres, con tal que acreditasen su condición de tales por un volante del Consejo Central o de cualquier sindicato u organización política. El decreto no era una simple declaración de intenciones; tenía su parte «ejecutiva» propia de un verdadero poder de hecho: el Consejo Central de Comités de Fábricas y Campesinos crearía los piquetes obreros necesarios «que venzan la resistencia que pudiera haber por parte de algunos caseros».

También se decidió la reducción de los alquileres en un 30 por 100. Los piquetes obreros llegaron hasta a instalar a familias trabajadoras en pisos desalquilados; momentáneamente, los propietarios no tuvieron capacidad de reaccionar.

La preparación del 1 de mayo se realizó a base de una carta abierta que el PC envió a todas las organizaciones obreras (y que UGT, PSOE, CNT, FAI dejaron sin respuesta) y de una subsiguiente carta interna dirigida por el Comité Central a todos los escalones de la organización del PC. Las consignas principales eran: aumento de salarios, jornada de siete horas, subsidio de paro de 3 pesetas, suspensión de impuestos agrícolas para los campesinos pobres, liberación de presos políticos, reaparición de *Mundo Obrero*, contra la guerra imperialista, defensa de la URSS, etc.

El 1 de mayo era fiesta oficial; el PC y la Unión Local celebraron un mitin en el local más amplio de Sevilla, el

Monumental de San Bernardo. Intervinieron en él Bullejos, Mije, Roldán, Osuna, Santos y J. Canela. A la salida, una manifestación muy importante y ordenada marchó hasta el centro de la ciudad, donde fue disuelta con dureza por los guardias de asalto. Pero las manifestaciones continuaron numerosas y más violentas, durante la tarde, en los barrios de mayor implantación comunista: Triana, la Macarena y la Ciudad Jardín. Al parecer, hicieron acto de presencia, mañana y tarde, los primeros núcleos de autodefensa del PC; el caso es que fue precisa la intervención de la Guardia Civil para dominar la situación.

Al día siguiente, lunes 2 de mayo, toda Sevilla siguió paralizada por la huelga, pero no se produjeron choques. Al caer la tarde fue profusamente distribuida una octavilla de la Unión Local ordenando la vuelta al trabajo para el martes 3, lo que se efectuó sin mayores incidentes.

En la provincia no cesó la agitación; a finales de mayo fueron muy numerosas las localidades en huelga por no aceptar las bases de trabajo para la siega; en numerosos pueblos (Utrera, Olivares, Sanlúcar la Mayor, etc.) los jornaleros quemaron numerosas máquinas segadoras y trilladoras; y en Cazalla de la Sierra se llegó a la ocupación de varios cortijos.

Todo ello fue acompañado por nuevas huelgas de los obreros de la construcción en la capital.

En fin, el hecho de que apareciesen unos depósitos de bombas atribuidos a los anarquistas en algunas ciudades (entre ellas Sevilla) y la agitación de los cenetistas contra la nueva ley de asociaciones profesionales aumentaron la tensión en mayo y junio. Entonces se produce una interpelación en el Parlamento sobre «la situación social de Sevilla». Esta interpelación es obra del diputado radical por la provincia García-Bravo Ferrer; del equipo más joven de los radicales, García-Bravo era de su sector más moderado, un auténtico representante de los medios burgueses. Al hacer esta interpelación quiere «pisarle el terreno» a la derecha y presentar al lerrouxismo como defensor de los propietarios.

García-Bravo Ferrer pinta con sombrías tintas la situación sevillana. Dice que tan sólo en la ciudad hubo «300 huelgas parciales en el trimestre de septiembre a noviembre de 1931, el de más calma» (según el Ministerio de Trabajo, que peca por defecto, es verdad, hubo ocho huelgas, y tres en el primer trimestre de 1932; la realidad no era ni las trescientas ni las ocho). Explica con cifras la baja de movimiento en el puerto de Sevilla (debida a la crisis económica y no, como él pretendía, a las luchas sociales). Su propia argumentación le llevaba a una exaltación de la Sevilla de la dictadura:

Sevilla [dice] ha perdido en un año todo lo que había ganado en un espacio de diez. En Sevilla existen ahora diez a quince mil obreros en paro forzoso [seguramente había más. T. de L.]; casi todas las industrias, grandes o pequeñas, están trabajando tres días a la semana; el consumo de pan ha aumentado considerablemente, pero ha disminuido en más de 400.000 kilos el de carne; en lo que va de año se han solicitado más de 600 bajas en la contribución industrial... La propiedad en Sevilla no tiene cotización.

Lee García-Bravo algunas hojas clandestinas que circulan por Sevilla, entre ellas la siguiente: «La Guardia Civil, con el criminal Sanjurjo al frente, se dispone a establecer en España una dictadura asesina. Pueblo, prepárate, que la hora de la lucha ha sonado».

Vicente Sol, que ya había dejado el gobierno civil de Sevilla, abundó en esa visión de echar la culpa de los problemas económicos y de las «desgracias patronales» a los obreros en protesta, amalgamados intencionalmente con el pistolerismo.

Las intervenciones de los diputados Eduardo Ortega y Gasset, José Antonio Balbontín y Hermenegildo Casas fueron particularmente críticas, pasando revista a los acontecimientos sevillanos desde hacía un año y a la actuación de los tres gobernadores anteriores: Montaner, Bastos y Sol. Ortega y Gasset hizo una defensa de la actuación de Montaner que «quiso proceder como hombre liberal», y atacó duramente a Bastos, «que procedió como en un país conquistado y hasta en unas declaraciones dijo que aquello era una cábila. Ya recordarán que procedió aplicando la ley de fugas, hecho bochornoso que ha quedado impune». De Sol dijo que «quería presentarse como amparador de la causa de los obreros; pero, en realidad, a quien protegía era a los patronos». Le acusa de tratos turbios —de provocación, en realidad— en el asunto de los bombas de la CNT.

Hermenegildo Casas trazó una estampa del desengaño de los obreros de Sevilla después del advenimiento de la república; no se cumplían las bases de trabajo y el paro aumentaba (Casas da la cifra de 30.000 parados). Critica a los patronos agrarios, que faltando a lo pactado, han empleado este año máquinas en la siega, y se refiere a aspectos «peligrosos» de las barriadas del extrarradio, hechas con chozas de lata, «donde se albergan más de treinta mil personas y donde se mezcla el trabajador con la gente del hampa».

Balbontín fue más al fondo de los problemas y a nivel de todo el país; su intervención coincidía en lo fundamental con la óptica de comunistas y marxistas avanzados: «Existe el desorden en Sevilla —dice—, como en Andalucía, como en todas las ciudades y todos los campos de España. Existirá el desorden en España mientras la revolución democrática iniciada no cumpla sus fines esenciales. Es una ley histórica que está por encima de nuestra voluntad».

Intervino de nuevo Vicente Sol «para defenderse de las acusaciones». Para él, «el problema de Sevilla es un problema de orden público», y defiende al capitán de la Guardia Civil Lisardo Doval, enviado allí y acusado de dar malos tratos a los detenidos. Ya por ese camino, Vicente Sol acusó a Hermenegildo Casas de que «disfrutaba de dos chalets: uno para su familia y otro para los criados». (El resultado de esto fue que poco después, en los pasillos, Casas abofeteó a V. Sol.)

LA CONFERENCIA DE UNIDAD SINDICAL

Una situación social tensa sobre todo en la agricultura caracteriza la llegada del verano de 1932, cuando va a reunirse la llamada Conferencia de Unidad Sindical. Si hacemos una mención particular de ella es porque el movimiento sindical sevillano y andaluz de orientación comunista había hecho posible su celebración. Todo procedía del paso a la influencia comunista de los antiguos militantes de la CNT y sus sindicatos, que en 1930 crearon el Comité de Reconstrucción de la CNT. El fracaso de esa táctica aconsejó que ahora fuese la Federación Local Autónoma de San Sebastián (y no los sindicatos andaluces) quienes convocasen esta asamblea.

En el trimestre abril-mayo-junio las huelgas declaradas, según el Ministerio de Trabajo, habían sido 124 en todo el país (139 en el primer trimestre del año). De ellas 35 correspondían a Asturias y 30 a Andalucía, donde Sevilla ocupaba el primer lugar. Sin embargo, la mayor parte de las huelgas en que no intervenía la UGT o en que no había consecuencias para el orden público, no eran registradas por el Ministerio porque nadie le daba aviso. Bernal señala que «la mayoría de las huelgas que se reseñaban, merced a la resonancia que les daba la organización, eran socialistas, pasando desapercibidas innumerables acciones anarquistas, que por su carácter local apenas trascendían» [47].

Siempre según la información del Ministerio, el mayor número de huelgas en el trimestre correspondió a los obreros agrícolas (30), seguidos de las de mineros (17). Sin embargo, hay que tener en cuenta que el tono de «ruptura del orden establecido» era más fuerte en los conflictos agrarios, que, si muchas veces empezaban con motivo de bases de trabajo, con frecuencia pasaban a la ocupación de tierras o a ciertas depredaciones. Haciendo una estimación general sobre el año 1932 en toda España se observa que si (según el Ministe-

---

[47] *Op. cit.*, p. 173.

rio de Trabajo) retroceden de 734 a 681, con relación al año precedente, se doblan en cambio las de obreros agrícolas: pasan de 83 a 164. Ahí se ve cuál era el verdadero talón de Aquiles de la república. (En Andalucía se pasa de 12 huelgas agrícolas a 84.)

En el conjunto de 1932, Sevilla ocupó el tercer puesto por el número de huelgas (52), después de Asturias y Barcelona; y también el tercero por el número de huelguistas (43.021), tras Asturias y Valencia. Pero téngase en cuenta que esos 43.000 corresponden tan sólo a 34 huelgas sobre las que se tuvo información completa, y que no se computan ahí ni el 25 de enero, ni el 2 de mayo, ni la huelga contra el golpe de fuerza de Sanjurjo. Dado el alto promedio de huelguistas por huelga, se observa también que numerosas huelgas de talleres y pequeñas empresas debieron escapar a la estadística. Las grandes masas de huelguistas en el país las propocionan el sector agrario, las minas y la construcción; en menor medida, la metalurgia y la textil. Si la provincia de Sevilla ofrecía una parte considerable del primer sector, no poseía muchas empresas de envergadura en el industrial. Sin embargo, su población asalariada del transporte, la metalurgia, la construcción y algunas otras más (cerámica, fibra de coco, dependientes de bebidas) alcanzó un nivel alto y repetido de conflictividad huelguística.

Otro factor, de orden político, pesaba gravemente sobre el país: la ya evidente conspiración de la extrema derecha, de la que el gobierno estaba relativamente informado; los aparatos de Estado no eran enteramente fieles al régimen democrático. Por aquellos días intervino la destitución del general Goded como jefe del Estado Mayor Central; pero en el Ministerio seguían el teniente coronel Galarza y otros. Ni siquiera eran seguros los mandos de la I División Orgánica (Madrid). Por primera vez, en la breve vida del Estado republicano, se iba a plantear qué haría el movimiento obrero ante una agresión contra la democracia.

En estas condiciones se reúne la Conferencia de Unidad

Sindical, en Madrid, del 30 de junio al 2 de julio. Allí estuvieron 118 delegados de 153 sindicatos y federaciones, cuyo total de afiliados ascendía a 133.402 trabajadores. Otros 169 sindicatos, que habían anunciado su participación, y representaban a 119.907 afiliados, no pudieron estar presentes por carencia de medios económicos o por otras razones. Por otra parte, asistían 84 delegados que representaban a 93 Grupos de Oposición Sindical, que trabajaban sobre todo en el seno de la UGT, pero según las directivas de la IRS, y nueve delegados que representaban a 29 comités de fábrica, la mayoría de Sevilla. Hubo, además, 5.400 adhesiones individuales. La mesa de la conferencia estimó el total de obreros representados en 267.264. A efectos orgánicos, los integrantes del embrión central que, a fin de cuentas, se trataba de crear, eran los 153 sindicatos con delegados allí presentes. Previamente habían dado su adhesión 62 sindicatos pertenecientes a la UGT y 21 a la CNT, pero casi ninguno de ellos se hizo presente. La UGT difundió una nota «poniendo en guardia a los sindicatos contra esta maniobra». El grueso de efectivos lo dio la Unión Regional de Sindicatos de Andalucía (adherida a la ISR) con unos 60 sindicatos y varias federaciones locales y más de 50.000 afiliados (20.000 en Sevilla). Luego estaban la Federación Local de San Sebastián con once sindicatos; el Sindicato Minero y los autónomos de Vizcaya (Hierro, Construcción, Pintores, Profesiones liberales), que pasaban de 5.000 afiliados; el Sindicato Ferroviario del Norte, la muy importante Federación Tabaquera Española, la Asociación de Dependientes de Comercio de Madrid, algunos sindicatos autónomos de Vigo y Pontevedra. En ese período también los comunistas tienen la mayoría de los puestos directivos en el Sindicato Unico Minero de Asturias y envían una representación a la conferencia; poco después propondrán ir a la creación de la nueva central adherida a la ISR [48].

---

[48] Simonne Heugas de Valdés: *Asturias: economía, sociedad y movimiento obrero, 1930-1933*, memoria de *maîtrise*, Centre de Recherches Hispaniques de la Universidad de Pau, 1977, pp. 77-78.

La conferencia trabajó con un orden del día muy cargado; notaremos en él la importancia que se daba a Andalucía:
1, Informe sobre la situación general. 2, La situación en Andalucía. 3, La organización de la lucha. 4, Las federaciones
de industria. 5, La organización sindical de jóvenes. 6, La
organización de las mujeres. 7, Informe sobre las luchas
obreras agrícolas y la dirección de la revolución agraria.
8, Prensa y publicaciones. 9, Informe sobre el peligro de guerra y de intervención antisoviética; defensa revolucionaria
de la URSS y envío de delegaciones a la Unión Soviética.
Entre los principales informantes figuraron Mije, Astigarrabía, Zapirain, Barneto, Roldán, Ochoa, Baena, P. Lafuente, etc. Las cuestiones agrarias ocuparon un primer plano,
pero también, y por vez primera, las referentes a la situación
de la mujer trabajadora.

La conferencia votó fácilmente su adhesión al comité internacional contra la guerra, que pronto fue conocido con el
nombre de Amsterdam-Pleyel. En fin, la cuestión de una
nueva organización sindical, al ejemplo de la CGTU francesa,
no fue todavía abordada. Por una vez, la Internacional fue
relativamente flexible; se decidió la creación de un Comité
Nacional de Unidad Sindical, el lanzamiento de un periódico,
Frente Unico, todo encaminado a coordinar la acción del
conjunto de sindicatos que llevaban aquella orientación. Por
añadidura, el cadáver hasta entonces insepulto del Comité
de Reconstrucción era definitivamente enterrado. Antonio
Mije fue nombrado secretario general del Comité Nacional.
Zapirain, Romero y J. Bravo ocuparon otros cargos. Adame
se hallaba detenido en Barcelona y no figuró en nada.

Pasó el mes de julio; con él creció la tensión agraria;
también el malestar a causa de una acentuada tendencia al-
cista en el coste de vida; y creció sobre todo la tensión
política. Lerroux, que por un lado tenía contactos con los
conspiradores (incluso celebró una entrevista con Sanjurjo),
por otro hacía decir al gobierno que se preparaba un golpe,
«lavándose las manos» y dispuesto a aprovecharse de él si le

hubiera sido posible [49]. El 1 de agosto, que las organizaciones comunistas designaban como «jornada de lucha contra la guerra», dio lugar a una importante manifestación en Sevilla que transcurrió sin incidentes.

EL 10 DE AGOSTO EN SEVILLA

La sublevación del 10 de agosto tendrá un carácter equívoco. Resulta, en realidad, de la conjunción de dos conspiraciones: una, de extrema derecha, preparado desde sus «bases de partida en Francia» (porque también la extrema derecha ha tenido, otras veces, sus «bases de partida» en el país vecino) por tradicionalistas y monárquicos, con personajes de la alta finanza y la nobleza terrateniente: Oriol, Rodezno, Lequerica, Lamamié de Clairac, duque de Medinaceli, conde de Vallellano... con una Junta Provisional funcionando en el interior bajo la presidencia del general Barrera y en la que colaboraban los generales Orgaz y Ponte, así como el periodista Pujol, el aviador Ansaldo y el conde de Vallellano, que a veces servía de enlace, amén de varios generales retirados.

Este «contrapoder» en funciones tenía sus ramificaciones en los aparatos del Estado tales como la Dirección General de Seguridad, el Ministerio del Ejército, etc. Ahora bien; otro foco conspirativo estaba formado por políticos poco representativos de centro-derecha, que pretendían no querer cambiar la forma del Estado, sino derribar el gobierno y disolver las Constituyentes. Esos políticos eran los antiguos «constitucionalistas» venidos de la monarquía, tales como Melquíades Alvarez y Burgos y Mazo, el gran cacique de Huelva. ¿Quién más? ¿Y Alba? Su biógrafo, García Venero,

---

[49] Alcalá Zamora en sus *Memorias*, recientemente publicadas, dice que si en agosto de 1932 se resistió a creer en la complicidad de Lerroux, «después de lo que pasó en 1933 y 1934, y sobre todo después de la crisis de la amnistía, no ofreció ya duda para mí que don Alejandro fue, por lo menos, de los enterados», con la ilusión de que otras Cortes desembocaran en su favor.

ha sido excesivamente cauteloso sobre el particular. Este sector es el que contactaba más a Sanjurjo y a Goded y, desde luego, quien debió «insinuarse» a Lerroux.

No es descabellada la hipótesis de que la segunda corriente golpista, la «republicana», estuviera perfectamente manipulada por la esencial, la de extrema derecha, que tenía su organización montada y representaba unos intereses sociopolíticos definidos. Esa «ala izquierda» de conspiradores podía hacerles ganar adeptos y facilidades de actuación. En cuanto a Sanjurjo, bien podía prestarse a cubrir con su prestigio cualquiera de las dos corrientes o ambas a la vez.

Sabedor el gobierno de que algo se tramaba, no fue más allá de ordenar unas detenciones en la ultraderecha de Vizcaya, a finales de julio. «La policía no da para más», comentaba Azaña en su diario. ¡Claro que no! ¡Como que la mitad no tenía interés en servir al gobierno!

El caso fue que los conspiradores fracasaron estrepitosamente en su intentona madrileña, en una calurosa mañana del 10 de agosto, en circunstancias cuyo detalle no nos corresponde ahora relatar [50]. En cambio Sanjurjo había tomado la carretera, acompañado por el teniente coronel Emilio Esteban-Infantes (que más tarde mandará la División Azul, al cesar Muñoz Grandes), por su hijo y dos amigos; y aquella misma madrugada, cuando los escasos sublevados de Madrid se estrellaban ante el Ministerio de la Guerra y Comunicaciones, él estaba ya instalado en el sevillano palacio de la marquesa de Esquivel, con el general García de la Herrán a su lado y una veintena de militares previamente comprometidos. La sublevación de Sanjurjo parecía triunfar en Sevilla al amanecer de aquel 10 de agosto; declaró préstamente el estado de guerra y difundió un llamamiento redactado por el periodista Juan Pujol (Burgos y Mazo había

---

[50] Véase M. Tuñón de Lara: «Objetivo: acabar con la República, 1931-1936», en *Historia 16*, extra III, junio de 1977 (*Los entierros de la democracia*); y también: M. Tuñón de Lara: *La II República*, Madrid, 1976, vol. I, páginas 108-112.

redactado otro, más «republicano», pero no fue jamás difundido).

¿Qué pasó en Sevilla?

El gobernador civil, Valera Valverde, fue detenido sin hacer resistencia, y el comandante militar, general González, no se atrevió a oponerse a Sanjurjo y sus amigos. Estos creyeron, a primeras horas de la mañana, cuando el general se paseaba aplaudido por la calle de las Sierpes, que la partida estaba ganada.

Nada más lejos de la realidad. En primer lugar, los suboficiales, sargentos y tropa de la base aérea de Tablada se negaron a secundar la sublevación, que dirigía el segundo jefe de la base, Acedo Colunga (más tarde fiscal franquista que pediría la pena de muerte para Besteiro, y gobernador franquista de Barcelona). En segundo lugar, el Ayuntamiento reaccionó, y reunido extraordinariamente hizo difundir un bando «repugnando por sedicioso todo intento subversivo que bajo cualquier pretexto pretenda atacar al régimen instaurado por la soberanía nacional». Los sublevados enviaron a la Guardia Civil, que detuvo al alcalde, señor La Bandera, y a cincuenta concejales.

¿Qué habían hecho a todo esto las organizaciones obreras? El cronista franquista Arrarás cuenta que «desde el comienzo de la mañana latía una sorda protesta entre los afiliados a los partidos izquierdistas, que no tardaría en exteriorizarse tan pronto como los dirigentes acumulasen toda la dinamita revolucionaria que necesitaban». En verdad, la única dinamita o violencia era la de los militares sublevados; sabemos que la población de Sevilla era mayoritariamente izquierdista. La hostilidad, pues, no podía sorprender a nadie que no estuviese políticamente ciego.

Las direcciones locales del PC y Unión Local de Sindicatos, de la CNT, del PSOE y UGT, se movilizaron desde las primeras horas de la mañana, imprimieron octavillas, enviaron delegados a los lugares de trabajo y dieron así la consigna de huelga por doquier. Ciertamente, no actuaron de consuno, pero en la práctica marcharon al unísono para defender la democracia; los comunistas tenía mucha mejor organización, los cenetistas más afiliados y los socialistas más recursos oficiales. Sin duda, el protagonismo de las dos primeras organizaciones fue mucho mayor.

Hubo, sin embargo, una acción conjuta organizada: fue la creación del Comité de Salud Pública, formado por representantes de todos los partidos y por personalidades, que se reunieron en el Alcázar. Una vez instalado empezó a actuar desde allí, bajo la presidencia del catedrático de Historia de la Universidad de Sevilla, Juan María Aguilar, ayudado por el conservador del Alcázar, Lasso de la Vega.

Mientras tanto Sanjurjo telefoneaba a las distintas capitales de Andalucía y no encontraba interlocutores. Ni siquiera en Cádiz, donde el coronel Varela, pieza clave de la sublevación, había sido detenido. Tan sólo en Jerez fue secundado durante horas el alzamiento de Sevilla; lugar simbólico si los hay, donde más del 73 por 100 de las tierras estaban en manos de unos cuantos propietarios con un promedio de 534 hectáreas cada uno, y ciudad donde se concentraba el mayor número de títulos de nobleza en proporción a la población total. Era débil apoyo para Sanjurjo y García de la Herrán, que empezaban a inquietarse. Pero a mediodía fue la reacción de la población trabajadora de Sevilla misma lo que empezó a hacerles perder el tino. Arrarás ha contado que las octavillas llamando a la huelga aparecían en todas partes, y que incluso se difundieron otras, dirigidas a los soldados, invitándoles a «desobedecer a los jefes traidores». A esa hora los primeros grupos de obreros empezaron a apedrear tranvías, y en Triana quedó pronto cortada la circulación. El Sindicato de Dependientes de Bebidas de la Unión Local consiguió que la huelga paralizase rápidamente las tabernas y otros establecimientos análogos; y los taxistas se retiraron todos.

Los sublevados continuaron tomando medidas: García de la Herrán ordenó se le entregasen los explosivos existentes en el polvorín de Torreblanca; al mismo tiempo, el teniente coronel Verea, jefe de la Guardia Civil, enviaba camiones a Carmona, Ecija, Marchena y Estepa para concentrar en Sevilla más de cien guardias civiles. Se hallaba en contacto con el coronel de la Guardia Civil, Roldán, que dirigía la sublevación en Jerez y que también la dirigió en Cádiz. La prensa, que desde el primer momento fue sometida a previa censura, decía: «En la Jefatura Militar estuvieron para ofrecerse al general Sanjurjo varios significados aristócratas». En ese sentido de carácter de clase del alzamiento, que parece hasta caricaturesco, se encontró también la actuación del Casino de Labradores. El mismo día 10, tuvieron lugar allí varias reuniones para festejar «la victoria del orden» y adherirse al general Sanjurjo.

La situación fue muy tensa la tarde del 10 de agosto; no circularon coches ni tranvías (algunos de éstos que lo intentaron fueron apedreados) y cerraron parte de los establecimientos de bebidas, mientras otros seguían abiertos por los patronos a quienes se les obligaba a hacerlo. Los servicios de ferrocarril habían sido suspendidos, los periódicos salían con censura (*ABC* y *El Correo de Andalucía* se adherían exaltadamente a la sublevación), no hubo aviones comerciales que llegasen... En cambio, en Tablada logró Acedo dominar la situación en favor de los sublevados, pero la resistencia pasiva de sargentos y mecánicos le tenía paralizado.

Al anochecer y a pesar de que por todas partes había patrullas de la Guardia Civil y de seguridad, empezaron las manifestaciones populares, dirigidas por comunistas o por cenetistas, con grandes cartelones, que salían de las barriadas populares hacia el centro. Otras parecían de carácter sencillamente republicano (en aquellas había hoces y martillos y en estas banderas tricolores), pero todas llevaban grandes cartelones con «Mueras» a Sanjurjo. Una de las más importantes se dirigió por las calles O'Donnell y Reyes Católicos hacia Triana. Al mismo tiempo, en la plaza del Altozano, los manifestantes rompieron las lunas de los establecimientos que quedaban abiertos. «Al llegar la noche —comenta Arrarás— el aspecto de la ciudad se hizo amenazador». Y *El Liberal* del 12 de agosto añade: «Durante las primeras horas de la noche los grupos de manifestantes y las manifestaciones de descontento fueron aumentando». Y era así; el pueblo se había echado a la calle; guardias civiles y de asalto llegaban a controlar el centro de la ciudad, pero no podían hacerlo ya en Triana, la Macarena, la Ciudad Jardín y Almonte. En la Puerta Osario y en el sector de la Feria hubo enfrentamientos armados entre los obreros y la fuerza pública. Las fuerzas del ejército se habían retirado y no salían de los cuarteles. Los rumores corrían de boca en boca y se sabía que el alzamiento había fracasado en el resto del país, que el gobierno enviaba tropas y aviación contra los sublevados de Sevilla. También se rumoreaba que Sanjurjo quería atacar hacia Ecija, donde el Ayuntamiento republicano-socialista se mantenía y había alertado a la población. En efecto, una vez liquidado el intento insurreccional en Cádiz, el general Mena se disponía a avanzar con una columna sobre Sevilla. En Madrid, una columna mixta de infantería y artillería, al mando del general Ruiz Trillo, salió por tren militar especial el día 10 a las dos y cuarto de la tarde. Para cerrarles el paso, Sanjurjo había ideado volar el puente de Lora del Río. Un capitán de ingenieros intentó consumar el hecho, llegando en tren militar a Lora poco antes de las siete de la tarde. El jefe de estación, Luciano Delgado, le entretuvo para ganar tiempo y avisó a la Guardia Civil, que allí era leal al gobierno y que, minutos antes de la proyectada voladura, se desplegó en guerrilla y desarmó y detuvo al capitán y a los siete soldados de ingenieros que le acompañaban.

En Madrid, en el Congreso de Diputados, habló Azaña aquella tarde en medio de una gran emoción. La reacción política es viva y de adhesión, pero las medidas militares son muy lentas. El tren militar no llegará a Córdoba hasta la mañana del día 11. El gobierno envió en avión a los diputados Egocheaga, Olmedo y Moreno, pero éstos, tras volar sobre Sevilla hacia las ocho de la tarde del 10, fueron a aterrizar a Marchena. Hermenegildo Casas, procedente de Madrid, había llegado por carretera aquella noche a Ecija. Todos llegaron a Sevilla en las primeras horas de la mañana del día 11. También por carretera llegaba al mismo tiempo de Madrid Etelvino Vega, enviado por el BP del partido comunista, que, por vez primera, y en desacuerdo con la política de la IC, había lanzado la consigna de «defensa revolucionaria de la república». (En Sevilla, José Díaz se encontraba encarcelado aquellos días, pero en contacto con los otros dirigentes locales en libertad.)

Pasada la medianoche del 10 al 11 Sevilla se encontraba en una situación paradójica: Sanjurjo parecía tener las riendas en la mano, pero incluso en la provincia había fuerzas de la Guardia Civil que no le seguían, y Acedo tenía un poder precario sobre la base de Tablada. Las organizaciones obreras estaban en pie de guerra y no sólo se iba a encontrar con la huelga total, sino con la resistencia violenta en los barrios populares. En fin, la Junta de Salud Pública podía actuar simbolizando la legitimidad republicana. De fuera, poco o nada podía ya esperar. Quiso Sanjurjo resistir; pero el coronel Rodríguez Polanco y el teniente coronel Rodríguez Tassara, en nombre de la guarnición de Sevilla, se niegan a todo posible enfrentamiento con las fuerzas del ejército adictas a la república. Era la una de la madrugada. Sanjurjo no tenía opción. Sin la guarnición, las fuerzas de orden público eran ya impotentes en una ciudad prácticamente en manos de las organizaciones sindicales, con las masas en la calle y llamamientos a la lucha armada. Sanjurjo se despidió de todos y marchó con su hijo y con Infantes. Todos eran detenidos a las seis de la mañana por una pareja de guardias, en la barriada Isla Chica, de Huelva.

Mientras tanto, en Sevilla casi nadie durmió aquella noche; las manifestaciones se sucedían unas a otras. La muchedumbre tomó por asalto el Casino de Labradores (después intervenido por la policía), cuyos directivos estaban comprometidos en la revuelta. «Reunidos en otro local —explican Bernal y Lacroix— decidieron la dimisión de los miembros del consejo de administración. Se procedió a la elección de nuevos miembros menos representativos que los habitualmente elegidos, los cuales pertenecían en su gran mayoría a los grupos políticos reaccionarios o bien eran grandes terratenientes odiados popularmente» [51]. También ardieron el Nuevo Casino en La Campana y la Unión Comercial en la calle de las Sierpes. Fue igualmente asaltado el centro de Acción Popular instalado en la calle Manteros. Avanzada la madrugada fueron liberados el alcalde, La Bandera, y el gobernador civil, Valera Valverde (presos en los cuarteles). Los manifestantes pidieron la inmediata liberación de los presos político-sociales que había en la cárcel; no satisfechos ante ciertas dilaciones, intentaron asaltarla, pero sin resultado. Al fin, los presos fueron liberados; también dispuso el gobernador la apertura de todos los locales obreros que estaban clausurados.

El día 11 la huelga fue total en Sevilla. También hubo huelga y manifestaciones en Jerez y sobre todo en Morón, donde las comisiones de obreros y campesinos organizaron la huelga, las manifestaciones y un mitin, a la vez que se armaban con garrotes, viejas escopetas, etc. Más tarde tomaron por asalto e incendiaron el Casino de Labradores; en la tarde del 11 intervino el reflejo del «orden» y fueron disueltos por la Guardia Civil.

En Sevilla se organizaron mítines y manifestaciones. Se pedía el castigo de los culpables, y el Comité de Salud Pública difundió una nota muy severa sobre el particular [52]. Las fuerzas del ejército enviadas desde Madrid no llegaron hasta el 11 a las tres y media de la tarde. Se habían detenido en Córdoba y sólo reanudaron el viaje ante la noticia de que

---

[51] *Op. cit.*, p. 506.
[52] Texto completo en el apéndice documental.

las masas en la calle estaban incendiando algunos locales de Sevilla. En efecto, además de los citados, sufrieron la cólera popular, las casas particulares de Luna de Tena y de Ibarra, y un periódico local de derecha llamado *La Unión*, así como el edificio del *ABC* sevillano.

Por la tarde del día 11 tuvo lugar un gran mitin en la plaza de toros, con una asistencia que se calculó en 10.000 personas. Hasta las cinco y media de la tarde no se abrieron las puertas de la plaza, pero la muchedumbre se aglomeraba allí desde una hora antes. Entraron con sus respectivas banderas las delegaciones de las distintas organizaciones obreras, siendo todas acogidas con atronadoras salvas de aplausos.

Hicieron uso de la palabra: Emilio Calderón, por la CNT; Carlos Núñez por el PC; Saturnino Barneto, por la Unión Local de Sindicatos; Reina, por el Socorro Rojo; Adolfo Moreno, por la UGT.

Sin embargo, el orador de la CNT se manifestó opuesto a toda coincidencia unitaria, diciendo que estaban todos juntos allí «por una mala interpretación del gobernador»; insistió en que la declaración de huelga la hicieron por su cuenta, sin ponerse de acuerdo con nadie. Calderón se levantó de la tribuna y abandonó la plaza seguido de algunos centenares de obreros afiliados a la CNT.

Carlos Núñez censuró la conducta del poder público y de los tres últimos gobernadores que había tenido Sevilla, Montaner, Bastos y Sol, sobre todo en sus relaciones con los sindicatos. Dijo que el PC estaría siempre contra cualquier política reaccionaria que se intentase, y que el pueblo de Sevilla sí que había formado el frente único de lucha contra la reacción. Abogó por la libertad de prensa, por la reaparición de la prensa obrera suspendida, y también por la derogación de la ley de jurisdicciones y la disolución de la patronal FEDA.

Barneto expresó la satisfacción que le había producido que todas las fuerzas de izquierda hubiesen estado esta vez de completo acuerdo, lamentando, en cambio, lo que acababa de pasar con el presentante de la CNT.

Adolfo Moreno dijo que no era el momento de discutir matices ideológicos, sino de mantener la unión para derrocar a quienes pretenden esclavizar a los obreros. Añadió que las diferencias entre socialismo y comunismo no impiden que tiendan a un mismo fin, el de la redención del proletariado. «Esta república —terminó diciendo— no es la nuestra ni la de los comunistas; no es más que el peldaño para llegar a lo que desean los trabajadores».

Después se aprobaron las conclusiones en medio de grandes aclamaciones, y Barneto explicó que una comisión marcharía al Gobierno Civil para presentarlas. Decían así: 1, que el general Sanjurjo sea juzgado por un tribunal de obreros y campesinos; 2, liberación de todos los presos políticos y sociales; 3, apertura de los sindicatos; 4, desarme de la Guardia Civil; 5, clausura y disolución de la FEDA; 6, que se den armas a los obreros del campo y de la ciudad para poder luchar contra la reacción; 7, libertad de prensa obrera y reaparición de periódicos obreros en suspenso; 8, abolición de la ley de jurisdicciones; 9, formación del frente único revolucionario; 10, desarrollo de la revolución.

El final de la aventura de Sanjurjo escapa al ámbito de nuestro trabajo: consejo de guerra, condena a muerte e indulto. El gobierno aprovechaba la coyuntura para hacer votar rápidamente el Estatuto de Cataluña y la Ley de Bases de Reforma Agraria. Y también para hacer que se aprobase una ley expropiando sin indemnización las tierras de los Grandes de España, especie de chivos expiatorios, con algún que otro obispo, de la pequeña burguesía en el gobierno (más que en el poder).

Hubo, por aquellos días de agosto, nuevas protestas y manifestaciones contra el indulto. En Sevilla las huelgas de los obreros del puerto y de los metalúrgicos contra el indulto fueron unánimes; de su alcance da fe que hasta el Ministerio de Trabajo, tan remiso generalmente a dar constancia de este género de huelgas, las hizo constar en su estadística de huelgas en las correspondientes al último decenio de agosto.

Poco avanzó la unidad. Si hubo buenas palabras momentáneas entre socialistas y comunistas, y Martínez Barrio (que también se precipitó a presentarse en Sevilla) habló en términos encomiásticos del comportamiento de «los hombres que desbordados a la izquierda de la república han venido de manera espontánea y generosa y desinteresada a salvarla», la CNT (ya enteramente controlada por la FAI) no admitió la menor tregua, y su Confederación Regional de Andalucía publicó ya el 18 de agosto un comunicado muy agresivo respecto al gobierno, a los socialistas y a los comunistas.

Cualquiera diría que el intento de golpe de Estado de ultraderecha no había enseñado nada a nadie. Por su parte la IC aprovechó aquella coyuntura para deshacerse de la dirección del PC, encabezada por Bullejos y que, en realidad, estaba en entredicho desde hacía más de un año (el congreso de Sevilla había significado una solución transaccional). Pero lo hizo con tan poca fortuna o habilidad que tomó en parte por pretexto la consigna «defensa revolucionaria de la república» (con la que, por cierto, había estado de acuerdo José Díaz desde la cárcel, aunque era opuesto a los métodos caciquiles del equipo bullejista). Había en el fondo un problema de crisis de crecimiento y de organización, y, sobre ella, la lucha por la dirección se exasperó en agosto y septiembre de 1932. También escapa a nuestro objeto de trabajo; sin embargo, la reorganización del BP del PCE tuvo implicaciones importantes para Sevilla, que es preciso señalar. En el mes de octubre (coincidiendo con la expulsión por la IC de Bullejos, Adame, Trilla y Vega) se llevó a cabo esa reorganización: José Díaz fue nombrado secretario general y se obtuvo su liberación mediante una fianza de 5.000 pesetas; Hurtado y Mije siguieron respectivamente de secretarios de organización y sindical; Jesús Hernández (llegado de la URSS) fue designado secretario de agitación y propaganda; Dolores Ibárruri (todavía en la cárcel, sería absuelta dos meses después y liberada en enero de 1933) continuaba de secretaria femenina, y Adriano Romero de campesinos.

Los otros miembros del BP eran Astigarrabía, Vicente Uribe, Delicado (que dirigía la organización de Sevilla), Jesús Rozado (nombrado secretario general de las Juventudes), Giorla (secretario general de la organización de Madrid).

Sevilla había sido el bastión del PC, había significado la experiencia, única en el mundo a mi conocimiento, de un partido comunista formado por una transferencia de jóvenes «cuadros» y bases anarcosindicalistas, había aportado buena parte de esos cuadros a la dirección central a nivel de todo el país. Antes Adame; luego, José Díaz, Mije, Delicado...

¿Hasta cuándo duraría la experiencia sevillana? El desfase en el desarrollo político y orgánico con las organizaciones del resto del país, la insistencia con que se exigían esfuerzos de la organización sevillana y el cumplimiento de toda clase de consignas, muchas procedentes de la Internacional sin tener en cuenta la específica situación española; la dureza de la lucha con la organización patronal y de la represión gubernamental, ambas dirigiendo más golpes a aquella ciudad, que era llamada «Sevilla la Roja» y considerada como un foco comunista; la competencia áspera y con frecuencia violenta del anarcosindicalismo y la excesiva frecuencia con que los sindicatos de la Unión Local eran arrastrados, en una especie de competición con el anarquismo, a huelgas, boicots y acciones excesivas y, a lo largo, debilitantes. Todo esto eran peligros que pesaban sobre el PC de Sevilla, en una época en que la ausencia de unidad le hacía correr muchos más peligros. No fue tal unidad, sino una mera absorción, el ingreso en el PC del partido socialrevolucionario (marzo de 1933) y con él de su dirigente, Balbontín, otras veces combatido y luego convertido en diputado comunista. Intervinieron muchos nuevos elementos que no podemos analizar aquí y ahora, debiendo detener nuestro trabajo en los umbrales de 1933. El movimiento adquirido, las bases de organización, el prestigio, etc., se plasmaron en hechos muy concretos en aquel otoño de 1932 donde cerramos nuestro estudio.

LA PLEAMAR

Porque fue, en efecto, la pleamar. Sevilla, en septiembre de 1932, tras el fracaso de «la sanjurjada», adquirió aún mayor actividad política. Todos los partidos celebraron reuniones y asambleas y, en primer término, el radical, donde se dibujó ya la separación derecha-izquierda; García-Bravo Ferrer declaró que había que abrir el partido a los hombres de derecha. Respondió Sicilia vehementemente: «si el partido radical no es de izquierda, yo me voy». Martínez Barrio, aunque quiso ser árbitro, no coincidía con Bravo Ferrer. Este pidió la separación del partido, al que por cierto se habían afiliado ya Blasco Garzón y Borbolla.

García-Bravo Ferrer fue al partido conservador de Miguel Maura; en cambio, los amigos sevillanos de Santiago Alba entraron en el partido radical; sin embargo, el radicalismo sevillano se afirmaba como una fuerza política de pequeña burguesía republicana y burguesía media, y sería una base sólida de la escisión por la izquierda del partido de Lerroux. El comportamiento del alcalde, Fernández de La Bandera, el 10 de agosto, vino a reforzar el matiz de izquierda a que aludimos.

Lo antedicho explica la poca o nula implantación que tuvieron en Sevilla otros republicanismos de izquierda. El congreso provincial del partido republicano radical-socialista, celebrado el 23 de octubre, reunió a delegados de Sevilla y 13 localidades, bajo la presidencia de Sánchez Márquez (en nombre del CN), que también presidía la Alianza de Labradores inspirada por Gordón Ordax; S. Márquez «lamentó que Sevilla y su provincia no siguieran el ejemplo de

la marcha política triunfal de su partido en toda España».
(Podemos añadir que en el Congreso del PRRS de 1933, la
provincia de Sevilla estuvo representada por 852 votos, de
los cuales 200 correspondían a Sevilla; la implantación general de los radicales-socialistas en Andalucía fue siempre
muy débil.)

Continuó, en cambio, la carrera ascensional y la competencia de anarcosindicalistas y comunistas, degenerando
más de una vez en violencias en las que intervinieron las
pistolas. En cuanto a la UGT, continuó durante aquellos meses reforzando sus posiciones en oficios no esencialmente
obreros (por ejemplo, empleados de banca y de oficina, en
los que tenía posiciones mayoritarias) y también la implantación en medios agrarios de la provincia. Los comunistas
tenían en pleno funcionamiento el Consejo Central de Comités de Fábrica, con el que indudablemente querían hacer una
experiencia que se asemejase a los soviets en la coyuntura
prerrevolucionaria. Por su parte, el anarcosindicalismo veía
engrosar sus filas considerablemente. Aunque no sean muy
fiables los datos que suponen un aumento de 47.790 afiliados
en 1931 (Sevilla y provincia) a 140.000 en 1932 (porque se
suman todas las altas de los dos años sin restar aquellos
que no habían renovado el carnet en 1932), no es descabellado pensar que desde la primavera de 1931 habían doblado
sus efectivos. Ello estimuló su tendencia hegemónica y el
repudio de cualquier táctica que pudiera asemejarse al frente único. La importancia cenetista de Sevilla se vio confirmada por el gran acto nacional de la CNT celebrado en el Monumental de Sevilla el 12 de septiembre: participaron las
federaciones regionales de Andalucía (cuyo secretario, V. Ba-
llester, presidía), Extremadura, Castilla y Levante. Hecho
curioso, uno de los oradores, el abogado Benito Pabón, era
hermano del profesor Jesús Pabón, candidato por Sevilla de
«Acción Nacional» y luego diputado de la CEDA. Pabón dijo
aquel día: «Todos los socialistas se proclaman enemigos del
capitalismo; pero en el fondo no apetecen otra cosa que

adueñarse del Estado para gozar de privilegios. Los anarcosindicalistas sostenemos que, sin el Estado, la emancipación
social estaría ya hecha» (Benito Pabón fue diputado del Frente Popular por Zaragoza en 1936). Este acto aprobó como
principales conclusiones: la derogación de la ley de asociaciones del 8 de abril; la derogación de la ley de orden público; la liberación de los presos políticos y sociales; la
terminación de toda represión contra la prensa obrera y la
reapertura de todos los locales sindicales y legalización de
cuantos sindicatos tenían presentados sus estatutos.

Sin embargo, la prosecución de las violencias movió a la
Unión Local a celebrar pocos días después (25 de septiembre)
un acto público, también en el Monumental, «para protestar
contra el carácter violento de la lucha fratricida entre obreros y de los tratos dados a los presos en las cárceles». Presidió una de las mujeres comunistas de más relieve en Sevilla,
Angeles Montesinos, que había sido candidato a Cortes. Barneto, que se encontraba en la sala, fue obligado a hablar
entre grandes ovaciones. Dijo que «no había pensado hablar,
pero que lo hacía porque no quería que se diesen a su ausencia interpretaciones tendenciosas [clara alusión al conflicto con el grupo Adame-Bullejos]. Hizo historia de la labor
desarrollada por la cnt desde 1920 [dice *El Liberal*] a la
fecha, explicando su desenvolvimiento y la época del terro-
rismo en Barcelona. Se refiere al golpe de Estado de Primo
de Rivera y dice que no protestó cuando se llevó a cabo y
que ello determinó la salida de aquel organismo del que
habla y de varios camaradas más. En contraste con los hechos citados, describe la intentona de Sanjurjo, con ocasión
de la cual no fue necesario decir nada a las masas para que
cumplieran su deber, porque estaban preparadas previamente».

Juan Reina intervino por el Consejo Central de Comités
de Fábrica, Delicado por el pc y Carlos Núñez por la Unión
Local de Sindicatos, así como representantes de los ramos
textil, metalúrgico y de hostelería. Las conclusiones del acto

fueron: «Luchar incansablemente contra el pistolerismo hasta su completa extinción; movilizar a las masas para hacer más efectiva la lucha por las reivindicaciones del proletariado, y no responder del mismo modo a las provocaciones violentas; protestar de los tratos de que se hace víctimas a los presos en el penal de Puerto de Santa María; pedir la liberación de José Díaz».

Se organizó después una manifestación pacífica muy importante, de millares de obreros que seguían a las banderas de todos los sindicatos de la Unión Local. Hicieron gran impresión más de 500 obreras jóvenes del grupo de oposición del sindicato textil, que marchaban en cabeza de la manifestación. Esta terminó en la Puerta de Jerez.

Ciertamente se reforzaba la implantación de los sindicatos orientados por el PC. Se crearon algunos sindicatos de obreros agrícolas, como el de Valencia, se extendió la influencia de la Unión Local al sindicato de mozos de hoteles y comercio y también se creó el grupo andaluz del Sindicato Autónomo de Ferroviarios, para lo cual se desplazó de Madrid a Sevilla Pablo de Lafuente, del Sindicato Autónomo del Norte.

Redobló la actividad huelguística: tranviarios, metalúrgicos, el puerto... y también en el campo, en Utrera, Dos Hermanas, El Arahal, Osuna, Carmona, Alcalá de Guadaira, Valencina, etc. La capital era un hervidero de reuniones sindicales, ora de la CNT, ora de la Unión Local. Esta empezó a lanzar la idea de una huelga general de cuarenta y ocho horas, cuyo punto de partida sería la solidaridad con los oficios que ya estaban en huelga.

Hay que señalar que la patronal no había disminuido su agresividad y que actuaba incrementando los despidos con cualquier pretexto; ese fue el caso de numerosos tranviarios, de bastantes obreros de cerámica «La Cartuja» y de Cobián y otras empresas metalúrgicas, que dieron lugar a la huelga como réplica.

En noviembre, la agitación cundió por la provincia; en

Marchena hubo una huelga general de cuarenta y ocho horas en que abandonaron el trabajo hasta las criadas, niñeras, lavanderas, etc., y los patronos aceptaron las bases de trabajo propuestas por la asamblea obrera; en Valencina, igual, con la nota curiosa de que el terrateniente que traía esquiroles de otros pueblos era el antiguo torero Emilio Torres (Bombita). Tan sólo en las huelgas reseñadas por el Ministerio de Trabajo se encuentran en noviembre de 1932 la ya citada de Marchena, más las de Casariche, Cazalla, Ecija, El Rubio, El Saucejo, La Roda, Estepa, Herrera, La Rinconada, Cantillana, Brenes, Viso del Alcor, Mairena del Alcor, Carmona, La Lusiana, Constantina. En realidad hay un momento, hacia el 13 de noviembre, en que la huelga de obreros agrícolas alcanza a más de treinta pueblos. En unos lugares es la CNT quien dirige; en otros, la FTT de la UGT, y en otros los sindicatos «rojos» de obreros agrícolas (la implantación de éstos se producía en las zonas más próximas a la capital, algo así como por irradiación militante).

Hay un momento en que las huelgas toman el mismo ritmo en la capital. Tras los metalúrgicos (en huelga desde octubre) van los confiteros, los ceramistas, los panaderos, los dependientes de cafés y establecimientos de bebidas, los del transporte y aceiteros (obsérvese que son los oficios donde la Unión Local es mayoritaria). El sábado 12 de noviembre había presentados veinte oficios de huelga en la capital, y el domingo 13 estaba convocada la asamblea del Consejo Central de delegados de Comités de Fábrica. La consigna más generalizada era la pedir el reingreso de todos los obreros despedidos.

Fue aquel el momento elegido para transformar el Comité pro Unidad Sindical en Comité provisional de la Confederación General del Trabajo Unitaria, siguiendo así la línea de la Internacional y reproduciendo una organización como la de Francia, pero en condiciones muy diferentes. Ese Comité provisional está respaldado desde el primer momento por la Unión Regional de Sindicatos de Andalucía. Ambos lanzan un llamamiento a la opinión de todo el país explicando la lucha de los obreros agrícolas de Sevilla y de otras provincias andaluzas, por la solidaridad de los obreros de la ciudad de Sevilla para con los obreros agrícolas y también «por las reivindicaciones de los huelguistas metalúrgicos, obreros ferroviarios eventuales, por el reingreso de los despedidos por huelgas...» Llaman a la formación de consejos: «Los consejos de obreros y campesinos tienen que constituirse como órganos de lucha contra el poder de la burguesía»...

¡Obreros de Sevilla! ¡Vuestra experiencia en la lucha debe servir para orientar a los obreros agrícolas! ¡Declarad la huelga general por cuarenta y ocho horas el día 16, en defensa de los obreros agrícolas y de los que se encuentran en lucha en Sevilla!

Volcando los esfuerzos sobre Sevilla, a la vez que los mineros de Asturias estaban en huelga total (tanto los de la UGT como el Sindicato Unico, donde coexistían comunistas y anarcosindicalistas), esta es la coyuntura en que el PC alcanza las mayores posibilidades en la política desplegada durante el primer bienio, y aprovechando hasta el máximo las posibilidades de acción de las zonas en que tenía implantación sólida, en primer lugar en Sevilla. Se verá con facilidad el exceso de «voluntarismo» al lanzar consignas que no correspondían a la correlación de fuerzas ni a un análisis riguroso de las clases y el Estado. Se derrochará heroísmo sin tasa, se limarán sobre la marcha muchos defectos de la antigua dirección, pero en realidad se está todavía en un momento de transición que repercutirá fuertemente sobre estos intentos del otoño de 1932. Sin duda, hubo un ascenso de combatividad de las masas tras la derrota del golpe de Sanjurjo, pero no fue aprovechado por quienes tenían una cuasi hegemonía y más sólida implantación, el partido socialista y la UGT, que celebraron sus congresos en octubre de 1932, sin captar todavía la desilusión que comenzaba a apoderarse de la clase obrera cuando iba a cumplir un año de gobierno Azaña. Algo que, sin embargo, ya captaban los «cuadros» medios socialistas a través de las luchas de los obreros agrícolas, de los mineros, etc., y también dirigentes más lúcidos, vinculados a zonas agrarias, como era el caso de Jiménez de Asúa.

¿Qué ocurrió el 16 de noviembre en Sevilla? La huelga, decidida por la asamblea del Consejo de Comités de Fábricas, fue total, desde los primeros momentos, en las panaderías, los taxis, el puerto... los metalúrgicos estaban en su tercera semana de huelga. Salieron los tranvías, custodiados por guardias civiles y de asalto, pero fueron constantemente apedreados. También menudearon las pedreas contra buena parte del comercio que continuaba abierto. Sólo habían cerrado los establecimientos de bebidas y cafés. Los tranvías circularon muy restringidamente por la tarde. Los pueblos próximos, donde el PC se movilizaba, fueron a la huelga: Camas, San Juan de Aznalfarache, Puebla del Río, Dos Hermanas... Las fuerzas de orden público tomaron prácticamente la ciudad de Sevilla y clausuraron la Unión Local, deteniendo al conserje, única persona que se encontraba allí.

La huelga no pudo dar más de sí. No fue una derrota, sindicalmente hablando, porque en sus luchas específicas, los metalúrgicos consiguieron una victoria tras seis semanas de huelga; los ferroviarios eventuales, también en huelga, obtuvieron una solución satisfactoria; los obreros agrícolas consiguieron en numerosos lugares mejores bases de trabajo para la recolección de la aceituna.

Políticamente, el «modelo» sevillano estaba dando de sí el máximo de lo que podía. En Sevilla no hubo jamás unidad; y es más, la gran implantación del anarcosindicalismo hacía todavía más difícil esa unidad, y casi imposible la articulación efectiva entre los obreros de la ciudad y del campo.

El «modelo» sevillano estaba basado en una concepción errónea, la de «clase contra clase», que impedía a los obreros cualquier tipo de alianza con la pequeña burguesía, tan importante allí, que de ese modo acababa siendo manejada por la oligarquía (o como «personal de tropa» de la tercera fuerza entonces representada por Martínez Barrio). Esa misma concepción iba unida a la de considerar que la corriente socialista no era una fuerza del movimiento obrero sino de la contrarrevolución. Vemos, pues, que las bases teóricas «stalinistas» viciaron desde el primer momento la experiencia de la heroica clase obrera sevillana. La línea de «clase contra clase» del VI Congreso de la IC ignoraba que la realidad de cada formación social ofrece una pluralidad de clases sociales y de fracciones de clase, que se enfrentan a través de una serie de bloques, de alianzas más o menos estables, etc., dentro de los cuales hay clases hegemónicas, que pueden tener una función de dirección y de orientación, pero que no entran solas en la lucha. Una clase (y a veces una fracción de clase) que entra sola en la lucha, está condenada a la derrota. En puridad, tanto el «stalinismo» como el trotskismo (y también las corrientes de Bujarin, etc.) ignoraron esta complejidad de las formaciones sociales y subestimaron la función ideológica; el concepto de hegemonía desarrollado por Gramsci —entonces desconocido— ofrecía mucho más amplias posibilidades de análisis de las formaciones sociales. Y si a nivel mundial, refiriéndose a la estrategia, Stalin concebía la política de aliados y de neutralización de fuerzas, la línea del VI Congreso era una negación de todo eso a nivel de cada país.

Desde el punto de vista orgánico, el «modelo» sevillano tenía el grave inconveniente del desfase entre la implantación, influencia y posibilidades del PC y de los sindicatos por él dirigidos en Sevilla, y en el resto del país (la apreciación podría extenderse a Córdoba, pero con la diferencia de que era una implantación agraria). Ocurrió, forzosamente, que sus organizaciones y «cuadros» acabaron siendo las primeras víctimas, tanto de la represión gubernamental como de la violencia patronal, sin que el resto del país estuviera en medida de aportarles la solidaridad suficiente. Desgastar hasta el máximo la organización provincial «en punta», con fines tácticos o de propaganda, debía traer malas consecuencias estratégicas.

Sevilla ofrecía el ejemplo insólito de un partido comunista cuyos cimientos habían sido echados por una verdadera transferencia de «cuadros», militantes y afiliados de base del anarcosindicalismo. Pensamos que es un hecho muy raro en la historia del movimiento obrero (podíamos añadir que, aunque en menor escala, el fenómeno se dio también en la organización cordobesa ya citada). Esta característica, si por un lado apartó a las nuevas bases comunistas de las veleidades del reformismo, por otro tuvo que dejarse sentir en cuanto al «estilo» del trabajo, cierta propensión al maximalismo y más aún al aventurerismo político; por ejemplo, a la práctica repetida de las huelgas con evidentes desgastes de todo tipo, cierta propensión al choque callejero, etc. No es que fuesen notas dominantes, pero sí notas *subsistentes*. El hecho de que los resultados electorales del PC fueran netamente inferiores a su influencia sindical, muestra la supervivencia de concepciones y prácticas de corte anarquista.

En fin, ya hemos señalado que, precisamente, los éxitos de Sevilla, unidos a la renovación de la dirección del PCE, privaron a la organización local y provincial de dirigentes como José Díaz, Mije, Delicado, etc.

Ahora bien, el *fenómeno Sevilla* era también la proliferación multitudinaria del anarcosindicalismo que, a la larga, debilitaría la capacidad de acción de la clase obrera sevillana. La preponderancia de la pequeña empresa y el entorno agrario (con una tradición que venía de la I Internacional) debieron ser factores que propiciaron aquel desarrollo. Es probable que los métodos en cierto modo anarquizantes y la propaganda «catastrofista» del PC hasta 1934 impidieran a éste ejercer un contrapeso. Por otro lado, las organizaciones socialistas y de UGT, netamente inclinadas a servir de punto de apoyo gubernamental (limitándose al enfrentamiento con los gobernadores civiles) y a frenar la conflictividad, tampoco ofrecieron gran contrapeso. Una vez más se comprobaba aquello de que «el pecado del reformismo se pagaba con la penitencia del extremismo».

En resumen, y pese a lo dicho, pese a los errores de todas las organizaciones obreras, la Sevilla de los años treinta a treinta y tres ha quedado como un jalón importante en la historia social de Andalucía y de todos los pueblos de España.

FUENTES Y BIBLIOGRAFIA

ABC de Sevilla, 1931-1932.

Alcalá Zamora, Niceto: *Memorias*, Barcelona, 1977.

Anuario Financiero y de Sociedades Anónimas, 1930.

Anuario de Política Social, 1934-35.

Arrarás, Joaquín: *Historia de la segunda república*, Madrid, 1963-1968.

Azaña, Manuel: *Obras completas* (t. II y IV), México, 1966-1968.

Balbontín, José Antonio: *La España de mi experiencia*, México, 1952.

Bernal, Antonio Miguel: *La propiedad de la tierra y las luchas agrarias andaluzas*, Barcelona, 1974.

Bernal, Antonio Miguel, y Lacroix, Jacques: «Aspects de la sociabilité andalouse. Les associations sevillanes (XIXᵉ-XXᵉs) en *Mélanges de la Casa de Velázquez*, XI, París, 1975, páginas 435-507.

Bernaldo de Quirós, Constancio: *Informe sobre el paro de los jornaleros del campo de Andalucía en otoño de 1930*, Ministerio de Trabajo, Madrid, 1931.

Bolchevismo (Revista teórica del PCE), Madrid, 1932.

Boletín Oficial de la Provincia de Sevilla, abril-septiembre, 1931.

Boletín del Ministerio de Trabajo, 1931-1932.

Boletín del Instituto de Reforma Agraria, 1933.

Bullejos, José: *La Comintern en España. Recuerdos de mi vida*, México, 1972.

Bullejos, José: *España en la segunda república*, México, 1967.

Calero, Antonio María: *Movimientos sociales en andalucía*, Madrid, 1976.

Carrión, Pascual: *Los latifundios en España*, Madrid, 1932.

Censo de Población, 1930.

Censo Social de Jurados Mixtos, 1933.

Cerezal-Marco, Cecilia: *El movimiento obrero en Sevilla de 1930 a 1934*, Memoria de *Maîtrise*, Universidad de Pau, 1971.

Comin Colomer, Eduardo: *Historia del Partido Comunista de España*, t. ii, Madrid, 1965.

Contreras Casado, Manuel: *El Partido Socialista Obrero Español; estructura organizativa y conflictos ideológicos (1931-1936)*, Tesis Doctoral, Universidad de Zaragoza, 1977.

Correspondance Internationale (La), París, 1930, 1931 y 1932.

Desvois, Jean-Michel; Navarro, Manuel, y Cerezal-Marco, Cecilia: *Aproximación al conocimiento del P.C. de España, en 1930-1933*, III Coloquio de la Universidad de Pau, texto policopiado, 1972.

Diario de Sesiones de las Cortes Constituyentes.

Elorza, Antonio: *La utopía anarquista bajo la segunda república*, Madrid, 1973.

Esteban-Infantes, Emilio: *La sublevación del general Sanjurjo. Relato de su ayudante*, Madrid, 1933.

Frente Rojo (diario de la noche), Madrid, octubre-noviembre 1932.

Humbert-Droz, Jules: *De Lenin à Staline. Dix ans au service de l'Internationale Communiste*, Neuchatel, 1971.

Infante Pérez, Blas: *La verdad sobre el complot de Tablada y el Estado libre de Andalucía*, Sevilla, 1931.

Instituto Nacional de Estadística: *Anuario Estadístico de España*, 1931, 1932-1933.

Liberal (El) de Sevilla, 1930, 1931 y 1932.

Libertad (La), Madrid, 1931.

Maura Gamazo, Miguel: *Así cayó Alfonso XIII*, México, 1962.

Mije, Antonio: *Breve noticia autobiográfica*, texto mecanografiado, 1972.

Ministerio de Trabajo: *Estadística de salarios y jornada de trabajo, 1914-1930*, Madrid, 1931.

— *Estadística de huelgas, 1930-1931*.

Mola, Emilio: «Memorias de mi paso por la Dirección General de Seguridad», en *Obras completas*, Valladolid, 1940, pp. 227-482.

Mundo Obrero: 1931 (noviembre-diciembre) y 1932 (enero-diciembre).

Palabra (La): 1932 (marzo-abril).

Pla, Nuria: «José Díaz (biografía), en *Nuestra Bandera*, 53, 1967, pp. 114-146.

Solidaridad obrera, Barcelona, 1931 (incompleta).

Tusell, Javier: *Oligarquía y caciquismo en Andalucía*, Barcelona, 1976.

Vidarte, Juan Simeón: *Las Cortes Constituyentes de 1931-1933*, Barcelona, 1976.

APENDICE DOCUMENTAL

I. CORTES CONSTITUYENTES. SESION DEL 26 DE AGOSTO DE 1931. INFORME DEL DIPUTADO SR. GONZALEZ LOPEZ DE LA COMISION INVESTIGADORA DE LOS SUCESOS DE SEVILLA

Señores Diputados: El suceso motivo de nuestro enjuiciamiento se ha desarrollado el día 23 de julio, entre tres y cuatro de la madrugada, en que cuatro obreros sevillanos, conducidos por la fuerza pública, fueron muertos, con motivo de un encuentro supuesto o real entre agentes de la autoridad y unos supuestos o reales pistoleros. Este hecho, ante esta conducción extraordinaria, por la comitiva que constituía la conducción que acompañaba a estos cuatro obreros sevillanos que fueron muertos, por la hora extraña de las cuatro de la madrugada, necesitó inmediatamente ser investigado.

El día 23, a la madrugada, se había declarado ya el estado de guerra en Sevilla, se había declarado el día 22 a las nueve de la noche. ¿Quién organizó esta conducción? ¿Quién era la autoridad responsable de la conducción que dio lugar a que hubiera un encuentro en el Parque de María Luisa entre unos problemáticos pistoleros y la fuerza pública? Esta era la primera pregunta en materia de investigación. La comisión aquí, en este punto, cuando nosotros creíamos encontrar una persona que, cara a cara, asumiese la responsabilidad de la conducción que ha dado lugar a un suceso tan luctuoso, en lugar de encontrar esta persona... no aparece por ninguna parte. Notad bien que la conducción estaba formada por cuatro guardias civiles, uno de ellos un cabo, cuatro guardias de seguridad y cinco guardias cívicos. Era una conducción extraña, porque no se hizo en el coche celular, sino en una camioneta ocupada por cuatro guardias de seguridad, seguidos por dos coches de turismo, donde iban los guardias cívicos y los guardias civiles. En esta conducción, por tanto, en que la persona de mayor graduación era un cabo de la Guardia Civil, nosotros creíamos encontrar esta persona que nos dijera: yo, o alguien en concreto, una autoridad cualquiera, me ha ordenado esta conducción que, vuelvo a repetir, es extraña por la hora, las cuatro o las cinco de la madrugada, y también por el procesional que la formaba. Y en este momento los guardias de seguridad dicen: «el cabo de la Guardia Civil nos lo mandó», y el cabo de la Guardia Civil nos dice: «No, yo no lo mandé, a mí me lo dijo un paisano que estaba en el Gobierno Civil». ¿Pero ese paisano es una autoridad?, le preguntamos. «¡Ah!, no lo sé; yo vi que estaba por allí, en el Gobierno, que preguntaba, que debía ser autoridad cuando se movía por allí e interrogaba a los detenidos, pero si era autoridad o no, yo no lo sé»... Cuando preguntamos a los guardias de seguridad y al cabo de la Guardia Civil si conocen a ese paisano, si saben algo de él, también vacilan: «yo no lo reconocería, quizás», dice el cabo. Y ese mismo paisano que interroga en el Gobierno Civil de Sevilla a los detenidos, que da órdenes a la fuerza pública sin que ésta sepa si es o no autoridad, es, justamente, la misma persona que iba en el coche guía de la conducción; la misma persona que al frente de la expedición llega al Parque de María Luisa con los detenidos. Y yo digo; si esta conducción no tiene una persona cara a cara responsable es conducción ilegal. Porque es cierto que el gobernador, ante la aglomeración de detenidos en el patio del Gobierno Civil, dijo: «Llevadlos a todos; el Gobierno Civil de Sevilla no es un calabozo ni una cárcel. Hay que llevárselos a todos»; pero esta es una orden genérica; nadie que no sea autoridad o agente puede asumir la autoridad y hacer la designación de los detenidos según le plazca. Por eso la orden del gobernador no pudo dar lugar a que un cualquiera cogiera a las cuatro de la mañana a esos cuatro detenidos y se los llevara, mandando sobre la Guardia Civil y sobre la Guardia de Seguridad en una conducción extraña y peligrosa.

Es cierto también que cuando los detenidos fueron llevados al Parque de María Luisa la autoridad que se ejercía en Sevilla no era la civil, sino la militar; y en este equívoco está la principal gravedad de la tragedia. Notad que en efecto, la guardia cívica, nombrada primeramente, tenía un carácter monárquico notorio. Yo bien sé que se puede decir que en aquel momento de gravedad las personas que acudían al lado de la autoridad no tenían tiempo de pensar en Alfonso XIII; es cierto, pero también lo es que personas que han vivido el espíritu monárquico, tenían que aplicar aquellos mismos procedimientos que aplicaron en la dictadura, y que estas personas, además de la condición de guardias cívicos que tenían, la mayor parte eran militares *(Un señor Diputado: No tiene S. S. derecho a decir eso.—Grandes rumores y protestas.)* Tengo derecho a decirlo porque es cierto: en la relación de guardias cívicos que se nos ha entregado consta la condición militar de algunas de estas personas. *(El mismo señor Diputado: No se puede injuriar en globo a los militares.—Continúan los rumores y las protestas.)* No lamento la interrupción, sino la insidia que lanza S. S. cuando se trata de decir únicamente que no se debe tolerar que personas que han jugado con el equívoco de ser militares y guardias cívicos traten de mangonear la autoridad en Sevilla. *(Aplausos.)* Aprovechándose de la situación de estado de guerra, y algunos guardias cívicos eran militares, los agentes de la autoridad podían ser obligados a aceptar órdenes de alguien que tuviera esa doble condición. De nuestra investigación resulta que ha sido dada una orden por persona que no es autoridad y que además tenía la condición de guardia cívico y militar; y que esta persona que dio la orden al cabo de la Guardia Civil iba justamente en el coche de la expedición; la misma persona que impide que los detenidos vayan esposados; la persona que obliga a los detenidos a que se apeen en el Parque de María Luisa... la misma persona que da la casualidad que es de la guardia cívica y del ejército... Todas las declaraciones coinciden en afirmar que es justamente esa persona la que asume la responsabilidad; no la asume ella, sino que la hace asumir. Se acerca la conducción al parque de María Luisa, va delante el coche-guía con esa persona... Dejemos a un lado que no entrara por la puerta de Portugal, que es el camino más rápido y directo, porque hay quien dice que estaba cerrada. No estaba cerrada más que con un alambre que fácilmente se podía soltar; pero además el coche celular, en expediciones realizadas durante la noche, tocaba la bocina, y salía un guarda que abría la puerta. Dejando esto, que no tiene importancia, entra la conducción por la avenida de María Luisa, se interna por una parte frondosa y allí, justamente, ocurre el pinchazo. La camioneta sufre un pinchazo... en el momento en que esa persona ordena que se apeen los detenidos y en que se decide llevarlos a los calabozos que están a varios centenares de metros de aquel lugar, en lugar de acompañar a los detenidos en aquel sitio verdaderamente peligroso, esos guardias civiles se quedan con los coches en lugar de acompañar a los demás. Y señores, en aquel lugar, por donde nunca pasaba una conducción, por donde no había la posibilidad de que nadie sospechase que iban a pasar los detenidos, por donde nadie supo que podía ir ningún sospechoso, estaban apostados los pistoleros.

Pero además da la casualidad de que aquella noche los guardas del Parque habían montado un servicio extraordinario de vigilancia... y cuando vieron entrar a los coches que llevaban a los detenidos, no encontraron a ninguna persona extraña en el Parque... Pues bien; si los pistoleros no podían sospechar por ningún concepto que iba a pasar por allí una conducción, si difícilmente podría justificarse que lo supieran, a no ser que esos pistoleros estuvieran de acuerdo con esa persona que llevaba la conducción para saber la hora de su paso o de que alguien se lo hubiese comunicado, esos pistoleros que difícilmente podían pasar desapercibidos a la sagaz vigilancia de los guardas del Parque; esos pistoleros, repito, tienen la alta osadía de enfrentarse con ocho agentes de la autoridad y cinco guardias cívicos, en un Parque completamente cerrado, cuando a pocos pasos están los pabellones de la plaza de España ocupados en aquellos momentos por la Guardia Civil.

Vamos a suponer todavía que los pistoleros los hubieran atacado. Pero ¿sabéis qué hace la fuerza pública? Los guardias civiles se mantienen firmes al lado del coche; los guardias de seguridad retroceden; los guardias cívicos se esconden; los guardas del Parque desaparecen: alguno de ellos dice que estuvo, detrás de un poyo, escondido dos horas y pico. ¿Es posible que la fuerza pública hubiera retrocedido, que los guardias cívicos hubieran desaparecido y quedaran dueños del Parque los pistoleros? ¿Por qué la fuerza pública no los atacó?... La respuesta, para algunos de nosotros está clara; si no existían esos pistoleros, si esos pistoleros eran a manera de comparsas, ¿para qué ir sobre ellos, para qué detenerlos, para qué disparar contra ellos? Y digo más. No se ha incoado sumario por atentado a la fuerza pública... Si en algo no hay prueba alguna es en esa historia fantástica de los pistoleros del Parque de María Luisa. (*Aplausos. Muy bien, muy bien, en algunos lados de la Cámara.*)

II. LOS CONFLICTOS DEL SINDICATO DEL PUERTO DE SEVILLA

A.

Sevilla, 22 (9,30). Se nota la mañana de domigno y de descanso. Atravieso la plaza de Armas, casi desierta, y me dirijo a la calle del Arenal, donde el Sindicato de Obreros del Transporte tiene su domicilio. La nota sombría e insistente de la Guardia Civil que toma las bocacalles deja bien entrever la gravedad y el carácter del conflicto planteado. Al desembocar en la calle de los Reyes Católicos tropiezo con grupos compactos de obreros que se dirigen al local del puerto. Me acerco; al identificarme, se suceden los apretones de mano. Pertenecen todos al gremio de metalúrgicos y se dirigen a la calle del Arenal, a la reunión general de su gremio, convocado para tratar del conflicto planteado en el puerto.

Me informan que, a más de su sindicato, lo están también con carácter urgente los obreros de la dársena, dependientes de bebidas, aceituneras y varias secciones del transporte; pero tienen la evidencia de que el gobernador, siguiendo la política de provocación iniciada, ha decretado la suspensión de todas ellas.

Todos se esfuerzan en ponerme al corriente del desarrollo del conflicto y me hablan de las agresiones de que vienen siendo objeto nuestros camaradas. Antonio Sanz, herido en la mejilla por los mercenarios de la patronal del transporte; Manuel Carbonell, herido también a tiros; Díaz Medina, agredido a cuchilladas por los mismos elementos, que quieren, por estos procedimientos, quebrantar la organización revolucionaria.

En charla vehemente y abundante sobre lo que venía sucediendo llegamos al local de la calle del Arenal que, como siempre, está abarrotado de trabajadores.

Abriéndome paso con gran esfuerzo por entre la concurrencia que llena los amplios salones del sindicato, llego a la secretaría del Transporte.

Carlos Núñez, secretario del sindicato, me sale al encuentro arrastrando aún su pierna derecha herida por la «benemérita» en la última huelga general; satisfecha su cordialidad, empieza a darme informes sobre el origen del conflicto.

«Este Sindicato —comienza diciendo—, es, por la convicción y disciplina de su base, el baluarte revolucionario más consistente del proletariado sevillano. Innumerables conquistas morales y materiales han sido arrancadas a la clase patronal, sólo merced a la identificación y fe de sus miembros; en la actualidad, el sindicato del puerto es el único que había impuesto a la clase patronal la jornada de seis horas, el subsidio de 25 pesetas semanales para los viejos imposibilitados para el trabajo; obligándosele, además, a pedir todo el personal que le era necesario para el trabajo al sindicato, que diariamente le era servido para el trabajo de carga y descarga por riguroso turno, para que de esta manera, todos disfrutaran del escaso trabajo existente. Esto, que beneficiaba a todos los miembros de nuestra organización, tenía al mismo tiempo la virtud de evitar los abusos de los capataces, que seleccionaban únicamente a sus cuadrillas de adictos, exigiéndoles por ello parte del producto de su trabajo.

Y son los capataces —continúa diciendo— los que, heridos en sus rapaces intereses, inician la ofensiva contra nuestro sindicato; pero la actitud viril de éste les hace retroceder, a pesar de que planteaban la batalla a nuestro sindicato con el apoyo franco de las autoridades.

En el período sangriento de Bastos, y proclamado el estado de guerra, paralelo a los fusilamientos del Parque, inician otra vez la destrucción de nuestra unidad sindical, aprovechándose de la persecución de que éramos víctimas sus directivos y de la clausura que pesaba sobre nuestro local. Pero la organización del transporte, frente a las autoridades militares y el terror policiaco, hizo valer sus derechos de forma rotunda... Fracasadas las tentativas para dar al traste con nuestra organización, conciben una nueva ofensiva, uniéndose con consignatarios, armadores y un sector degenerado del proletariado, sacado de los bajos fondos de Sevilla...

Mundo Obrero, 23 de noviembre de 1931. (De nuestro corresponsal especial.)

B.

Hoy a las once de la mañana, fueron llamados urgentemente al Comité de Puerto por la Delegación Regional del Trabajo, con el propósito de entablar negociaciones para ver de solucionar el conflicto, que cada día se intensifica más, pues la reclutación (*sic*) de esquiroles iniciada por los agentes de la patronal, se hace cada día más difícil, siendo insuficiente el cortísimo número de golfos y renegados que trabajan, fuertemente protegidos por la Guardia Civil, para realizar la carga y descarga en el puerto; cada día los almacenes y cobertizos aparecen más abarrotados de mercancías, irrogando esto fuertes trastornos al comercio, que empieza a dar señales de impaciencia; consignatarios y armadores empiezan a desconfiar de las demagógicas promesas del señor Sol, a la par de darse cuenta de que dar al traste con el Sindicato del Transporte de Sevilla no es problema fácil. El delegado regional del Trabajo, requerido por los patronos, interviene hoy, siendo convocados los representantes de este valiente organismo con el propósito de solucionar el pleito.

Mientras se celebra esta reunión, el local del sindicato y la calle del Arenal entera están abarrotados de huelguistas que, llenos de entusiasmo, esperan el resultado de la entrevista, convencidos de su triunfo, y sin impaciencia, pues la provocación de que han sido objeto los impulsa a no ceder en un ápice de sus reivindicaciones... Esta inquebrantable seguridad en la victoria radica en la gran simpatía solidaria que ha despertado el conflicto en toda la clase trabajadora de Sevilla, dispuesta a ir a un movimiento general para ayudar a la conquista de los justos intereses (*sic*) del proletariado sevillano.

Transcurridas tres horas se dieron por terminadas las deliberaciones, y el Comité del Puerto abandonó el local de la Delegación del Trabajo. Inmediatamente circuló la orden de reunión de todos los obreros afectados por la huelga para las ocho de la noche, consiguiéndose que el gobernador diera autorización especial para el acto, pues estas negociaciones no podían de ninguna forma seguir sin darlas a conocer a los trabajadores para que, pulsadas sus opiniones, ellos manifestaran su criterio unánime sobre el conflicto.

Comienza la reunión y el camarada Carlos Núñez, ante más de cinco mil trabajadores, empieza dando cuenta de la entrevista celebrada, manifestando que hoy, contra la opinión sostenida en días anteriores por consignatarios y capataces, éstos reconocían que la única organización capacitada para desarrollar el trabajo en el puerto era la representada por ellos. La delegación patronal reconoce la obligación de pedir el personal necesario para el trabajo en el puerto únicamente al Sindicato del Transporte afecto a la Unión Local.

A continuación da a conocer el criterio de los patronos en lo concerniente al turno que, impuesto por el sindicato, venía regulando la organización del trabajo de carga y descarga, y manifiesta que los patronos no lo aceptan.

En el momento de oír las anteriores palabras la asamblea unánime exterioriza su disconformidad con la actitud patronal; hay un desbordamiento de entusiasmo en la persistencia de la lucha por conseguir íntegramente todas las consignas.

Intervienen representantes de secciones de otros ramos que se encontraban en la asamblea; se manifiestan partidarios de la continuación de la huelga haciéndola extensiva a todo el transporte de Sevilla, si los patronos persisten en su actitud hostil a esta forma de organización del trabajo que no les perjudica en absoluto, y tiene la virtud de beneficiar a una gran mayoría de obreros que de otra forma se encontrarían obligados a engrosar el núcleo de los hambrientos (se oyen numerosos ¡Muera el favoritismo! y ¡Abajo los abusos de los capataces!).

La delegación de los carreros y los chóferes se distinguieron en sus ofrecimientos de solidaridad a los obreros del puerto. Otras secciones de la Unión Local se manifiestan partidarias de la huelga general. Se dan vivas a la Internacional Sindical Roja y al Partido Comunista.

Ya avanzada la noche se da por terminada la asamblea en medio del mayor entusiasmo, esperando la respuesta definitiva que mañana dé la patronal.

Mundo Obrero, 25 de noviembre de 1931. (Por teléfono desde Sevilla.)

III. INDICES DEL COSTE DE LA VIDA 1930, 1931, 1932

1930

Enero	171,1
Febrero	166,0
Marzo	163,9
Abril	163,3
Mayo	161,8
Junio	162,0
Julio	163,9
Agosto	196,3 *(sic)* ¿169?
Septiembre	171,5
Octubre	174,4
Noviembre	179,8
Diciembre	179,5

1931

Enero	196,0
Febrero	176,0
Marzo	171,0
Abril	171,3
Mayo	169,0
Junio	168,5
Julio	174,0

Agosto	177,4
Septiembre	178,6
Octubre	182,0
Noviembre	181,9
Diciembre	181,3

1932

Enero	180,5
Febrero	175,3
Marzo	177,8

Base = 100: promedio de los años 1909-1914.

Fuente: *Boletín del Ministerio de Trabajo,* marzo de 1932.

IV.   CONGRESO REGIONAL DE LOS SINDICATOS DE ANDALUCIA, 11
12 Y 13 DE DICIEMBRE DE 1931

Sindicatos representados por delegados:

SEVILLA: Obras del Puerto, Artes Gráficas, Obreros Metalúrgicos, Productos Químicos, Marineros y Fogoneros, Obreros del Esparto, Cerilleros, Cerámica «La Cartuja», Cabotaje, Confiteros, Sastres, Electricistas, Grupo de Oposición de Ferrocarriles Andaluces, Carreros, Panaderos, Mozos de Hoteles y Comercio, Puerto, Cerámica, Aceituneras, Chóferes, Cocheros, Gasistas, Dársena, Vías y Riegos, Albañiles autónomos, Dependientes de Bebidas y similares, Cargadores y Descargadores.

SEVILLA PROVINCIA: *San Juan de Aznalfarache:* Productos Químicos, Cerámica, Aceituneras y Toneleros. *Dos Hermanas:* Toneleros, Faeneros, Chóferes. *Mairena:* Profesiones varias. *Arahal:* Panaderos. *Tomares:* Agricultores. *Camas:* Sindicatos obreros. *Peñaflor:* Agricultores. *Ecija:* Agricultores, Albañiles, Grupo de Oposición. *Marchena:* Agricultores.

ALMERIA: Sindicato de Manuales e Intelectuales, Esparteros, Panaderos, Oposición Sindical.

CORDOBA: Construcción, Metalúrgicos, Panaderos, Profesiones Varias, Grupo de Oposición campesinos.

CORDOBA PROVINCIA: *Aguilar:* Unión Local de Sindicatos. *Pedro Abad:* Sociedad «Nueva Aurora». *Villanueva de Córdoba:* Federación Local de Sindicatos. *Pozoblanco:* Grupo de Oposición. *Lucena:* Albañiles. *Villafranca de Córdoba:* Sociedad «El Despertar». *Doña Mencía:* Oficios Varios.

MALAGA: Cajas de Cartón, Sindicato de la Piel, S. de Profesiones liberales, Grupos de Oposición de Metalurgia, Dependientes de Comercio, Panaderos y Sindicato Ferroviario.

MALAGA PROVINCIA: *Antequera:* Agricultores.

JAEN PROVINCIA: *Martos:* Agricultores. *Castillo de Locubín:* Obreros agrícolas. *Torredonjimeno:* Sociedad «La Esperanza».

CADIZ PROVINCIA: *Puerto de Santa María:* Oficios varios, Metalúrgicos, Panaderos. *Puerto Real:* Obreros de algodonales, Industria Naval.

HUELVA PROVINCIA: *La Palma del Condado:* Arrumbadores, Toneleros, Agricultores.

Mesa de discusión del Congreso:

Construcción de Córdoba (Caballero); Panaderos de Sevilla (Sotico); Comité Regioanl (A. Mije y A. Romero); Unión Local de Sevilla (Carlos Núñez); Federación Local de Villanueva de Córdoba (Jurado); Agricultores de La Palma (Juan Pinto); Metalúrgicos de Sevilla (José Romero); Obreros manuales e intelectuales de Almería (Justiniano Bravo); Profesiones liberales de Málaga (Ochoa).

Llamamiento aprobado en su última sesión por el Congreso Regional de Sindicatos de Andalucía

El Congreso Regional de Sindicatos Revolucionarios de Andalucía afiliados a la ISR, toma la determinación de invitar a todos los trabajadores de la región —a los obreros anarquistas, sindicalistas, socialistas, comunistas y sin partido— a constituir el frente único revolucionario en los lugares de trabajo y la unificación sindical del proletariado.

La realización de esta determinación ha de hacerse sobre la base de la lucha revolucionaria directa de la clase obrera y en atención a un programa de reivindicaciones clasistas.

Para empezar las tareas encaminadas a este fin se precisa llevar a la práctica inmediatamente:

Primero. La celebración de asambleas de fábrica, minas, haciendas, etc., para nombrar los comités de frente único de lucha en los lugares de trabajo.

Segundo. Convocar asambleas de sindicatos para tratar de la necesidad de unificar el movimiento sindical, tendentes a organizar una central sindical única.

Tercero. Celebrar mítines y toda una campaña pública con participación de los obreros de todas las tendencias a fin de crear milicias revolucionarias de obreros y campesinos.

Cuarto. Ir a la constitución de los soviets de obreros, campesinos y soldados para, desarmar a la reacción, aplastarla e impulsar a la revolución a sus finales consecuencias.

¡Obreros de la CNT! ¡Obreros de la UGT! ¡Obreros socialistas y comunistas! ¡Obreros sin partido e inorganizados!

¡Al frente único! ¡A la unificación del movimiento sindical! ¡A las milicias obreras y campesinas! ¡A los soviets de obreros, campesinos y soldados!

¡¡¡Viva la revolución proletaria!!!

N. del A.: Este documento testimonia la completa ignorancia que tenía en diciembre de 1931 la dirección del PC de la cacareada revolución democrática y, desde luego, en cuanto a la mentalidad y talante ideológico de la clase obrera.

V. DOCUMENTO DEL PC PARA PREPARAR EL ENVÍO DE DELEGA-
CIONES OBRERAS A SU IV CONGRESO (SEVILLA, MARZO 1932)

A todos los obreros y campesinos de Andalucía y de España.

Camaradas: Durante los días 17, 18, 19, 20 y 21 de marzo se celebrará en Sevilla el IV Congreso Nacional de nuestro partido. La celebración de este congreso es de excepcional importancia porque coincide con la agravación de las contradicciones internas del capitalismo y la agudización de la situación revolucionaria del país, traducida y reflejada en la miseria creciente de los obreros y campesinos, el paro forzoso, el intento de rebaja de los salarios, etc.

El IV Congreso del PC constituye un acontecimiento de primer orden para la clase trabajadora, porque en sus tareas han de discutirse todos los problemas que tiene planteado el desarrollo de la revolución democrática y ha de marcarse el camino a seguir para impulsarla y hacerla triunfar.

Por consiguiente, siendo todos los problemas vivos y palpitantes de la clase obrera y campesina los que han de ser discutidos ampliamente y marcando el camino a seguir para sus soluciones inmediatas, siendo los intereses de los obreros y campesinos los que han de ser ventilados, planteamos a todos los obreros y campesinos las tareas siguientes:

Primero. En las fábricas, talleres, almacenes, obras, tajos, cortijos, haciendas, etc., los obreros deben reunirse y nombrar delegados que, en nombre de ellos, asistan al congreso con voz consultiva.

Segundo. Los comités de parados deben reunirse también y nombrar sus delegaciones al congreso.

Tercero. Los obreros de las poblaciones de toda Andalucía deben formar núcleos de obreros simpatizantes del congreso nacional y enviar representaciones en camiones al congreso.

Cuarto. Los campesinos pobres de toda Andalucía, deben procurar enviar delegados al congreso nacional, bien por las asociaciones, o, en su defecto, por delegados de asambleas que deben celebrarse para dicho fin».

VI. HUELGAS EN ESPAÑA (1932)

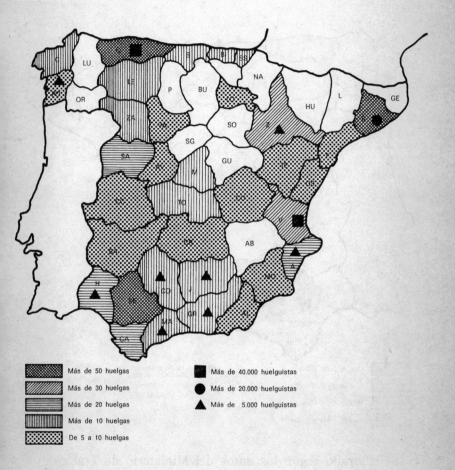

Más de 50 huelgas
Más de 30 huelgas
Más de 20 huelgas
Más de 10 huelgas
De 5 a 10 huelgas

Más de 40.000 huelguistas
Más de 20.000 huelguistas
Más de 5.000 huelguistas

Elaborado según los datos del Ministerio de Trabajo.

VII. IMPLANTACION EN ESPAÑA DEL PCE Y DE LA UJC (1932)

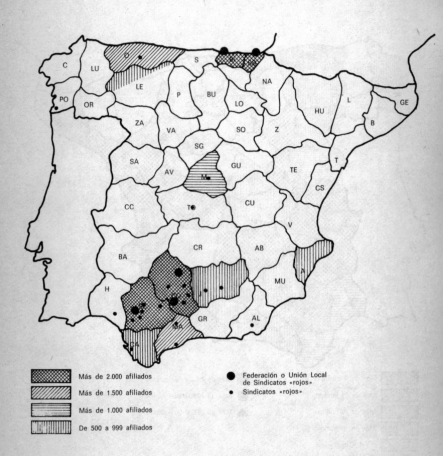

Elaborado según los datos del Ministerio de Trabajo.

VIII. BANDO DE LA ALCALDIA DE SEVILLA PUBLICADO EN LA MA-
ÑANA DEL 10 DE AGOSTO POR ACUERDO DEL CONCEJO RE-
UNIDO EN PLENO

El Ayuntamiento, que por la voluntad popular, legítima-
mente expresada, es el único y verdadero representante de
la ciudad, al iniciarse en la mañana de hoy un golpe de Estado, se dirige a los sevillanos para ratificar su absoluta
adhesión y fidelidad al poder constituido, repugnando por
sedicioso este intento subversivo, que bajo cualquier pretexto
pretenda atacar al régimen instaurado por la soberanía nacional.

Después de esta solemne declaración, el Ayuntamiento de
Sevilla y al frente del mismo su alcalde-presidente, se com-
place en declarar ante el vecindario de Sevilla que permane-
cerá en su puesto de honor negándose con firmeza absoluta
a abandonarlo.

Con igual satisfacción comunico asimismo al pueblo que
el movimiento está localizado en esta población. En el resto
de España sigue imperando el gobierno legítimo de la república, cuyas únicas órdenes merecen acatamiento y obe-
diencia.

Invito a mis convecinos para que observen igual conducta, en la seguridad de que prestarán con ello un buen
servicio a la patria y de que la rebelión quedará sofocada
rápida y totalmente.

Sevillanos: Viva España. Viva la república.

Sevilla, 10 de agosto de 1932. El alcalde, José González y
Fernández de la Bandera.

IX. NOTA DEL COMITE DE SALUD PUBLICA

El Comité de Salud Pública constituido circunstancial-
mente en Sevilla con ocasión del levantamiento militar ocurrido en el día de ayer no estima terminada su misión sin

hacer presente a las autoridades y al gobierno las peticiones que siguen:

Expresión del clamor unánime de la opinión de todos los partidos republicanos en él representados y del sentir de la ciudad.

Primero. Desplazamiento inmediato de sus cargos de todos aquellos funcionarios que estando al servicio de la república la han traicionado en esta ocasión, o vienen mostrándole ostensiblemente su desafecto.

Segundo. Disolución inmediata de la guarnición militar de Sevilla, y de la fuerza pública al servicio del gobierno, que han traicionado sus deberes sirviendo a la sedición.

Tercero. Depuración sumarísima de las responsabilidades contraídas por los mandos, jefes, oficiales, subalternos y clases que han tomado parte en el movimiento.

Cuarto. Castigo inmediato y ejemplar de cuantos elementos civiles han cooperado a la gestación del movimiento o mostrando su desafección al régimen imperante.

Quinto. Reapertura de sindicatos y centros obreros sevillanos clausurados por las autoridades y liberación de los miembros de los partidos societarios que se encuentran detenidos gubernativamente. Por razón de justicia y por significación de estima a la valiosa cooperación prestada en este momento contra la reacción.

Sexto. Clausura de los centros y casinos locales, en los que se alimentan campañas sistemáticas contra el régimen republicano.

El Comité de Salud Pública toma como deber suyo la recomendación y vigilancia de los acuerdos precedentes.

En el Alcázar de Sevilla, a 11 de agosto de 1932. Juan María Aguilar, por la Agrupación al Servicio de la República; Alfonso Lasso de la Vega, por el partido radical; Fernández Ballesteros, por la Federación Local de la UGT; Alfonso Iriarte y Julio Pereira, por el partido radical-socialista; Antonio Barroso y Angel Ortega, por Acción Republicana; Antonio

Luque, por el partido socialrevolucionario; Juan A. Ossorio por la Junta Liberal Andalucista [siguen todavía dos o tres firmas ilegibles].

X. NOTA PUBLICADA POR LA FEDERACION LOCAL DE SINDICATOS UNICOS (CNT) EL 14 DE AGOSTO DE 1932

No es cierto que la representación de la CNT en Sevilla se coaligara con nadie para declarar el movimiento de huelga por tiempo indefinido y con el carácter que fuera determinando el curso de los acontecimientos. Existía un acuerdo nacional, y ateniéndose a él los comités responsables, tan pronto se percataron del alcance de la militarada, cursaron la consigna de paro, multiplicándose los militantes para suplir con el esfuerzo la falta de tiempo; esto ocurría en la misma mañana del día 10, poco después de haber leído su famoso bando el general faccioso; por la tarde nos citaban a una reunión los elementos de izquierda de distintas tendencias. Allí fue la CNT con una misión concreta, con una petición de la que dependía su actitud, y al ser ésta rechazada con evasivas se negó a formar parte de un comité revolucionario y a suscribir ningún escrito en unión de elementos políticos; así, pues, la CNT no necesitó en principio más que responder a sus acuerdos y dinamismo para proceder revolucionariamente: y si después de esta reunión hubo acuerdo tácito, «frente de combate», éste no fue a base de representación confederal: desafiamos a todos a que demuestren lo contrario.

[Explica a continuación por qué se marcharon del acto común de la plaza de Toros, puesto que habían pedido autorización para ellos solos, y terminan:]

Consideramos que con lo expuesto sobra para afirmar que en ningún momento, ni antes ni después, ni en pleno movimiento, hubo concomitancia con políticos, y que nada existe de esa formación del «frente único», que tanto cacarean los caudillos rojos: el cruce de banderas, los aplausos iniciados por los jefes del «clac», todos esos golpes de efectismos, que si deslumbran a la galería a nadie convencen, no pudieron lograr su objetivo, y es que a la CNT no la seducen los políticos por muy habilidosos y marrulleros que sean.

XI.   «BOLETIN DE HUELGA», PUBLICADO POR EL CONSEJO CENTRAL DE DELEGADOS DE COMITES DE FABRICAS. SEVILLA (HASTA LAS 12 DE LA NOCHE DEL 16 DE NOVIEMBRE DE 1932)

En el boletín de información de esta mañana dábamos la noticia de haber sido heridos dos obreros por la fuerza pública en Triana. *El Liberal* confirma nuestra información; pero *El Noticiero* dice que ha sido una colisión entre comunistas y sindicalistas. No dudamos de que las bandas de la FAI ataquen a tiros a los huelguistas. La víspera de la huelga fue asesinado cobardemente un obrero por estas bandas en la Macarena. Y en el caso presente, José Martínez Berrocal y Antonio Almaraz son dos obreros pertenecientes a sindicatos revolucionarios, como el caído en la Macarena.

Durante toda la tarde, los comercios que se encontraban abiertos han sido apedreados por los huelguistas, rompiendo las lunas de los escaparates. A última hora de la tarde todos los comercios habían cerrado.

Durante el día, algunos carros cerveceros que circularon fueron volcados por los huelguistas.

Los tranvías redujeron el servicio a partir del mediodía. Los que circularon continuaron siendo apedreados por los huelguistas. Los obreros tranviarios sienten la necesidad de la huelga; pero las represalias de la empresa, coaccionándoles constantemente, les hacen no decidirse. A esto se une la labor derrotista y traidora de los jefes anarquistas.

Los obreros albañiles no han obedecido a la orden de traición, y han secundado el paro.

Por la mañana, los de asalto clausuraron los centros de los sindicatos de la Unión Local, deteniendo al conserje de la calle Arenal.

A las tres de la tarde se organizó una manifestación para asistir al entierro del obrero Navarro, asesinado en la Macarena. En esta manifestación llevaban su representación el partido comunista, el SRI y los sindicatos revolucionarios. La fuerza pública acordonó la Macarena, sin atreverse a intervenir.

Casi todo el barrio de Triana, desde las primeras horas de la noche, está a oscuras. Los huelguistas han roto a pedradas los tapones del alumbrado.

La prensa burguesa da la noticia falsa de que los huelguistas han apedreado un centro de la CNT. Se trata de un procedimiento de provocación para desvirtuar la huelga.

La lucha en los pueblos se generaliza. El movimiento de Sevilla anima a los obreros agrícolas... El gobernador se ha visto obligado a retirar fuerzas de las mandadas a Ecija y otros pueblos. Una comisión de Ecija de la CNT ha venido esta tarde para que esta central declare la huelga por solidaridad con los obreros agrícolas. Los jefes de la CNT se han negado rotundamente. Sólo los sindicatos rojos, los autónomos y los obreros revolucionarios de la CNT se encuentran en la calle, batiéndose con las fuerzas represivas del gobierno.

Los jefes socialistas continúan en su papel de traidores a las luchas del proletariado...

¡Obreros de Sevilla! ¡Viva la lucha heroica del proletariado sevillano! ¡Adelante con la huelga triunfante de cuarenta y ocho horas!

Sevilla, 17 de noviembre de 1932 (de madrugada). Por el Consejo Central, EL COMITE EJECUTIVO.

XII.   MAPAS DE LA PROVINCIA DE SEVILLA *

* NOTA SOBRE LOS MAPAS

La lectura de los mapas incita a algunas observaciones, aunque sólo sea a título de sugerencia.

a) Las zonas de conflictividad marcan una analogía con las zonas de mayor abstención (es decir, de supuesta implantación «cenetista») y también con los resultados electorales «socialrevolucionarios» o andalucistas.

b) No hay correlación total entre la implantación PC-ISR y los resultados electorales comunistas. Esto puede obedecer a dos razones: 1, los datos de implantación se refieren al último trimestre de 1931 y a 1932; los electorales, a junio del 31. La relativa implantación agraria se opera a partir de 1932; 2, es muy probable que muchos afiliados a los sindicatos «rojos» de la ISR votasen socialrevolucionario (Balbontín, Infantes, Franco, etc.), cuya propaganda electoral podía atraerles más, así como la personalidad de los candidatos. Por eso, es exagerado decir que toda la clientela electoral de los «socialrevolucionarios» tuviese una base anarcosindicalista; la había también de base radical-socialista y de sindicatos «rojos».

Relacionado con esto está el caso evidente de Sevilla. Los 18.000 ó 20.000 afiliados de la Unión Local de Sindicatos no aparecen nunca en las votaciones comunistas. Descontemos un porcentaje importante de jóvenes menores de veintitrés años y otro, menos cuantioso, de mujeres y aún quedarían entre 12.000 y 15.000 afiliados, de los que Adame, primero de la lista, sólo consigue algo más de 5.000. Tampoco hay correlación entre resultados electorales del PC y la implantación de sindicatos «rojos» en localidades como Dos Hermanas. El caso de Mairena y Viso del Alcor es diferente, puesto que la organización de obreros agrícolas fue creada en 1932.

Es digno de hacer notar que en 1933 la candidatura comunista obtiene ya un resultado electoral en proporción con su influencia sindical: 13.295 votos en la circunscripción de Sevilla, equivalentes a un porcentaje de 14,6 por 100. En esa candidatura el PC ha perdido a Adame, pero lleva a hombres tan prestigiados como José Díaz, Barneto y Balbontín. Los «socialrevolucionarios» desaparecen prácticamente, aunque una candidatura análoga, la de «Revolucionarios Ibéricos», obtiene 2.500 votos (los socialistas, 8.000).

1. Guadalcanal.
2. El Real de la Jara.
3. Cazalla de la Sierra.
4. Alanis.
5. San Nicolás del Puerto.
6. El Ronquillo.
7. Almadén de la Plata.
8. El Pedroso.
9. Constantina.
10. Las Navas de la Concepción.
11. El Madroño.
12. El Castillo de las Guardas.
13. El Garrobo.
14. Guillena.
15. Castiblanco de los Arroyos.
16. Aznalcollar.
17. Sanlúcar La Mayor.
18. Gerena.
19. Alcalá del Río.
20. Burguillos.
21. Villaverde del Río.
22. Brenes.
23. Cantillana.
24. Tocina.
25. Villanueva del Río y Minas.
26. Alcolea del Río.
27. Lora del Río.
28. La Puebla de los Infantes.
29. Peñaflor.
30. Castilleja del Campo.
31. Carrión de los Céspedes.
32. Huévar.
33. Benacazón.
34. Albaida de Aljarafe.
35. Olivares.
36. Salteras.
37. La Algaba.
38. La Rinconada.
39. Carmona.
40. La Campana.
41. Fuentes de Andalucía.
42. La Luisiana.
43. Ecija.
44. Villamanrique de la Condesa.
46. Aznalcázar.
47. Umbrete.
48. Villanueva del Ariscal.
49. Espartinas.
50. Bormujos.
51. Ginés.
52. Valencina de la Concepción.
53. Castilleja de Guzmán.
54. Castilleja de la Cuesta.
55. Tomares.
56. San Juan de Aznalfarache.
57. Camas.
58. Santiponce.
59. Sevilla.
60. Bollullos de la Mitación.
61. Mairena del Aljarafe.
62. Almensilla.
63. Palomares del Río.
64. Gelves.
65. Puebla del Río.
66. Coria del Río.
67. Dos Hermanas.
68. Alcalá de Guadaira.
69. Mairena del Alcor.
70. El Viso del Alcor.
71. Lebrija.
72. Las Cabezas de San Juan.
73. Los Palacios y Villafranca.
74. Utrera.
75. Los Molares.
76. El Arahal.
77. Paradas.
78. Marchena.
79. La Lentejuela.
80. Osuna.
81. El Rubio.
82. Marinaleda.
83. Herrera.
84. El Coronil.
85. Montellano.
86. Morón de la Frontera.
87. La Puebla de Cazalla.
88. Aguadulce.
89. Estepa.
90. Coripe.
91. Pruna.
92. Villanueva de San Juan.
93. Algamitas.
94. El Saucejo.
95. Los Corrales.
96. Martín de la Jara.
97. Gilena.
98. Pedrera.
99. Lora de Estepa.
100. Casariche.
101. La Roda de Andalucía.
102. Badolatosa.

Mapa y clasificación de A. M. Bernal y J. Lacroix en su trabajo «Les associations sevillanes», cit.

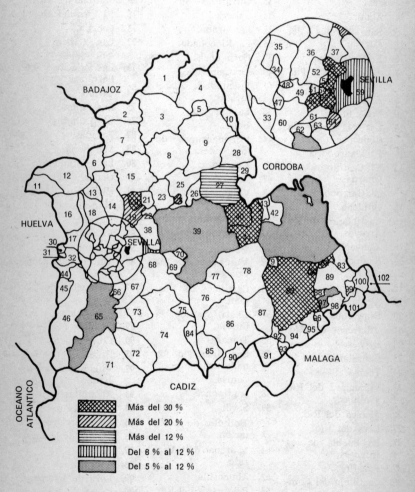

Provincia de Sevilla: elecciones de junio de 1931. Votos de la candidatura comunista.

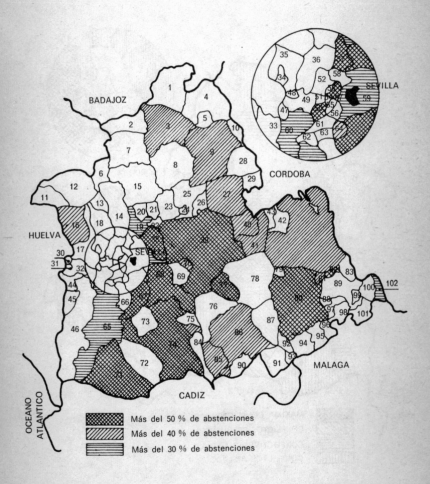

Provincia de Sevilla: elecciones de junio de 1931. Zonas de mayor abstención (probable influencia de la CNT).

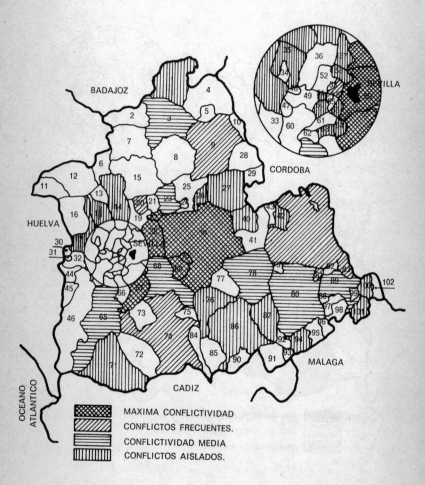

Provincia de Sevilla: huelgas en el período 1931-1932.

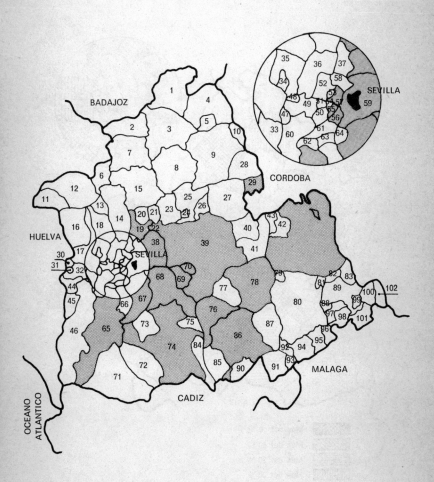

Provincia de Sevilla: implantación del PC y de los sindicatos ISR (1932).

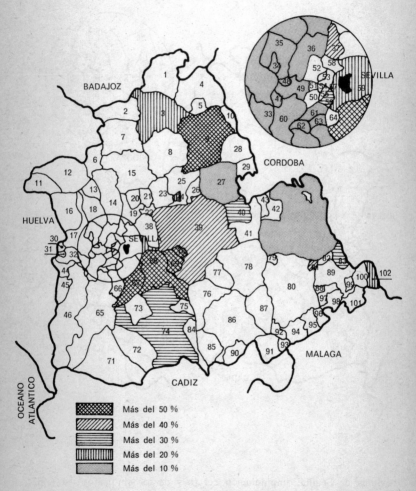

Provincia de Sevilla: elecciones de junio de 1931. Votos de la candidatura andalucista («socialrevolucionaria»).

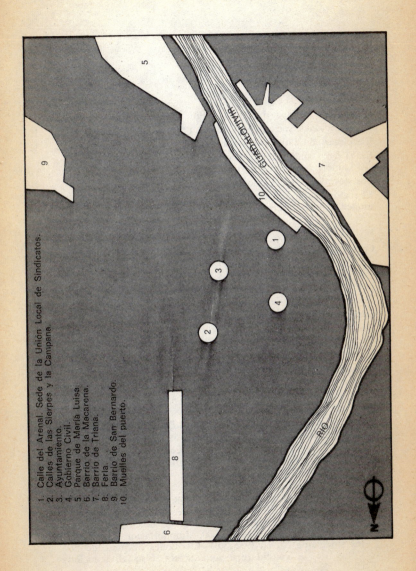

1. Calle del Arenal. Sede de la Unión Local de Sindicatos.
2. Calles de las Sierpes y la Campana.
3. Ayuntamiento.
4. Gobierno Civil.
5. Parque de María Luisa.
6. Barrio de la Macarena.
7. Barrio de Triana.
8. Feria.
9. Barrio de San Bernardo.
10. Muelles del puerto.

INDICE DE APENDICES DOCUMENTALES

HISTORIA DE LOS MOVIMIENTOS SOCIALES

* **Akamatsu, P.:** Meiji-1868. Revolución y contrarrevolución en Japón.

  Aptheker, H.: Las revueltas de los esclavos negros americanos.

* **Durán, J. A.:** Agrarismo y movilización campesina en el país gallego (1875-1912).

* **Elliott, J. H.:** La rebelión de los catalanes. Un estudio sobre la decadencia de España (1598-1640).

  Hill, Ch.: El mundo subvertido. El ideario popular extremista en la Revolución inglesa del siglo XVII.

  Hilton, R.: Siervos liberados. Los movimientos campesinos medievales y el levantamiento inglés de 1381.

* **Hobsbawm, E.,** y **Rudé, G.:** Revolución industrial y revuelta agraria. El capitán Swing.

  Le Goff, J.: Herejías y sociedades en la europa preindustrial (siglos XI-XVIII).

* **Macek, J.:** La revolución husita.

* **Mollat, M.,** y **Wolff, P.:** Uñas azules. Las revoluciones populares en Europa en los siglos XIV y XV.

* **Mousnier, R.:** Furores campesinos. Los campesinos en las revueltas de los siglos XVII y XVIII.

* **Palop Ramos, J. M.:** Hambre y lucha antifeudal. Las crisis de subsistencias en Valencia (Siglo XVIII).

* **Pérez, J.:** La revolución de las Comunidades de Castilla (1520-1521).

  Porchnev, B.: Los levantamientos populares en Francia en el siglo XVII.

* **Rudé, G.:** La multitud en la historia.

* **Sigmann, J.:** 1848. Las revoluciones románticas y democráticas de Europa.

* **Tuñón de Lara, M.:** Luchas obreras y campesinas en la Andalucía del siglo XX. Jaén, 1917-1920; Sevilla, 1930-1932.

* **Valdeón Baruque, J.:** Los conflictos sociales en el reino de Castilla en los siglos XIV y XV.

  Worsley, P.: La trompeta sonará. Un estudio de los cultos «cargo» en Melanesia.

---

* Volúmenes publicados hasta enero de 1978.

ESTUDIOS DE HISTORIA CONTEMPORANEA SIGLO XXI

Volúmenes publicados hasta abril de 1978.